丛书编委会

主　　编：何　苗
副 主 编：孙　伟　曹　亮
委　　员：刘　刚　李乾辉　刘冀川　廖小刚　罗本政

本书编写组

组　　长：祝凰淋
副 组 长：宋　毅
成　　员：张小润　赵　健　王　敏　周勋蓉　常　森
　　　　　李海强　李　明　谢先进　李　竞　赖　杰
　　　　　敬　忠　张　蓉　舒　山　易小平　李　韬
　　　　　王　洋　蒋中其

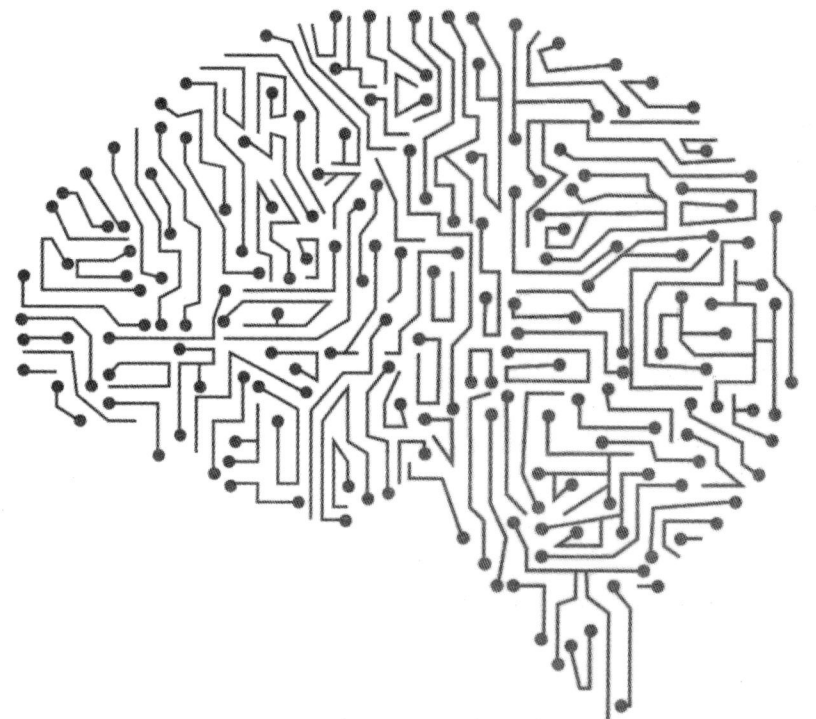

智慧众筹

绵阳市商业银行的管理哲学

何苗 / 主编

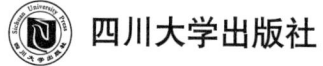

四川大学出版社

项目策划：梁　平
责任编辑：杨　果
责任校对：孙滨蓉
封面设计：璞信文化
责任印制：王　炜

图书在版编目（CIP）数据

智慧众筹：绵阳市商业银行的管理哲学 / 何苗主编
. — 成都：四川大学出版社，2020.12
ISBN 978-7-5690-4003-6

Ⅰ.①智… Ⅱ.①何… Ⅲ.①互联网络－应用－商业银行－融资模式－研究－绵阳 Ⅳ.①F832.33-39

中国版本图书馆CIP数据核字（2020）第244722号

书　名	智慧众筹——绵阳市商业银行的管理哲学
主　编	何　苗
出　版	四川大学出版社
地　址	成都市一环路南一段24号（610065）
发　行	四川大学出版社
书　号	ISBN 978-7-5690-4003-6
印前制作	四川胜翔数码印务设计有限公司
印　刷	郫县犀浦印刷厂
成品尺寸	170mm×240mm
印　张	17.25
字　数	263千字
版　次	2020年12月第1版
印　次	2020年12月第1次印刷
定　价	78.00元

◆ 版权所有 ◆ 侵权必究

◆ 读者邮购本书，请与本社发行科联系。
　电话：(028)85408408/(028)85401670/
　(028)86408023　邮政编码：610065
◆ 本社图书如有印装质量问题，请寄回出版社调换。
◆ 网址：http://press.scu.edu.cn

四川大学出版社
微信公众号

序

习近平总书记在庆祝改革开放40周年大会上所作的重要讲话中指出："改革开放是我们党的一次伟大觉醒，正是这个伟大觉醒孕育了我们党从理论到实践的伟大创造。"源自"伟大觉醒"的"伟大创造"，极大改变了中国的面貌、中华民族的面貌、中国人民的面貌、中国共产党的面貌。

作为现代经济核心的中国金融业，亦在改革开放的步伐中循序发展，旧貌换新颜，基本建成了与社会主义市场经济体制相适应的金融体制和金融运行机制，金融制度、金融调控以及金融监管和金融服务体系更加完善，开创了具有中国特色的社会主义金融制度新格局。而城市商业银行（以下简称城商行）作为中国银行体系的"生力军"，是中国改革开放、银行业改革发展的重要参与者、践行者。从孕育筹谋到艰难诞生、从蹒跚起步到坚强站稳、从快速扩张到转型发展，城商行在不断探索中找准定位，在持续改革中实现转型升级。

2000年，伴随改革开放的脚步，绵阳市商业银行在中央深化金融体制改革的春风里应运而生。二十年时间里，作为地方法人银行的绵阳市商业银行，身处改革浪潮之中。在改革开放精神指引之下，在金融监管引领之下，在地方党委、政府的坚强领导之下，通过自身改革实践，探索出了现代公司治理的有效路径，建立起适应现代经济的发展模式，守住了金融风险底线，有效支持了地方经济发展，是中国金融改革在基层的成果体现之一，为中国银行业改革贡献了基层实践经验和智慧。

前事不忘，后事之师。值建行二十周年之际，我们有必要对绵阳市商业银行的改革道路及发展经验进行认真梳理总结，以慰藉创业者，亦是传承者的一种责任与态度。

作为国有资本主导的股份制企业，绵阳市商业银行二十年改革发展，离不开党的坚强领导与科学引领。二十年来，绵阳市商业银行确立了党组织在法人治理结构中坚固的法定地位，行党委充分发挥领导核心和政治核心作用，把方向、管大局、保落实。把党的领导作为全行改革发展与经营管理的基本纲领，坚持把政治核心"扎根"工程、思想建设"筑魂"工程、党建工作"筑基"工程、执纪问责"监督"工程之"四大工程"作为全行"坚持党的领导、加强党的建设"之重大任务与发展战略来抓，更加自觉地以党的政治建设为统领，坚定不移地推进党对全行的政治领导、思想领导、组织领导的有机统一，为银行改革发展筑牢根基、导航指向。

在党的坚强领导之下，形成良好的治理机制。绵阳市商业银行在发展过程中，不断完善股权结构和治理架构，由单一到多元的股权结构，逐步实现央企资本、地方财政、社会资本合作共治、联合共赢的合力均衡，加快推动股权改革和治理变革，夯实了财务基础，完善了内部管理，厘清了治理边界，为城商行治理难题提供了宝贵经验，构建起了符合自身特点、市场化程度较高的公司治理机制。

防范风险是金融机构的永恒主题，二十年改革发展成果经验告诉我们，坚守风险底线是绵阳市商业银行行稳致远的根基。绵阳市商业银行走过了"化解风险、完善治理、加强风控、稳健发展"二十年之路，风险防控的主体责任得到强化，对风险的敏感性和前瞻性管理得到加强，全面风险管理体系初步建立。

在完善的治理机制之下，在风险可控前提之下，明确的发展定位与特色化发展道路成为绵阳市商业银行改革发展之重要经验。

绵阳市商业银行从一开始便扎根本地、融入本地，把服务实体具体化为"中小企业伙伴银行、城乡居民贴心银行、社区服务特色银行、地方经济助力银行"的精准市场定位；积极响应国家号召，专注于精准扶贫、改善民生、加强社会保障等领域，为地方提供守正创新的普惠金融服务，提供便民利民的金融服务。

绵阳市商业银行逐步树立特色化发展理念，坚持走特色化发展道路。深耕小微、发力本地特色化金融服务，创设服务小微、服务高新科技企业的专属机构与特色产品，打造出了专业化品牌。在中国五矿集团成为战略投资者后，依托央企资源，全面融入中国五矿集团，开展集团化产融协同及全牌照融融协作，分享中国五矿集团"千亿内部市场"资源的同时，收获全方位为自身客户提供综合性金融服务解决方案的成果。

二十年，改革之智慧推进了绵阳市商业银行凤凰涅槃、浴火重生，形成了"跨区发展、特色经营、集合服务、合规稳健"的多元化、综合性发展格局。

行百里者半九十，前进路上无坦途，我们将不畏艰险，砥砺奋进，努力建成区域最佳银行。

站在新的历史起点上，我们要以习近平新时代中国特色社会主义思想为指导，坚守家国情怀，坚定改革发展理念，勇于担当，主动作为，不忘初心，牢记使命，坚持回归本源，进一步健全治理体系，坚决守住风险底线，完善科学经营发展机制，努力实现高质量发展。与此同时，成为党和国家可信赖的有生力量，成为坚决执行党中央决策部署的排头兵，成为贯彻新发展理念、全面深化改革的新力量，成为实施"走出去"等重大战略及"一带一路"建设的忠实拥护与行动者，成为壮大综合国力、促进经济社会发展、保障和改善民生的重要力量源泉。

任珠峰

（中国五矿集团党组成员、副总经理，五矿资本股份有限公司董事长，绵阳市商业银行党委书记）

目　录

上　篇　形而上之道

第一章　党的领导力与引领力 ·············· (003)
　第一节　党的领导力建设 ················ (004)
　第二节　党的引领力建设 ················ (016)

第二章　智慧众筹的方法论 ················ (025)
　第一节　智慧众筹思想的起源 ············ (026)
　第二节　智慧众筹方法论体系 ············ (031)
　第三节　智慧众筹实践创造价值 ·········· (036)

第三章　共同遵守的行为准绳 ·············· (041)
　第一节　核心价值观 ···················· (043)
　第二节　经营理念与市场定位 ············ (053)
　第三节　企业文化体系 ·················· (057)

中　篇　形而下之器

第四章　完善公司治理 ···················· (071)
　第一节　结构性制度安排 ················ (072)
　第二节　优化股权结构 ·················· (082)

第五章　组织架构改革 ·· (090)
　　第一节　职能清晰化变革 ···································· (092)
　　第二节　业务流程化改造 ···································· (097)
　　第三节　重心零售化建设 ···································· (104)

第六章　人力资源战略 ·· (111)
　　第一节　人事制度改革 ······································ (112)
　　第二节　战略人力资源管理 ·································· (118)

第七章　金融创新 ·· (130)
　　第一节　监管引导 ·· (132)
　　第二节　制度安排 ·· (137)
　　第三节　创新实践 ·· (142)

第八章　战投资源协同 ·· (156)
　　第一节　战投的央企资源 ···································· (158)
　　第二节　集团化协同战略 ···································· (163)

第九章　筑牢风控体系 ·· (169)
　　第一节　历史赋予的使命 ···································· (171)
　　第二节　重塑风险管理架构 ·································· (179)
　　第三节　构筑风险管理体系 ·································· (185)

第十章　探索智慧银行 ·· (195)
　　第一节　信息化建设 ·· (196)
　　第二节　互联网金融 ·· (208)

下　篇　道与器之果

第十一章　知耻而后勇 ·· (219)
　　第一节　十五年非凡历程 ···································· (221)
　　第二节　跨区经营样本 ······································ (227)
　　第三节　挺进千亿阵营 ······································ (232)

第十二章　企业公民责任 ·· (238)

第一节　地方经济助推者 …………………………………… (240)
第二节　普惠金融开拓者 …………………………………… (249)
第三节　绿色金融推动者 …………………………………… (256)
第四节　扶危济困行使者 …………………………………… (258)

后　记 ……………………………………………………………… (262)

上　篇
形而上之道

先进的思想意识，引领发展事业全局。
意识形态、方法论，全行员工共同遵守的思想法则与行为准绳。

上 篇
形而上之道

第一章 党的领导力与引领力

纲举目张,执本末从,领导力与引领力建设。

本章导读:

◎确立党组织在法人治理结构中坚固的法定地位,行党委充分发挥领导核心和政治核心作用,把方向、管大局、保落实。

◎把党的领导作为全行改革发展与经营管理的基本纲领,坚持把政治核心"扎根"工程、思想建设"筑魂"工程、党建工作"筑基"工程、执纪问责"监督"工程之"四大工程"作为全行"坚持党的领导、加强党的建设"之重大任务与发展战略来抓,更加自觉地以党的政治建设为统领,坚定不移地推进党对全行的政治领导、思想领导、组织领导的有机统一,为银行改革发展筑牢根基、导航指向。

◎修改公司章程,确立党组织在法人治理结构中坚固的法定地位;把"三重一大"事项提交党委会研究讨论作为董事会、行长办公会进行决策之前置程序;把党的领导融入全行的改革发展、经营管理及企业文化建设之中。

◎坚定政治站位,把全行干部员工之思想和行动统一到党中央的决策部署上来,凝聚到推进银行改革发展之任务上来。

◎坚定不移地加强党的基层组织建设,夯实组织基础;坚定不移地加强干部队伍建设,筑牢人才保障根基;坚定不移地正风肃纪,营造良好环境。

◎落实监督责任,强化执纪问责,为绵阳市商业银行持续健康发展提供有力的纪律保证。

◎提升党组织领导力的价值创造,强化"政治作风、发展战略、改革决策、制度创新、破解难题及企业文化"的引领,实现党的建设与企业改革发展互融共进。

◎以"建设区域最佳银行"的战略目标与共同愿景为导向,不断提高党组织服务银行战略的积极性、主动性、创造性,依靠党的政治优势引领、推进银行转型发展。

第一节
党的领导力建设

确立党组织在法人治理结构中坚固的法定地位,行党委充分发挥领导核心和政治核心作用,把方向、管大局、保落实。

◎保持改革的战略定力,坚持改革辩证法,着力增强改革能力,围绕银行转型发展修炼内功,增长本领,做到破难题、解新题。

◎把领导班子和干部队伍锻造成推进企业转型的坚强核心,把基层党组织建设成推进企业转型的坚强堡垒,把党员队伍打造成推进企业转型的中坚力量。

◎把企业核心价值体系的总体要求与企业实际相结合,把企业特色价值观作为党建工作的主线和灵魂,始终贯穿于实现企业改革发展的全过程。

中国共产党是马克思主义政党，具有政治上的先进性和纯洁性。中国共产党的领导是中国特色社会主义最本质的特征，是中国特色社会主义制度的最大优势。秉纲而目自张，执本而末自从。党的政治领导力建设是经过中国特色社会主义长期的探索而确立的"纲"和"本"。秉持住了"纲"的总绳，纷繁复杂的局面就会理顺；抓住了改革发展的"根本"，千丝万缕的事业细节就会自然跟从。党的领导力智慧是被实践证实的真理。

绵阳市商业银行成立于党领导下的中国改革开放伟大事业的进程之中，是党领导的中国特色社会主义市场经济的产物，是党推进的中国深化金融体制改革而催生的新生命。党的坚强领导与科学管理贯穿于绵阳市商业银行的筹备、诞生、改革与发展的全部进程，绵阳市商业银行的成长与发展史，就是"坚持党的领导、加强党的建设"之历史。

作为国有资本主导的股份制企业，绵阳市商业银行从一诞生就被纳入地方国有企业体系，并坚持把党的领导作为全行改革发展与经营管理的基本纲领，坚持把政治核心"扎根"工程、思想建设"筑魂"工程、党建工作"筑基"工程、执纪问责"监督"工程之"四大工程"作为全行"坚持党的领导、加强党的建设"之重大任务与发展战略来抓，更加自觉地以党的政治建设为统领，坚定不移地推进党对全行的政治领导、思想领导、组织领导的有机统一，为银行改革发展筑牢根基、导航指向。

政治核心"扎根"工程

修改公司章程，确立党组织在法人治理结构中坚固的法定地位；把"三重一大"事项提交党委会研究讨论作为董事会、行长办公会进行决策之前置程序，把党的领导融入全行的改革发展、经营管理及企业文化建设之中。

习近平指出，坚持党的领导、加强党的建设，是我国国有企业的光荣传统，是国有企业的"根"和"魂"，是我国国有企业的独特优势。新形势下，国有企业坚持党的领导、加强党的建设，总的要求是：坚持党要管党、从严治党，紧紧围绕全面解决党的领导、党的建设弱化、淡化、虚化、边缘化问题，坚持党对国有企业的领导不动摇，发挥企业党组织的领导核心和政治核心作用，保证党和国家方针政策、重大部署在国有企业贯彻执行；坚持服务生产经营不偏离，把提高企业效益、增强企业竞争实力、实现国有资产保值增值作为国有企业党组织工作的出发点和落脚点，以企业改革发展成果检验党组织的工作和战斗力；坚持党组织对国有企业选人用人的领导和把关作用不能变，着力培养一支宏大的高素质企业领导人员队伍；坚持建强国有企业基层党组织不放松，确保企业发展到哪里，党的建设就跟进到哪里，党支部的战斗堡垒作用就体现在哪里，为做强做优做大国有企业提供坚强组织保证。

坚持党对国有企业的领导是重大政治原则，必须一以贯之；建立现代企业制度是国有企业改革的方向，也必须一以贯之。中国特色现代国有企业制度，"特"就特在把党的领导融入公司治理各环节，把企业党组织内嵌到公司治理结构之中，明确和落实党组织在公司法人治理结构中的法定地位，做到组织落实、干部到位、职责明确、监督严格。

求木之长者，必固其根本。

作为打破信用社旧体制而成立的国有资本主导的股份制企业，绵阳市商业银行成立之初的根本就是完善公司治理，建立现代企业制度。而公司治理这个根本必须在党的领导下完成，"党的领导"乃根本之基，是公司治理之前提必要。故多年以来，绵阳市商业银行党委始终如一坚守对全行的领导地位不动摇，坚持把加强党的领导和完善公司治理统一结合起来。在改革发展及银行转型新时期，绵阳市商业银行领导集体更是越发意识到党的坚强领导对于银行战略的重要地位，为把党的领导有力融入公司治理各环节，确立党组织在法人治理结构中坚固的法定地位，2018年组织修订并经审议通过了《绵阳市商业银行章程》，以法定的章程条款形式，确立全行党的领导和党组织职责权限、机构设置、运行机制等内容，明确党组织在企业决策、执行、监督各环节的权责和工作方式。与此同时，绵阳市商业银行坚持把"三重一大"事项提交党委会研究讨论作为董事会、行长办公会进行决策的前置程序,把党的领导融入全行的改革发展、经营管理、文化建设之中。

至此,行党委的政治核心地位得以进一步巩固,党委对全行的领导及引领作用得以进一步发挥。进一步筑牢党的领导"扎根"工程,坚持党的政治领导、思想领导、组织领导的有机统一,把方向、管大局、保落实。围绕党中央的重大决策部署、重要会议精神和习近平总书记系列讲话精神,以及省委、市委等上级组织的重要决策部署,行党委以召开党委会、中心组学习会(扩大会)、专题党课等形式,认真研读、深刻领会,提出本行的贯彻落实意见,确保各项大政方针在全行得到贯彻落实。

绵阳市商业银行作为中国国有资本主导的股份制企业集体中的一员,政治性是第一属性,讲政治是第一要求。必须立场坚定、旗帜鲜明、知行合一,成为党和国家可信赖的有生力量,成为坚决执行党中央决策部署的排头兵,成为贯彻新发展理念、全面深化改革的新力量,成为实施"走出去"等重大战略及"一带一路"倡议的忠实拥护与行动者,成为壮大综合国力、促进经济社会发展、保障和改善民生的重要力量源泉。同时,作为"立足地方,服务区域经济"的绵阳市地方法人银行,在党的领导下亦要成为"中小企业伙伴银行、城乡居民贴心银行、社区服务特色银行、地方经济助力银行",着力服务地方经济民生,推动地方经济与社会民生发展。

思想建设"铸魂"工程
坚定政治站位,把全行干部员工之思想和行动统一到党中央的决策部署上来,凝聚到推进银行改革发展之任务上来。

思想是行动的先导,信念是成功的基石。

绵阳市商业银行把坚定理想信念作为全行党的思想建设之首要任务,筑牢信仰之"基",补足精神之"钙"。强化马克思主义理论武装,对全行员工进行党的基本理论、基本路线、基本方略的教育,保持全行在思想上、政治上、行动上的高度一致。真正把马克思主义这个看家本领学精悟透用好,用马克思主义中国化最新成果武装头脑、指导实践、推动工作。

为激发新时期银行改革发展的内生动力,绵阳市商业银行在行党委领导下针对全体干部员工多举措、多层面开展思想建设"铸魂"工程。注重理论武装,锻炼党性修养,坚定政治站位,把握发展大势,明确前进方向。坚持用习近平新时代中国特色社会主义思想武装全行,坚持把理论学习作为提升政治素养、理论修养、思想水准的重要途径,严格落实"及时、主动、主导"的基本要求。

首先是注重党性修养,搞好主题教育,增强"四个意识",强化党委中心组学习引领作用,以行党委班子成员为重点,深入学习习近平新时代中国特色社会主义思想和党的十九大精神、习近平总书记关于国有企业改革发展的重要讲话精神。

其次是持续加强"两学一做"学习教育常态化、制度化,以"不忘初心、牢记使命"主题教育为契机,对全行党员干部特别是领导干部进行优良传统教育、革命精神教育、党的创新理论教育、党章和党的知识教育,引导全行党员同志不忘初心、牢记使命,让党员干部进一步提高党性修养、坚定理想信念,不断提高政治觉悟和政治能力,把对党忠诚、为党分忧、为党尽职、为民造福作为根本政治担当,以更好的精神状态和实际行动进行伟大斗争、建设伟大工程、推进伟大事业、实现伟大梦想。

三是督促落实"三会一课",坚持把认真落实"三会一课"制度作为加强基层党建工作和党员教育的基本途径,指导各级党组织严格落实组织生活制度,加强对党员队伍的思想教育,不断提升党员的党性修养。

四是牢牢掌握意识形态工作主导权,落实"党委班子负主体责任、党委书记为第一责任人、党委分管领导为直接责任人"的工作机制,定期召开会议研究意识形态工作,时刻保持警惕。同时,坚持用社会主义核心价值观凝魂聚气、正风育人,守牢宣传思想阵地,唱响主旋律,传播正能量,广泛开展社会主义核心价值观的宣传教育,开展社会公德、职业道德和家庭美德的教育，引导广大职工树立正确的世界观、人生观、价值观，提高职工思想道德素养，使广大干部员工真正把思想和行动统一到党中央的决策部署上来，凝聚到推进银行改革发展的任务上来。

党建工作"筑基"工程
坚定不移地加强党的基层组织建设，夯实组织基础；坚定不移地加强干部队伍建设，筑牢人才保障；坚定不移地正风肃纪，营造良好环境。

全面从严治党要落实落地，必须从基本组织、基本队伍、基本制度抓起。为此，绵阳市商业银行全面深入开展党建工作"筑基"工程，坚定不移地加强党的组织建设，夯实组织基础；坚定不移地加强干部队伍建设，筑牢人才保障；坚定不移地正风肃纪，营造良好环境。

水之积不厚，则其负大舟也无力。

绵阳市商业银行坚持强化组织建设，提升履职能力，构筑党组织建设的坚强战斗堡垒，为全行事业发展提供强大的组织保证。

首先是坚持把加强组织建设作为党建工作的载体和着力点，明确党组织在决策、执行、监督各环节的权责和工作方式，使党组织作用的发挥组织化、制度化、具体化。积极落实党建工作主体责任，完善党建工作构架，健全党组织工作架构。在总行党委设立了党委办公室、党委组织部、党委宣传统战部等部门，负责承办党委日常工作和全行党建工作。全行设22个分支行党支部和5个机关党支部，配备了基层党组织书记、支部委员，确保党组织架构完善，工作职责到位，各项制度落实。按照党委工作分工，强化组织领导，明确具体要求，确保责任落实。

其次是定期研究党建工作，召开全行党建和党风廉政建设工作会议，签订目标责任书，把党建和党风廉政建设与全行的经营管理、改革发展做到统筹安排、考核落实。

三是进一步健全和完善党建相关制度安排。完善《绵阳市商业银行党委议事规则》《绵阳市商业银行"三重一大"管理办法》等相关制度，认真落实绵阳市委提出的"3+2"书记项目；研究制定了绵阳市商业银行"三会一课"制度、"六有两公开"办法、基层党支部主题党日活动办法等制度，加强基层党建工作的规范化管理。

为政之要，首在得人。

为企业发展提供坚强组织保证，关键在建设高素质员工队伍。绵阳市商业银行坚持把党组织和党员队伍建设与经营管理和员工队伍建设有机结合，充分发挥党组织的战斗堡垒作用和党员职工的先锋模范作用，以此推进全行各项工作稳步开展。

按照"对党忠诚、勇于创新、治企有方、兴企有为、清正廉洁"的二十字要求，要求全行领导干部担当好自己的职责使命。把坚持党管干部原则和发挥市场机制作用结合起来，把在实践中成长起来的良将贤才及时选拔到银行管理岗位上来，对全行管理人员既从严管理又关心爱护，树立正向激励的鲜明导向，合理划定容错界限，让他们放开手脚干事、甩开膀子创业，努力培养造就高素质领导管理人员，为银行建设提供强有力的人才保障。

行党委坚持把队伍建设作为党建工作的重要目标和工作方式，突出管好、抓好和带好。

一是坚持党管干部党管人才，积极建立和完善人才管理机制，严格管理人员选拔任用、人才引进、新员工招录程序，坚决纠正选人用人上的不正之风。不断健全以能力和业绩为导向的人才考核评价体系，健全对人才的激励约束机制，努力创造优秀人才干事创业新环境。2016—2020年6月，共招聘录用应届毕业生234人，共引进各类人才295人，引进、提拔管理人员93人。制定管理人员雏鹰、飞鹰、雄鹰、金鹰、鲲鹏"五鹰"培训计划，聘请知名专家开展多轮次集中培训，以全面提高各级管理人员综合管理能力。加强内训师队伍建设，通过走出去、请进来等方式，多层次开展员工培训，不断提升员工队伍整体素质。加强员工职级体系建设，大力推进岗位序列与职级管理体系建设，不断激发员工潜能，为员工提供施展才华的舞台，通过一系列卓有成效的措施来吸引人才、造就人才、留住人才。

二是强化党员队伍建设。抓好党员队伍的思想教育，强化"三会一课"、党组织主题活动，开展创先争优。2016—2020年，总行党委在每年七一建党节前累计评选表彰先进基层党组织26个次、优秀党务工作者24人次、优秀共产党员204人次，个别党组织、党员还受到市委表彰。严格按照《发展党员工作细则》规定，从严把好党员发展质量关，2016年以来累计新发展党员81名。截至2020年6月末，全行党员人数达到622人，占全行职工的比重为44.3%。

三是发挥群团组织作用。坚持以党建带团建、带工建，不断完善群团组织建设，总行设立了工会、团委，各分支行设立了分工会和团的基层组织。进一步健全职代会和工会会员代表大会制度，2017年12月召开了职工代表暨工会会员代表大会，完成工会委员会换届选举。2018—2020年间召开职工代表暨工会会员代表大会7次，较好地发挥了职工代表及工会组织在维护职工权益等方面的作用。积极组织开展三八妇女节、五四青年节、七一建党节、十一国庆节及行庆活动，认真抓好工会、团委各项工作，有效维护职工权益，丰富了全行员工的文化生活，提升了全行员工的精气神，营造了良好的企业文化氛围。

不以规矩，不能成方圆。

党在长期革命和建设实践中形成的优良传统和工作惯例就是自我约束，党员不仅要坚持在宪法和法律范围内活动，带头维护宪法和法律权威，坚持依法行政，严格按原则办事、按制度办事、按程序办事，更要牢固树立党章是党的根本法规的观念，一切行为以党章为参照、为准则，躬身实践党的宗旨、党员标准。

绵阳市商业银行坚定不移地正风肃纪，营造银行建设的良好环境，行党委坚持把作风建设作为党建工作的重要抓手和重点内容，强调执行力、持续性和深入度。

一是认真执行作风建设规定。行党委严格执行中央八项规定、省委省政府十项规定以及市委市政府七项规定等要求,结合实际制定了改进工作作风的实施意见、关于改进和加强总行对分支行服务的若干意见等文件,有的放矢加强作风建设,不断提升总行对分支行服务效率。认真落实金融行业优质文明服务规范要求,加强柜面优质服务管理,按月抓好服务质量评比考核和神秘人监测,严格落实客户经理廉洁办贷要求,持续提升金融服务水平和服务效率。

二是扎实开展系列专题教育。行党委按照中央部署和省委、市委的有关要求,聚焦"四风"突出问题,扎实开展党的群众路线教育实践活动;以领导干部为重点,以基层支部为阵地,积极开展"不忘初心、牢记使命"主题教育,推进"两学一做"学习教育常态化、制度化。努力构建党建和党风廉政建设、经营管理长效机制,制定和完善系列党建制度以及全行各项管理制度,不断提升规范化管理水平,仅2018年共修订制度500余项。

三是突出主题开好民主生活会。行党委领导班子紧紧围绕年度专题民主生活会要求,认真做好民主生活会准备工作,在深入调研、学习、研讨、广泛征求意见建议的基础上,认真开展对照检查和批评与自我批评,在发现问题和解决问题的过程中,提升了班子的凝聚力和战斗力。督促各党支部认真落实专题组织生活和民主评议党员制度,把民主评议结果作为党员创先争优评选表彰的重要参考,不断增强了党组织的战斗力。

执纪问责"监督"工程

落实监督责任,强化执纪问责,为绵阳市商业银行持续健康发展提供有力的纪律保证。

木受绳则直,金就砺则利。制定纪律就是要执行,绵阳市商业银行强化党风廉政建设,严格监督执纪。坚持把党风廉政建设作为党建工作的关键要求和根本保证,实行责任、制度、教育和查处"四统一"。

2003年4月绵阳市商业银行成立了稽核监察部,稽核监察部主要履行内部审计和纪检监察工作职责。为全面加强党的建设,2015年1月,绵阳市委同意设立党内监督专责机构——绵阳市商业银行纪委。2018年6月正式设立纪委办公室,与稽核监察部合署办公,充实了纪检监察队伍力量。

2018年以来,绵阳市商业银行纪委在行党委和上级纪委的坚强领导下,协助党委推进全面从严治党,组织推动反腐败工作,切实落实监督主体责任,纪检监察工作取得新成效。

坚持理论学习,推进全面从严治党良好舆论氛围。

绵阳市商业银行纪委坚持把深入学习贯彻习近平新时代中国特色社会主义思想和党的十九大精神作为首要政治任务,认真参加党委中心组理论学习,联系实际学、持续跟进学、融会贯通学。积极参加中央、省、市纪委监委组织的纪检监察干部系列专题培训,强化对从严治党、净化政治生态、增强反腐力度的思想认识,着力提升纪检监察队伍执纪问责、查案办案能力。

做到"两个维护",协助党委做好全面从严治党工作。行纪委坚持把党的政治建设摆在首位,坚决落实行党委决策部署,坚持重大事项和重要工作主动及时向党委请示报告;坚守职能职责,把检查党的路线方针政策和党委重大决策部署落实情况作为重中之重,确保政令畅通;严明党的政治纪律和政治规矩,对"七个有之"问题保持高度警觉,严肃查处党员干部存在的责任问题、腐败问题、作风问题等,认真落实"纪检监察意见必听,线索具体的举报必查"的要求,保障和维护党内政治生态的严肃性和公正性。

加强对从严治党理论阐释和宣传解读。坚持理想信念宗旨和党性党风党纪的宣传引领,注重教育在先,预防在前,深化运用"四种形态"惩前毖后、治病救人。坚持要求各党支部征订"一报三刊",认真学习领会党中央纪检工作最新指示精神。组织开展对《中国共产党问责条例》《中国共产党纪律处分条例》等党章党规的宣传学习,组织全行党员干部关注"廉洁四川""廉洁绵阳"微信公众号等,在全行营造全面从严治党、反腐倡廉的良好舆论氛围。

深化体制改革，纪检监督机制运行高效正常。

党中央制定的《中国共产党纪律检查机关监督执纪工作规则》，为纪检监察机制运行确定了制度、立下了规矩。随着改革发展的不断深入，绵阳市商业银行进一步建立健全了相互制约的纪检工作内部运行机制。总行设立了纪委办公室，明确制定了工作职责，配备了纪检工作人员；各基层党支部也配备了纪检委员，积极推动纪检监督职能、人员、工作深度融合，保证了纪委日常监督管理工作得以持续有效的运行。

切实加强纪检监察制度体系建设。结合实际，绵阳市商业银行纪委先后制定和修订了系列纪检监察工作制度和管理办法，为纪检工作正常有序的开展提供了坚实的制度保障。如《绵阳市商业银行纪检监察管理办法》《绵阳市商业银行诫勉谈话管理细则》《绵阳市商业银行关于对重点领域、关键环节加强廉洁风险管控的暂行办法》《绵阳市商业银行反舞弊管理办法》《绵阳市商业银行问责管理办法》《绵阳市商业银行工作人员违规行为责任追究办法》《绵阳市商业银行工作人员违规行为处理实施细则》《绵阳市商业银行工作人员八小时以外活动监督管理办法》等，使绵阳市商业银行纪检监察制度制约机制更加科学、完善。

持续不断完善信访工作机制。畅通信访举报渠道，对外公布了信访举报邮箱和举报电话，建立了问题线索和信访举报受理台账，优化和完善了信访举报、线索处置、立案、核查、反馈、问责等方面制度规范和工作流程。对群众来信来访、电话反映等高度重视，按照工作流程认真、负责地办理。

充分发挥监督主体合力，积极探索构建"大监督"工作机制。近年来，绵阳市商业银行纪委组织稽核监察部、计划财务部、人力资源部、办公室等部门力量，形成了监督、管理部门各负其责、相互配合、齐抓共管的"大监督"机制，为探索建立上下联动监督网，发挥主体监督合力，保障全行各项经营活动长期健康运行起到了积极作用。一是实行重点领域现场监督，如IT系统开发、大额集中采购、网点装修、基建项目、人员招聘引进等，并向各供应商发放"廉政监督函""廉洁承诺书"。二是对重要业务、重要岗位持续开展内部审计。每年对发生的不良贷款进行责任认定，对全行离任中干和重要岗位人员进行经济责任审计，对薪酬制度体系及执行情况进行专项审计，开展印章管理专项排查等，将纪检监督职能前移，有效防范了操作风险和道德风险。三是严格监督管理人员选拔任用制度的执行。加强对管理人员选任廉洁考察和综合考评，强化公示公开，强化纪检监督力度，确保选人用人的公信度。

长期坚持做好员工行为排查，重点监督员工异常行为状态。近年来，行纪委持续常态化地组织开展员工异常行为排查。每年组织开展 4 次员工异常行为排查，排查面上到董事、监事，下到外包临聘人员，排查内容包含近百项，对党员同志还进行了遵守党规党纪的专项排查，对排查发现的需关注员工实行专门的台账管理、重点监督。

开展警示教育，预防腐败，纠正"四风"逐步深化。

为筑牢全体党员和管理人员拒腐防变的思想底线，行纪委坚持把党风廉政建设和反腐倡廉教育作为首要工作，始终坚持反腐败零容忍、无禁区、全覆盖，持续保持反腐倡廉的高压态势，组织开展了一系列警示教育活动。一是加强廉政思想教育。长期征订《纪检监察报》《党风廉政建设》《廉政瞭望》《中国纪检监察》等报纸杂志，要求全行领导干部认真学习领会党中央反腐倡廉的最新指示精神。二是做好节日廉洁提示。坚持每逢春节、端午、中秋、国庆等重大节假日下发廉洁自律提示，提醒全行各级党员干部在节日期间不得违反中央八项规定，坚决纠正"四风"现象。三是做好廉政警示教育。分批组织全行中层以上管理人员、基层分支行管理人员到监狱参观，听取服刑人员讲述自身违法犯罪经历和悔不当初的心路历程，提高对违法犯罪行为严重性、危害性的认识。四是以案促改组织学习讨论。行纪委收集汇编了银行业违法违规典型案件、违反党纪党规案例等，以身边事教育身边人，组织全体员工、党员学习讨论，部分党支部还组织党员观看了警示教育纪录片等，让党员干部不断接受廉政警示教育，筑牢拒腐防变思想底线。五是做好对新任管理人员廉政约谈工作。绵阳市商业银行纪委持续对新提拔、新引进的中层管理人员进行廉政约见集体谈话，提出廉洁从业相关要求，帮助新任管理人员提高反腐倡廉意识，并要求新任管理人员签订廉洁从业承诺函，自觉约束从业行为。

提高执纪问责力度，不敢腐震慑效应得到强化。

绵阳市商业银行纪委通过内外部举报投诉核查等，按照监督执纪问责"四种形态"要求，监督执纪由"惩治极少数"向"管住大多数"拓展，把惩前毖后、治病救人方针落到实处。

绵阳市商业银行纪检工作主要体会：一是始终坚持党的全面领导，保证党的路线方针政策和党中央重大决策部署在全行得以正确的贯彻落实。二是始终坚守协助党委推进全面从严治党的职责定位，把纪委监督责任摆进去，不断强化和维护党委领导下的改革发展稳定大局。三是始终肩负起推进反腐败斗争的重大任务，坚持标本兼治、固本培元，努力构建"不敢腐、不能腐、不想腐"的长效机制。四是始终牢记"打铁必须自身硬"的重要要求，抓好纪检监察队伍自身建设。坚持严以律己、修身自重的政治品格，坚持实事求是、依规依纪依法，坚持严管和厚爱结合、激励和约束并重，不断增强纪检人员监督执纪能力。

第二节
党的引领力建设

提升党组织领导力的价值创造，强化"政治作风、发展战略、改革决策、制度创新、破解难题及企业文化"的引领，实现党的建设与企业改革发展互融共进。

党的引领能力建设是对党的领导能力建设状况和成效的一种判断与评价。党的领导能力与引领能力建设是国有企业加强党的领导的重要目标，国有企业党组织只有拥有了高人一筹、胜人一筹的领导能力与引领能力，事业才能在顺境中快速前行、在逆境中稳健而上。

绵阳市商业银行紧紧围绕发展抓党建，抓好党建促发展的工作思路，党的引领力建设在发展战略引领、改革转型引领、先锋模范引领、企业文化引领等方面得到了充分体现。

发展战略引领

以"建设区域最佳银行"的战略目标与共同愿景为导向，不断提高党组织服务银行战略的积极性、主动性、创造性，依靠党的政治优势引领与推进银行转型发展。

坚守"助增价值，服务成长"的发展理念，坚定"中小企业伙伴银行、城乡居民贴心银行、社区服务特色银行、地方经济助力银行"的市场定位，着力建设"发展战略明确、公司治理完善、机构网络健全、经营管理先进、金融服务优质、财务状况良好"的区域最佳银行。

绵阳市商业银行发展战略的确立背后是党的坚强政治保障与道路引领，是党在"把方向、谋战略、抓改革、促发展、控风险"等方面的政治核心、领导核心作用的结果。

在绵阳市委市政府的坚强领导下，绵阳市商业银行于2014年成功引进战略投资者，先后完成新一轮增资扩股和"两会一层"换届工作。紧接着，全面推进以组织架构重构、岗位职责重塑、绩效体系重建为重点内容的人力资源优化改革，推进会计运营条线改革、柜员和客户经理等级制建设；编制新的发展战略规划，确定以"建设区域最佳银行"为战略目标，大力加强金融产品、服务和流程创新，着力推进银行转型发展。

与此同时，绵阳市商业银行以发展战略为先导，依靠共同愿景推进党建工作落地生根。

面对经济转型升级的大变革时期，国有企业转型的加速造成企业员工群体构成的变化越来越快，利益诉求更加多样、思想观念碰撞更为激烈。

在此大环境之下，绵阳市商业银行党委按照中央关于国有企业转型发展的总体部署与要求，紧扣本行战略目标与使命，结合企业转型发展实际，加强党的思想建设。要求全行党员干部，把履行主体责任贯穿始终，把领导干部带头贯穿始终，把"两手抓、两促进"贯穿始终，引导党员干部在经济新常态下树立新形象，在贯彻绵阳市商业银行新发展理念中展现新作为，把全体员工的思想统一到企业转型发展的战略思想、基本方略和基本任务上来。

围绕企业发展战略加强党的思想建设，关键是把服务企业转型的学习教育作为制度落到实处、见到实效。

绵阳市商业银行党委结合各项主题教育和党建系列活动的开展，把推进企业转型作为党委中心组学习、民主生活会和管理人员集中轮训、专题研修的重要内容，深入贯彻党的十九大精神，按照"抓细抓早抓实"的工作思路，落实全面从严治党"两个责任"，增强"四个意识"，坚定"四个自信"，做到"两个维护"，时时对照"四讲四有"这个新形势下合格党员的标准反省自己，做到心中有党、心中有民、心中有责、心中有戒。

同时，绵阳市商业银行党委坚持以"建设区域最佳银行"的战略目标与共同愿景为导向，把有针对性地解决实际问题贯穿学习教育全过程。以党支部为基本单位，以党的组织生活为基本形式，以落实党员教育管理制度为基本依托，切实加强基层党建工作，着力破难题、补短板，使全行上下自觉从战略和全局高度看待银行转型升级意义，针对银行转型定位不断创新服务模式，提高党组织服务企业转型的积极性、主动性、创造性，依靠党的政治优势推进企业转型发展，同时，亦推进党建工作在全行落地生根。

2020年，绵阳市商业银行党委作出未来三年的战略规划。其总体思路是：坚持以习近平新时代中国特色社会主义思想为指导，深入贯彻党的十九大和十九届二中、三中、四中全会精神，认真落实中央、省、市经济金融工作部署，坚持"稳中求进"工作总基调，坚持新发展理念，坚持以供给侧结构改革为主线，坚持以改革创新为动力，以"千亿"为新起点，按照"一个愿景、三步走、四个引领"的规划和思路,确保主要经营指标按照不低于25%的年均增速持续保持高质量快速发展,在同业机构中继续保持发展速度和发展质量的领先水平。"一个愿景"指:建设区域最佳银行。"三步走"指:第一步,进入并夯实在同业一梯队的地位;第二步,实现监管评级上2C;第三步,在主板市场成功上市。"四个引领"指:党的建设引领、公司治理引领、高质量发展引领、企业文化引领。

改革转型引领

保持改革的战略定力,坚持改革辩证法,着力增强改革能力,围绕银行转型发展修炼内功,增长本领,做到破难题、解新题。

改革是破解发展难题、解答时代新题的重要法宝,是激发前进动能、释放发展活力的不二选择,也是应对外部不确定性、战胜各种困难挑战的必由之路。历史和现实都告诉我们,越是形势复杂,越要通过深化改革增强发展内生动力,增强应对挑战、抵御风险能力。

对于国有企业而言,党的改革战略思想将引领其在转型发展进程中有效破解难题、解决新题。

绵阳市商业银行党委始终保持改革的战略定力,坚持改革辩证法,着力增强改革能力,做好统筹谋划的大文章,以推动改革更好服务银行战略目标发展大局。一方面,以宏观思维增强本行改革系统性、整体性、协同性,抓好各项改革的协调配套、系统集成,做到统筹全局、整体推进、协调配合,调动一切积极因素,形成全行改革合力。另一方面,发力重点,坚持以供给侧结构性改革为主线,围绕银行转型发展重心修炼内功,增长本领,做到破难题、解新题,有效增强银行发展内生动力,推动绵阳市商业银行在高质量发展道路上越走越宽阔。

与此同时,绵阳市商业银行党委坚持强化顶层设计,系统梳理和完善党建工作在企业转型中的职能定位、目标内容、实现途径、活动载体、方式方法、激励约束机制等,不断探索党建工作科学化的新途径新方法。破解银行转型发展中的难题,推进党建工作落地生根。

国有企业党建工作的最终目标就是要通过企业党组织把党和国家的路线方针政策贯彻落实到企业各项工作中去,最大限度地调动人的积极因素,为企业各项经济指标、任务的完成保驾护航。

为此,绵阳市商业银行党委将党建工作与中心工作紧密结合,依据中心工作确定党建发展思路、工作重点和实际举措,把圆满完成中心工作作为各级党组织建设发展的指向点、日常工作的关注点和创造实绩的着力点,较好地解决党建工作与中心工作"两张皮"问题。同时,根据企业转型发展的需要,进一步强化党建工作考核的指引和导向作用,坚持正激励与负激励并重,把"软任务"变成"硬指标",激发党建工作的活力,增强党组织对银行转型发展遇到的难题破解能力。

推进企业转型发展既是全体党员的实践活动,亦是党组织联系和吸引广大员工融入企业发展的实践活动。

绵阳市商业银行党委在推进企业转型发展中牢固树立"一盘棋"的大局意识,充分发挥党委对党建工作的引领、组织作用,行政对党建工作的支持、推动作用和员工的主体参与作用,形成了党建工作的强大合力和联动效应。同时,还坚持把推进企业转型与党建工作结合起来,统筹规划、协调开展,使之优势互补、良性互动,形成了党建工作的综合叠加效应。

暮色苍茫看劲松,乱云飞渡仍从容。

在绵阳市委市政府的坚强领导下,在行党委改革转型的引领下,绵阳市商业银行牢牢保持住战略定力,把握发展趋势,坚持深化改革,集中精力办好转型之大事,就一定能战胜各种困难与挑战,沿着既定目标稳步前进。

先锋模范引领

把领导班子和干部队伍锻造成推进企业转型的管理核心,把基层党组织建设成推进企业转型的战斗堡垒,把党员队伍打造成推进企业转型的冲锋中坚。

绵阳市商业银行党委充分调动基层党组织和全体党员的积极性、主动性、创造性,在依靠党的组织优势来推进党建工作落地生根的同时,围绕提高领导力,把领导班子和干部队伍锻造成推进企业转型的管理核心。

根据企业转型的战略定位,绵阳市商业银行党委以打造领导有力、决策科学、清正廉洁的领导班子和干部队伍为目标,切实加强领导班子和干部队伍建设。同时,围绕提高凝聚力,把基层党组织建设成推进企业转型的战斗堡垒。一是严守政治纪律和政治规矩,坚持从严治党、从严治企,在思想上政治上行动上同以习近平同志为总书记的党中央保持高度一致。二是严格落实国有企业党建工作责任制,确保管党治党责任落到实处,要求各分支机构支部书记必须担当起职责,当好第一责任人,支部领导班子其他成员要切实履行"一岗双责",结合业务分工抓好党建工作。三是自觉把民主集中制作为推进企业转型的制度优势,提高党组织参与企业重大问题决策的有效性,确保企业经营决策符合转型发展的要求。

围绕提高战斗力,把党员队伍打造成推进企业转型的骨干中坚。绵阳市商业银行围绕加快优化党员结构,提高党员素质,提高党员队伍战斗力,主要抓了以下工作:一是在转型中强调鲜明的党性担当,引导全体党员不能因为企业转型包袱重而等待、困难多而不为、有风险而躲避、有阵痛而不前,树立必胜信念,更好地发挥主观能动性,坚定不移把推动企业转型工作落地生根。二是坚持重点在业务一线、业务骨干和高学历群体中发展党员,持续开展"把优秀人才培养成党员,把党员培养成优秀人才"的双向培养活动,把发展党员的调控重点从控制数量逐步向优化结构、提升质量转变,不断提高党员队伍素质。三是搭建"党员示范岗""党员责任区"等党员作用发挥平台,广泛开展争做合格党员、争创先进个人、争创劳动模范活动,开展比技能、比业绩、比合规、比服务、兑承诺"四比一承诺"活动,充分发挥党员的先锋模范作用。四是以选树标杆为抓手,发挥典型示范引领作用,使广大党员和员工学有楷模、做有榜样,在全行范围内涌现出一大批爱岗敬业、勤奋工作、甘于奉献的优秀共产党员,为推进企业转型起到了积极的引领作用。

资阳分行在时任党支部书记、行长蔡武的带领下,始终牢记党的宗旨使命,认真贯彻落实总行党委的安排部署,切实加强党支部的核心领导地位,坚持把党的建设融入经营管理全过程,充分发挥了基层党组织的战斗堡垒作用。在分行党支部的领导下,资阳分行在当地同业同类机构中取得了资产质量最优、发展速度最快、存贷款总量最大的优良成绩,为辖区社会经济发展做出了积极贡献,成为资阳金融服务领域的一支"标杆"。分行获评"资阳市文明单位"荣誉称号。分行团支部、分行营业部获评"2016年度四川省五四红旗团支部""四川省青年文明号""中国银行业文明规范服务四星级营业网点"等多项荣誉称号。分行还多次获评"五矿资本控股有限公司先进集体""绵阳市商业银行经营管理工作先进单位"等荣誉称号。

高新科技支行在党支部书记、行长罗奇的带领下,积极开展好"三会一课",组织全体党员开展专题学习讨论、政策解读、心得交流、结合实际研究工作难题等方式,引导全体党员坚定理想信仰,增强党性,率先垂范,做好表率。与此同时,支部成员带头实践,服务群众,通过实施"双联""走基层"、困难帮扶、创先争优、文明创建、志愿服务等群众性活动,激发了全员投身绵阳市商业银行建设的热情和聪明才智,把党员职工的思想统一到了发展中来,充分发挥了基层党组织的政治核心作用,各项工作齐头并进,经营业务实现了质的飞跃。支行获评"绵阳市先进党支部""绵阳三型基层党组织品牌示范点"荣誉称号,多次获评"五矿资本控股有限公司先进集体""绵阳市商业银行先进基层党组织""绵阳市商业银行经营管理工作先进单位"等荣誉称号。罗奇本人还获评"绵阳市优秀共产党员"荣誉称号。

江油支行在党支部书记、行长刘承的带领下，按照绵阳市商业银行党委的决策部署和围绕"经营发展抓党建、抓好党建促发展"的总体思路，聚焦绵阳市委提出的基层党建"3+2"书记项目，紧扣"服务实体经济"主题，以支行党支部的坚强战斗堡垒作用，带动造就了一支素质过硬的员工队伍，塑造"我虽平凡、但求卓越，用心服务、快乐成长"的团队文化，激发了全体干部职工"幸福都是奋斗出来的"拼搏奉献、干事创业的精气神，实现了党建提升和业务发展双丰收。支行获评"绵阳市文明单位"荣誉称号。2020年6月，在中国共产党成立99周年之际，江油支行党支部被中共绵阳市委组织部命名为"绵阳市基层党建'3+2'书记项目AA级示范党组织"。支行多次获评"五矿资本控股有限公司先进集体""绵阳市商业银行先进基层党组织""绵阳市商业银行经营管理工作先进单位"等荣誉称号，多次获得"江油市服务窗口行风评议一等奖"。

企业文化引领

把企业核心价值体系的总体要求与企业实际相结合，把企业特色价值观作为党建工作的主线和灵魂，始终贯穿于实现企业转型发展的全过程。

坚持正确导向，积极践行企业核心价值体系。提炼和践行具有企业特色的核心价值观是企业党建工作创新的重要内容。

绵阳市商业银行党委在加强党建工作中，坚持把企业核心价值体系的总体要求与企业实际相结合，把企业特色价值观纳入党建工作的要件，始终贯穿于实现企业转型发展的全过程。围绕"发展战略明确、公司治理完善、机构网络健全、经营管理先进、金融服务优质、财务状况良好"的区域最佳银行的战略目标，全面落实"以客户为中心、以稳健为根、以勤奋者为本、智慧众筹、快乐工作"的企业精神，使之成为引领全体员工找到自身的精神定位，明确自身价值取向，为企业发展尽职尽责，奋力拼搏的精神动力。

加强企业品牌文化传播，积极对外展示企业文化内涵。努力讲好企业故事、传播好企业声音，树立企业良好形象。绵阳市商业银行党委突出服务品质，抓好企业品牌建设。一是突出标准抓品牌建设，加强品牌文化传播，树立企业良好形象；二是坚持对标先进、培育标杆、示范引领，深化推进企业品牌培育和区域品牌建设，促进企业品牌与区域品牌互动发展，促进区域品牌向国内领先、行业一流挺进；三是坚持文化引领，塑造一流企业。企业文化核心价值观凝聚着员工的团结协作和敬业奉献精神，为企业的发展源源不断地注入动力。

一引其纲，万目皆张。

近年以来，绵阳市商业银行先后被中国银行保险监督管理委员会授予"全国银行业金融机构小微企业金融服务先进单位"荣誉称号，被中共四川省委、四川省人民政府授予"四川省文明单位"荣誉称号、"2018年度四川省对口帮扶藏区彝区贫困县先进集体"荣誉称号，被四川省总工会授予"四川五一劳动奖状""四川省模范职工之家"荣誉称号，被中共绵阳市委、绵阳市人民政府授予"绵阳市文明行业""绵阳市建设科技城和西部现代化强市先进集体""绵阳市优秀服务业企业"荣誉称号，被《金融时报》社等机构授予"中国地方金融（2016）十佳竞争力银行"荣誉称号，被新华社《半月谈》杂志社授予"中国服务区域发展最佳金融机构""第八届全国品牌生活榜最佳城市商业银行""2018中国扶贫榜样优秀案例十佳扶贫创新示范银行"荣誉称号。在2017年12月中国银行业协会发布的"中国银行业稳健发展能力评价"排名中，绵阳市商业银行多项指标名列全国、全省前茅，其中，收益可持续能力全国第二、西部第一，风险控制能力、员工知会能力四川第一。同时，一批单位和个人受到各级表彰。

上 篇

形而上之道

第二章 智慧众筹的方法论

广求智慧，筹措相商，运筹帷幄而决胜千里。

本章导读：

◎绵阳市商业银行创业者与开拓者的智慧不断地碰撞与汇集，"智慧众筹"管理思想便在改革发展中酝酿与积淀。

◎"众筹"是融资，而"智慧众筹"即为"融智"，是好点子、好主意、有价值方案的筹集，是企业经营关联方积极主动参与企业管理的渠道与桥梁。

◎绵阳市商业银行以其崭新的姿态确立"智慧众筹"管理思想，将以前所未有的新视野、新思路、新方法，着力建设区域最佳银行。

◎智慧众筹，即广泛募集意见与建议，筹措相商，以解决生产经营中的实际问题，让我们做出成功的科学决策。

◎智慧众筹之目的是指导经营管理实践，遵循的是意识与物质辩证统一的唯物主义思想，是我们生产活动中的方法论。

◎"智慧众筹"思想是主导者智慧与主体智慧、管理者智慧与参与者智慧相融、相通、相应的思维方法和行为模式。

◎"智慧众筹"管理思想的确立与运营机制的建立,充分体现了绵阳市商业银行兼容并蓄、博采众长、集思广益、群策群力的企业发展策略。

◎"智慧众筹"既是绵阳市商业银行主导的管理思想、发展战略,亦是根深蒂固、绵远传承的企业文化。

◎"智慧众筹"管理思想是建立在对绵阳市商业银行改革发展、运营管理的实践基础之上的,同时又反作用于实践,是能够看得到的成果。

◎绵阳市商业银行"智慧众筹"思想是从理论到实践,再从实践回到理论,循环往复,不断彰显实践智慧的精神成果。

◎通过"引资"实现"引智"目的,进而完善治理结构,增强市场竞争力。这是一种中国特色的城商行改革路径的延续,亦是被实践所证明的智慧众筹结晶。

◎在"智慧众筹"管理思想引领之下,广泛借鉴同业先进,筹措全行智慧,进而自主创新,形成了独有的业务品种特色、供应链特色、市场细分特色、区域布局特色等特色化、差异化发展之路。

◎特色化、差异化的业务战略布局,从顶层设计到体系建设,再到业务创新,是一个智慧众筹的过程,是绵阳市商业银行战略构思的结晶。而金融科技又为绵阳市商业银行"智慧众筹"管理思想注入了新的内涵。

第一节
智慧众筹思想的起源

"智慧众筹"管理思想在绵阳市商业银行改革发展中酝酿与积淀。

从 2000 年绵阳市商业银行的成立至 2020 年改革发展的深入推进,从摆脱历史包袱化解危机至挺进全省城商行一梯队,从立足地方跨区发展至建设区域最佳银行，二十年磨炼历程，二十年砥砺前行，绵阳市商业银行创业者与开拓者的智慧不断地碰撞与汇集，"智慧众筹"管理思想便在改革发展中酝酿与积淀。博观而约取，厚积而薄发，绵阳市商业银行博观先进银行的成功经验、厚积全行员工的众筹智慧，逐渐找到了通向光明与成功的道路，加强管理、优化服务、创新产品、拓展业务、调整结构、严控风险、提升质量，智慧众筹之下，取得良好的经济与社会效益。

创造性思想

"众筹"是融资，而"智慧众筹"即为"融智"，是好点子、好主意、有价值方案的筹集，是企业经营关联方积极主动参与企业管理的渠道与桥梁。

"智慧众筹，建设区域最佳银行。"区域最佳银行是发展愿景，而智慧众筹便是实现愿景的方法。广求智慧，筹措相商，运筹帷幄而决胜千里。这是一个创造性的企业经营管理方法论，是绵阳市商业银行在改革发展过程中自创的、独有的企业管理思想，亦是绵阳市商业银行在管理及运营实践中独特的思维方式、措施办法及战略决策。

鉴史而明智，实践出真知，在新经济时代中国银行业正发生大变革之机，2016年，绵阳市商业银行新一届党委班子创造性地提出"智慧众筹"管理思想，并将其应用于银行的经营管理实践之中，可谓是对中国城商行二十多年改革发展与管理经验的总结与提升，是中小商业银行的管理智慧结晶。

"众筹"一词对于金融从业者来说并不陌生，其本质来源于金融，其目的与功能就是融通资金。最初的众筹是艰难奋斗的艺术家们为创作筹措资金的一个手段，而现在众筹已演变成初创企业和个人为自己的项目争取资金的一个渠道模式，互联网金融兴起的众筹网站更是使任何有创意、有项目的人都能够向几乎完全陌生的人筹集资金，打破了传统的融资模式，消除了从传统投资者和机构融资的许多障碍。

显然,"众筹"本就是经济社会发展中人类智慧的产物,是一种创造性的融资模式,构建了一种新的生产关系,以推动生产力的发展。而绵阳市商业银行新一届党委班子的"智慧众筹"管理思想,将"众筹"的融资模式应用到企业运营管理中的知识与智慧的筹集。"众筹"是融资,而"智慧众筹"即为"融智",是好点子、好主意、有价值方案的筹集,是企业经营关联方积极主动参与企业管理的渠道与桥梁,这无疑是对"众筹"概念与模式的再创造,是一种全新的企业管理思想。

智慧的积淀

绵阳市商业银行以其崭新的姿态确立"智慧众筹"管理思想,将以前所未有的新视野、新思路、新方法,着力建设区域最佳银行。

自1995年深圳诞生首家城商行起,中国城商行二十五年来走过的道路,是一条在实践中的智慧积淀之路,每一次改革、每一个策略、每一条方法与措施都是在汇集当局参与者智慧后提炼出来的金点子,是在实践中论证出来的科学之路。

城商行作为中国金融体系的重要成员,体验了风险处置的阵痛,经历了体制、机制的蜕变,走过了"三梯队"的迷惘,革旧而鼎新。资产重组、更名、跨区域经营、逐鹿资本市场、转型发展……最终阳光普照、突出重围,逐渐成为我国多层次金融体系中举足轻重的组成部分,可谓中国金融改革中的一支生力军,在支持地方经济发展、服务中小微企业及社区金融服务方面已经开始发挥主力军作用。

和全国诸多城商行一道,绵阳市商业银行伴随中国深化金融体制改革的脚步而诞生,二十年里,绵阳市商业银行在各级党委政府及金融监管部门的呵护与支持下,无所畏惧,披荆斩棘,终冲破囹圄,拨云见日。

绵阳市作为被列为全国首批组建城市商业银行的城市之一,于1996

年便按照国务院和中国人民银行的要求开始了城市商业银行的组建工作。在完成了包括对信用社的清产核资及股权评估在内的各项工作后,经中国人民银行总行验收,绵阳市商业银行筹建工作于2000年顺利完成,绵阳市地方金融改革迈出里程碑步伐。当年9月26日,绵阳市的9家信用社正式宣告退出历史舞台,绵阳市商业银行挂牌开业,昭示中国(绵阳)科技城新的金融体系与竞争格局诞生,新的时代到来。

新成立的绵阳市商业银行是由绵阳市财政和12家市属国有企业、股份制企业、非公有制企业入股,在原3家农村信用社和6家城市信用社的基础上组建的一家地方性股份制商业银行,实行一级法人、分级管理、统一核算、自负盈亏的运行机制。

体制上,新机构严格按照《中华人民共和国公司法》《中华人民共和国商业银行法》的规定进行组建和经营,并依法接受人民银行的监督和管理;公司治理机制上,建立了股东大会、董事会、监事会及经营管理层的"三会一层"公司化管理制度;业务上,与工商银行、农商银行、中国银行、建设银行、交通银行等五大国有商业银行及其他股份制商业银行没有本质的区别,唯一不同的是城市商业银行开展业务时突出重点为当地中小微企业及城市居民提供银行类金融服务的特点,这让绵阳市商业银行从一诞生时的业务重点与业务方向便更加亲民、更加贴近地方经济建设。

新体制、新机制,绵阳市商业银行的诞生成为当时当地银行业金融机构中的新事物。但世人所不知的是,其起步后却是步履维艰,困难重重。

成立时的条件非常差,规模很小,不过一二十亿元;资产质量较差,承接了9家信用社遗留下来接近5亿元的历史包袱;经营收益单薄,运营成本居高不下,利润更是接近为零,甚至出现负数的尴尬局面;更为严峻与可怕的是,因为较长时间内地方金融环境欠佳,组织存款的难度很大,时不时存在支付困难。

阴霾囹圄之中,如何突围成为绵阳市商业银行创业者集体思考的问题。开业之初,绵阳市商业银行党委班子提出"诚信为本,稳健为策,不求名大,但求绩优"的经营理念,此经营理念贯穿绵阳市商业银行多年的经营管理过程之中并得到不断优化和提升，最终在集体智慧的碰撞之下，"助增价值、服务成长"的经营理念在众多意见与建议中被正式确立。随之而来的是"服务中小、关注成长"的市场定位，确立"贷款小额化"的经营策略。在当时中国银监会的政策推动下，加快授信体制改革，建立和完善小微企业贷款"六项机制"建设，按照"小银行、做小微"的思路，全力推行贷款小额化经营。在大力支持中小微企业发展和绵阳地方经济建设的同时，绵阳市商业银行自身也得到又好又快发展，集体智慧，让其在群雄逐鹿中突出重围。2007年发起设立四川北川富民村镇银行，成为全国首批新型农村金融机构参与者与推动者；2009年消化历史包袱6.5亿元；在当时中国银监会"阳光普阳"政策的指引下，于2011年设立第一家异地分行——广元分行，开启跨区经营之旅，之后陆续设立了资阳、南充、成都、遂宁等异地分行，2020年德阳分行获批筹建；2012年设立科技支行，专营科技金融服务；2014年世界500强、中央企业中国五矿集团旗下的五矿资本控股有限公司（以下简称五矿资本）战略持股20%，成为第一大股东。到2015年末，绵阳市商业银行资产总额为526亿元，各项存款余额311亿元，各项贷款余额222亿元。

积跬步，致千里。多年来，绵阳市商业银行脚踏实地，一步一个脚印，穿行荆棘，跨过险滩，翻越高山。从2016年开始，智慧的众筹将绵阳市商业银行带入一个新的发展阶段，而在这个新的发展阶段里，智慧众筹正在延续积淀。重视和加强党建工作，充分发挥行党委的领导核心和政治核心作用，把方向、管大局、保落实。"两会"完成换届，公司治理更加严格规范，正式成为具有央企背景、国资主导的银行。构建了符合城市商业银行运行和发展的体制机制，遵循市场规律，强化激励约束，大力引进优秀人才，加快IT建设步伐。加强内部组织架构的改造，突出加强信贷管理、风险管理、法律合规、资产保全、运营管理等方面的职能建设，以适应业务发展的需要。精心谋划业务经营，着力深耕本地，支持实体经济发展；着力优化金融服务，巩固和拓展基础客户群体；着力开展产融、融融协同业务，不断创新金融产品和服务方式，扩大业务领域。

新经济，新金融，新银行。新经济时代已经开启，金融环境已然变迁，银行业正在经历大变革。新经济技术、新经济政策、新兴产业、新型城镇化战略、"一带一路"倡议、供给侧结构性改革、"互联网+"……经济新常态之下，机遇与挑战如影随形。

基于中国城商行的历史发展轨迹，面对中国新经济时代的到来，绵阳市商业银行以其崭新的姿态正式确立"智慧众筹"管理思想，将以前所未有的新视野、新思路、新方法，让银行成为西部一流的城商行，跻身央企背景的商业银行第一集团军。

第二节
智慧众筹方法论体系

广泛募集意见与建议，筹措相商，以解决生产经营中的实际问题。

众，多也，广泛而普遍；筹，募也，广求以相商；智慧，聪明才智也，是人类文明进程中独创的执行力。智慧众筹，即广泛募集意见与建议，筹措相商，以解决生产经营中的实际问题，让我们做出导致成功的决策。泛爱众而亲仁，运筹帷幄而决胜千里。

方法论原理

"智慧众筹"思想是主导者智慧与主体智慧、管理者智慧与参与者智慧相融、相通、相应的思维方法和行为模式。

智慧，形而上之道；实践，形而下之器。智慧来源于我们不断实践中的积累，而又反作用于我们的物质生产实践，智慧体现为更好地解决实践问题的能力。智慧众筹之目的是指导经营管理实践，遵循的是意识与物质辩证统一的唯物主义思想，是我们生产活动中的方法论。

同时，绵阳市商业银行"智慧众筹"管理哲学是与集权家长制管理方式相对立的一种民主管理思想，也与中国共产党"民主集中制"的根本组织制度和领导制度有着异曲同工之妙，是一种民主基础上的集中和集中指导下的民主相结合的管理思想，围绕企业领导者的思路决策，实现多层面、多角度、多方式的全员交流互动、建言献策。

"智慧众筹"思想是主导者智慧与主体智慧、管理者智慧与参与者智慧相融、相通、相应的思维方法和行为模式。

"智慧众筹"，就是秉承"众筹智慧、共谋发展"的民主管理理念，把发动群众、依靠群众机制化，让员工成为经营管理的参与者，把每位员工都作为推动企业发展的动力和源泉。通过开设"众筹模块"技术平台，畅通意见征集和反馈渠道，使全行员工都能将自己的工作建议和意见通过系统及时发送至相关领导和相关条线部门，实现基层和上级领导以及条线部门的点对点沟通和穿透式管理。倡导"智慧众筹"文化，可以让各层级管理者及时掌握员工的意愿和建议，有助于及时发现和解决工作中存在的实际问题，推动提升工作质效；有助于发现改革发展中的"金点子"，加快推动改革发展步伐；有助于全视角决策，提升决策的民主性和科学性。

让全体员工充分发挥主人翁意识和精神，积极参与到绵阳市商业银行的发展中来。一是通过"智慧众筹"的方式，凝聚、激发、鼓励参与者为企业发展谏言献策；二是让员工在获得物质回报的同时，收获个人成长和精神上的满足，分享银行发展的成果；三是进而为客户提供更加专业且有温度的服务，与合作伙伴共生共赢，让股东获取持续性的投资回报。

无疑，"智慧众筹"管理思想的确立与运营机制的建立，充分体现了绵阳市商业银行兼容并蓄、博采众长，集思广益、群策群力的企业发展策略，与蔡元培当年"囊括大典，网罗众家，思想自由，兼容并包"教育思想有异曲同工之妙。让每一位员工都有参与企业发展讨论研究、都有建言献策的权利。每一位员工都参与到文化、制度、流程、方法的建设中,他们的智慧集合将成为绵阳市商业银行发展决策的有效输入源头。

体系与机制

"智慧众筹"既是绵阳市商业银行主导的管理思想、发展战略,亦是根深蒂固、绵远传承的企业文化。

绵阳市商业银行对于"智慧众筹"管理思想并非流于口号与表象,而是有着严谨的体系逻辑与周密的机制建设。

"智慧众筹"既是绵阳市商业银行主导的管理思想、发展战略,亦是根深蒂固、绵远传承的企业文化。企业文化是企业的灵魂,是纲领性的,不以人的意志为转移。文化独立于并高于企业内部的领导层级关系,践行并捍卫企业文化是每一名企业员工都应承担的责任和义务。绵阳市商业银行将"智慧众筹"企业文化精神充分融入日常工作的制度和流程中,融入各层级的考核内容中,融入员工的职业发展中。凡是能够促进绵阳市商业银行发展的点子、建议、方案,都是"智慧众筹"的众筹范围,领域包括但不限于制度、流程、方法、产品、服务等。"智慧众筹"的参与者为绵阳市商业银行利益相关者,以本行干部员工为主体,包括银行主管及监管部门领导、行内管理人员、普通员工、股东、客户及合作伙伴等。

绵阳市商业银行从全行层面有效搜集和反馈众筹意见、建议或提案,定期对意见、建议或提案开展评审工作,对于有较高价值并有较强落地性的意见、建议或提案,向相关决策机构报批,让意见、建议或提案有效落地实施。

同时,绵阳市商业银行积极探索建立智慧众筹工作机制。为避免低效、无效甚至失序的智慧众筹情况出现,充分考虑智慧众筹参与者的知识体系、经验、经历的深度和广度,采取"分层众筹"原则,即:原则上,参与者应结合自身岗位特点、本职工作相关性参与众筹。例如：一线员工可参与操作层面的智慧众筹，分支行和中层管理人员可主导分支行和条线发展相关的智慧众筹，全行的重大经营决策、发展战略制定等主要由行领导主导。

智慧众筹工作作为企业文化建设的重要组成部分，在全行常态化开展，同时在针对特殊既定工作时亦发起专项意见与建设的智慧众筹。全行"智慧众筹"机制采用两种方式开展：

一是自上而下的专项"智慧众筹"。专项智慧众筹的众筹目标是明确的、有针对性的。聚焦在某一问题的规划、解决、优化上，如：客户营销战略制定，人才招聘基线标准制定，网点开户流程优化等。专项众筹需求通过总行"智慧众筹"委员会的审议并确定众筹范围后，成立专项工作小组；工作小组组长根据"智慧众筹"的基本原则，确定小组成员后开展方案、意见及建议的制定工作；后将形成的方案、意见及建议报总行"智慧众筹"委员会，由其组织评审及审议（如需，报党委会审批）；通过后由"智慧众筹"委员会组织落地实施工作。

二是由下自上的常态化"智慧众筹"。为了将"智慧众筹"充分融入企业文化融中，在全行开展常态化"智慧众筹"工作。各工作小组根据自身情况定期组织开展众筹工作。众筹范围包括但不限于对提升现有制度、流程、方法、产品、服务等方面有积极作用的点子、建议、方案。形成的提案可通过签报、OA、邮箱、内刊稿件等方式反馈至"智慧众筹"委员。"智慧众筹"委员会适时开展对各工作小组的走访、访谈工作，便于了解各工作小组的履职情况，同时更加全面地搜集众筹意见。"智慧众筹"委员会定期组织开展工作会议，对各工作小组提交或搜集的提案进行审议。对于有较高价值并有较强落地性的提案，在通过审议后（如需，报党委会审批），由"智慧众筹"委员会组织落地实施工作。"智慧众筹"委员会高度重视众筹参与者的提案反馈工作。对于众筹参与者提出的意见、建议、方案无论采纳与否，均及时给予相应反馈。

绵阳市商业银行"智慧众筹"机制采用试点先行的实施路径进行推

进。试点机构或条线结合PDCA（Plan，Do，Check，Act）方法论不断总结、优化、提升"智慧众筹"的实践能力，进而为全行范围的机制推广起到良好的示范作用。

"智慧众筹"的机制建立容易，持续运转难，进一步融入企业文化成为员工的工作习惯更加不易。为了保证其良性发展，绵阳市商业银行重点加强了以下几个方面的工作：

一是清晰认识到"智慧众筹"带来的最大挑战，是要将银行转化成为一个更加开放式的企业。特别是经营管理层需要以更加开放的心态践行"智慧众筹"。这样各经营层才能因地制宜，有效地利用群众智慧实践"智慧众筹"。

二是作为绵阳市商业银行核心价值观的重要组成部分，"智慧众筹"的企业文化落地，需要配套完整的制度及流程。企业的文化的落地，需要文化本身充分融入日常工作的制度和流程中，融入对各层级的考核内容中，融入员工的职业发展中，否则文化将流于形式，成为空谈。

三是践行"智慧众筹"的关键是打造一个有效且常态的沟通渠道。沟通工作需常态化，通过定期组织召开"智慧众筹"委员会工作会议，提供长效的沟通渠道，让众筹参与者的意见和建议得到有效反馈。鼓励参与者敢于说话，激发参与者的众筹激情。

四是建立合理的"智慧众筹"奖惩制度，并严格执行。凡是众筹参与者的众筹意见、建议或方案被采纳的，要给予物质层面或精神层面的奖励。同时应将采纳次数将作为指标，纳入人才晋升的考核维度。对于众筹意见、建议或方案存在明显敷衍或长期未被采纳且质量低下的工作小组，应进行相应处罚。从而营造"智慧众筹"企业文化的良好氛围，快速实现从"被动领任务"到"主动提建议"的转变。

第三节
智慧众筹实践创造价值

"智慧众筹"管理思想是建立在对绵阳市商业银行改革发展、运营管理的实践基础之上的,同时又反作用于实践,是能够看得到的成果。

实践智慧可以在普遍性的层面运作,关注实践判断的真实性,以及构建行动的普遍规则。实践智慧还可以在特殊性的层面运作,将普遍规则应用于生活的具体情景,去确定正当的行动。

绵阳市商业银行"智慧众筹"思想是从理论到实践,再从实践回到理论,循环往复,不断彰显实践智慧的强大精神成果。这种"实践智慧"可以从两个维度来理解。一方面是重在"实践",即区别于对社会现实进行理论演绎,甚至纸上谈兵的思维范式。另一方面,绵阳市商业银行的"智慧众筹"管理思想是建立在对绵阳市商业银行改革发展、运营管理的实践基础之上的,是能够看得到成果。

治理结构：引资引智推进改革

通过"引资"实现"引智"目的,进而完善治理结构,增强市场竞争力。这是一种中国特色的城商行改革路径的延续,亦是被实践所证明的智慧众筹结晶。

世界500强、中央企业中国五矿集团旗下五矿资本战略持股绵阳市商业银行20%的股权,成为第一大股东,绵阳市商业银行正式融入五矿金融系,协同五矿全牌照金融机构为客户提供全方位、综合性金融服务。

显然,引进战略投资者的目的不单单是"引资",更重要的是"引智"。无疑,这是一种中国特色的银行业改革路径的延续,亦是被实践证明的智慧众筹结晶。部分城商行通过"引资"增资扩股进而实现增强经营实力,通过"引资"实现"引智"目的,进而完善治理结构,增强市场竞争力。引入优质央企作为战略投资者,绵阳市商业银行不仅增强了资本实力、优化了股权结构,更是充分挖掘其潜在优势,以此推动全行治理结构的完善、组织架构的改造、运行机制的优化。因为战略投资者五矿资本公司化进程已然走在同业同类型公司前列,因为五矿全牌照金融系集团化协同,"引资"正在倒逼绵阳市商业银行不得不深化治理结构改革,而其走过的经验与教训亦给绵阳市商业银行公司治理提供了借鉴与指导。2016年,绵阳市商业银行抓住"三会一层"换届契机,进一步强化法人地位,健全党的工作机制,进一步完善"三会一层"工作机制,优化工作流程,落实工作权责,积极强化尽职考核,加强对董事、监事、高级管理层人员尽职情况的监督和评价,提升履职能力。

战略布局:借鉴创新打造特色
在"智慧众筹"管理思想引领之下,广泛借鉴同业先进,筹措全行智慧,进而自主创新,形成了独有的业务品种特色、供应链特色、市场细分特色、区域布局特色等特色化、差异化发展之路。

成功引进五矿资本,绵阳市商业银行的业务战略布局亦开始发生转变。五矿资本全牌照金融系给了绵阳市商业银行更多协同机会。绵阳市商业银行协同五矿资本全牌照优势,协同提供信贷以外的投行、信托、融资租赁、资产管理、保险等服务,布局金融全产业链,逐步提高"融智慧、融信息"的能力,为客户提供一站式金融服务,成为金融综合解决方案的提供商,进而更好地为实体经济服务。

适应业务战略布局的转变,绵阳市商业银行坚持和贯彻"以客户价值链为中心"的理念,丰富业务种类,在小微金融产品、科技金融产品等不同特色业务产品之间实行交叉销售，为客户提供一揽子的金融服务方案，全方位、多元化地满足客户需求，增强客户黏性。

因为绵阳市商业银行是城商行，是地方法人中小银行，虽受地域和规模限制，却让他们找到了灵活、亲民，熟悉本地市场、了解本地客户的优势，主动成了"中小企业伙伴银行、城乡居民贴心银行、社区服务特色银行、地方经济助力银行"。绵阳市商业银行始终坚守特色定位，积极主动对接地方经济转型战略，推进地方产业结构调整，增强创新驱动发展能力，绵阳市商业银行所走的特色发展之路越走越宽广。数年来，绵阳市商业银行每年单独给予小微企业业务匹配了60%以上的信贷规模，涵盖了绵阳市70%以上的成长性和发展潜力的中小企业。绵阳市商业银行与中国科技城——绵阳有着天然的人缘、地缘、脉络缘关系，绵阳市商业银行就是中国科技城的银行，绵阳市商业银行在科技金融服务方面进行了积极而卓有成效的探索与实践。绵阳市商业银行坚持以"打造科技金融结合的特色支行""建立科技信贷主导的专营机构""开创科技链条的发展模式"三大战略目标，积极探索"单独化客户准入机制""独立化信贷审批机制""专业化专家评审机制""区别化机构考核机制""差异化风险容忍机制""数据化例会分析机制"等六大管理机制，科技金融服务得到快速发展。2016年，绵阳市商业银行积极响应中国（绵阳）科技城全面创新改革试验号召，努力探索支持高新科技融合发展的金融服务新路径，大力助推全面创新改革试验区建设，制定了《绵阳市商业银行支持高新科技融合发展9条措施》，创新开发了特色金融产品，实行信贷管理"绿色通道"，加强与银证、银保合作，提供综合性金融服务，努力提升高新科技融合企业金融服务水平。

在做好传统业务差异化、特色化布局的同时，互联网金融亦成为绵阳市商业银行业务发展战略重心。2016年，将电子银行部改革为互联网金融事业部。在这之前，绵阳市商业银行已经完成了以后台业务系统为基础，以个人网银、企业网银等渠道业务系统为平台的互联网化的功能体系建设。未来，将提供以直销银行为核心的个人综合金融服务、以交易银行为核心的企业综合金融服务、以金融电子商务平台为核心的商务场景服务，通过三个板块实现面向"场景＋生态"的新型互联网银行业务。

它山之石，可以攻玉。绵阳市商业银行在"智慧众筹"管理思想引领之下，广泛借鉴同业先进，筹措全行智慧，进而自主创新，形成了自己独有的业务品种特色、供应链特色、市场细分特色、区域布局特色等差异化发展之路。

管理改革：科技推动精细化管理

特色化、差异化的业务战略布局，从顶层设计到体系建设，再到业务创新，是一个智慧众筹的过程，是绵阳市商业银行战略构思的结晶。而金融科技又为绵阳市商业银行"智慧众筹"管理思想注入了新的内涵。

特色化、差异化的业务战略布局，从顶层设计到体系建设，再到业务创新，是一个智慧众筹的过程，是绵阳市商业银行战略构思的结晶。在这个过程中，绵阳市商业银行将立足于科技推动，运用新技术平台来支撑、推动与实施精细化管理，实现智慧银行建设。

作为区域性中小银行，绵阳市商业银行的数字化转型之路并不能沿着"高投放、系统性、全覆盖"的方式前行，根据其自身"差异性、精细化"的战略定位，有效融合金融科技，深耕区域、细针密缕才是转型发展的方向。

智慧门店成为传统银行科技转型的必经之路，将新兴科技应用于更多业务流程，致力于提供更懂服务的客户体验，将使早已习惯于数字化便捷生活方式的消费者对银行产生更多好感。绵阳市商业银行根据金融科技发展现状与本行实际，逐步完善科技支撑平台，强化IT技术支撑，进一步加快自助银行、电话银行、手机银行建设，力争尽快开发推出科技城信用卡。

同时，以新核心系统、新信贷管理系统为基础，以建设内部管理信息系统为抓手，以建设数据仓库平台为保障，建立起"FTP（内部资金转移定价）""成本分摊"以及"资本管理"管理平台，以实现对客户、产品、员工、机构、部门进行多维度的核算与分析，从而实现全面预算、经营分析、绩效管理、产品定价以及资产负债管理等全方位的价值经营管理。充分利用大数据、云计算和移动互联网等数字化技术，制定符合自身条件的中长期差异化特色经营战略，进而提升精细化管理水平和管理效率。

无疑，金融科技为绵阳市商业银行"智慧众筹"管理思想注入了新的内涵。

上 篇

形而上之道

第三章 共同遵守的行为准绳

品格德性,价值观念,做出导致成功的行动。

本章导读:

◎绵阳市商业银行企业核心价值观为:以客户为中心、以稳健为根、以勤奋者为本、智慧众筹、快乐工作。

◎于新经济时代到来之时,确立"以客户为中心、以稳健为根、以勤奋者为本、智慧众筹、快乐工作"企业核心价值观体系,树立了绵阳市商业银行是非标准的依据、全体成员遵循的行为准则,亦是绵阳市商业银行的核心意识形态,成为指导企业经营管理的规律和原则。

◎以客户为中心,为客户提供优质、具有价值的服务是绵阳市商业银行存在的唯一理由,而客户的需求是银行发展的原动力;以稳健为根,坚守风险底线,是金融业及货币经营的基本要求,亦是银行持续健康发展的根基与保障;以奋斗者为本,长期坚持勤奋努力、艰苦奋斗是助力银行持续发展的源泉;献计献策、群策群力,智慧众筹,快乐工作是全行员工的人生价值。

◎审慎经营,向可持续发展的优质银行迈

进。绵阳市商业银行坚持"以稳健为根、审慎经营、持续发展",用科学发展观指导和规范各项经营管理活动,确立资本、效益和风险综合平衡的经营理念,促进银行质量安全、高效经营和健康发展的有机统一。

◎勤奋创造价值,公允的价值分配激发勤奋者的激情与干劲。

◎价值认同、不失热情、良好氛围,你会工作得更快乐。

◎精准市场定位的价值回报,让"助增价值,服务成长"理念越发坚定。

◎"助增价值,服务成长"是绵阳市商业银行一以贯之、坚守不渝、身体力行的经营理念,亦是绵阳市商业银行二十年改革发展中积淀的金字品牌。

◎与"助增价值,服务成长"经营理念配套而行的是"中小企业伙伴银行、城乡居民贴心银行、社区服务特色银行、地方经济助力银行"的精准市场定位,两者互相影响、互相促进与完善,让绵阳市商业银行的改革发展道路异常清晰、越发光明。

◎经营理念与市场定位有着不可分割的联系,正如"物质决定意识、意识反作用于物质"的哲学关系,经营理念是意识,而市场定位是生产关系,相互影响相互促进与完善。

◎精准市场定位带来的价值回报,给经营理念的确立提供了实践依据。

◎一套明确的、始终如一的、精确的经营理念,可以在组织中发挥极大的效能。"助增价值,服务成长"经营理念的确立,让绵阳市商业银行更加坚定"中小企业伙伴银行、城乡居民贴心银行、社区服务特色银行、地方经济助力银行"的市场定位。

◎精准完善的市场定位体系指引业务在竞争市场上占据理想的位置。

◎助增价值,融通资金,助其价值增长;服务成长,经世济民,为小微企业、普惠金融提供价值服务。"助增价值,服务成长"即为"融通资金,经世济民"。这是对经营理念的一次升华。

◎"中小企业伙伴银行、城乡居民贴心银行、社区服务特色银行、地方经济助力银行"的市场定位在适应新经济发展环境之下带来的是科技金融、普惠金融、零售银行、社区银行、互联网金融的创新。

◎2019年,绵阳市商业银行完成企业文化总纲的编制,与核心价值观体系配套,正式确立绵阳市商业银行企业文化体系。

◎企业文化总纲核心内容就是绵阳市商业银行的团队意识和精神规范,是由独具绵阳市商业银行特色的精神理念、价值观念、管理思想、经营哲学、文化传承等组成的、规范的企业精神文化体系。

第一节
核心价值观

以客户为中心、以稳健为根、以勤奋者为本、智慧众筹、快乐工作。

价值观是基于思维感官之上而做出的认知、理解、判断和抉择,是我们认定事物、辩定是非的一种思维和价值取向。企业核心价值观是企业拥有的终极信念,是企业哲学中起主导性作用的重要组成部分,是解决企业在发展中如何处理内外矛盾的一系列准则,是其目标达成的先驱,亦是企业成员为实现目标而奋斗的基础。一家能长久持续收获成功的伟大企业,一定拥有适应世界变化的核心价值观和经营实务。

二十年,对于绵阳市商业银行来说,是远行,亦是开始。从二十年前的体制变革到新时代发展方式的转型,从核心价值观的探索到企业文化体系的塑造,绵阳市商业银行走过漫长的历程,继往圣,开来学,有大功于斯世。于新经济时代到来之时,确立"以客户为中心、以稳健为根、以勤奋者为本、智慧众筹、快乐工作"核心价值观体系,树立了绵阳市商业银行是非标准的依据、全体成员遵循的行为准则,亦是绵阳市商业银行的核心意识形态，成为指导企业经营管理的规律和原则。

以客户为中心，为客户提供优质、具有价值的服务是绵阳市商业银行存在的唯一理由，客户的需求是银行发展的原动力；以稳健为根，坚守风险底线，是金融业及货币经营的基本要求，亦是银行持续健康发展的根基与保障；以奋斗者为本，长期坚持勤奋努力、艰苦奋斗是助力银行持续发展的源泉；献计献策、群策群力，智慧众筹，快乐工作是全行员工的人生价值。

以客户为中心

创造客户认可的价值，建立以客户为中心的生态体系。以客户为中心是贯穿绵阳市商业银行业务管理的主线，更好地为客户提供服务是银行发展的核心价值主张，客户满意度是衡量一切工作的准绳。

客户需求导向是贯穿于市场、研发、销售、服务等银行业务的全流程，必须全业务流程以客户需求为导向。以客户为中心是绵阳市商业银行不断变革、动态管理、持续改进的过程，其本质是创造客户价值，成就客户，让客户成功，在成就客户的同时银行获得合理的利润。

以客户为中心是贯穿绵阳市商业银行业务管理的主线，更好地为客户提供服务是银行发展的核心价值主张，客户满意度是衡量一切工作的准绳。以客户为中心关键在于把客户需求进行落地：明确创造什么样的价值才是客户需要的，创造客户认可的价值，建立以客户为中心的生态体系。

1. 提供卓越的客户体验

坚持服务的功能性，解决痛点，满足基本需求；加强服务的可用性，让客户全过程使用顺畅，全方位感受便捷；提升超越预期的服务，让客户的潜在需求得到满足，得到颠覆式体验，感受惊喜与感动，客户体验得到升华。超预期的服务，回报不仅是良好的客群关系，更是对绵阳市商业银行品牌价值的认可。

2. 加强市场调研和挖掘

加强市场调研，不仅要善于发现市场和客户外在的表面需求，而且要善于发现市场和客户的内在的真实需求；不仅要善于发现市场和客户的浅层次外围需求，而且要善于发现市场和客户的深层次的核心需求；不仅要善于发现和满足市场与客户的现实需求，而且要善于引导和满足客户潜在的需求。"与时光同行，因用户而变"，即要顺应时代变化和客户行为习惯与金融需求的变迁，以客户为中心来对传统的经营管理体系做全方位的适应性变革。

3. 加大产品创新

以客户为中心，坚持产品必须服务于客户，按照客户的真实需求，匹配相应的产品。快速响应客户需求，创新研发与客户金融需求相适应的产品。根据不同阶段、不同环境下的客户需求，加大产品的更新迭代，优化产品结构、丰富产品内容。以实现客户解决问题为出发点，变单纯产品设计为顾问式金融服务方案策划，为客户量身定做个性化的金融服务方案，增强客户粘连度。

4. 优化业务流程

现代金融服务，便捷始终是核心要素，产品与制度是否流畅、流程和手续是否简便，是让客户"最多跑一趟、少等一分钟"的关键。优化业务流程，就是要打破竖井、打通客户旅程地图的关键节点，通过流程改造和运营体系变革，提升客户服务效率，建立全旅程客户服务体系。

5. 打造强有力的服务团队

以客户为中心，关键点中最重要的是执行者——人。从银行角度来看，客户体验主要体现在三个方面：专心，客户体验无小事，认真倾听客户声音，让客户决定产品策略；专注，站在客户的立场，为客户深入思考，满足客户的深层次需求和暗需求；专业，发挥专业能力，立足根本，解决客户金融需求，为客户创造价值。以客户为中心，是每一位绵商行人的使命，打造强有力的梯队人才队伍，是绵阳市商业银行的责任。全行上下紧紧围绕客户，建立起全方位、立体式的营销服务体系，充分展示前、中、后台，各业务条线为客户服务的风采。

6. 加强渠道建设

以客户为中心，构建整合渠道体系，打造跨渠道服务模式，同时建立内部的配套支撑，整合渠道信息，实现共享，为客户提供统一、顺畅和卓越的体验。识别和引导客户向最有效渠道转移，让客户在所有渠道均与银行接触，都感受到统一的客户体验与品牌印象，同时为客户提供渠道之间的无缝结合，随时随地选用自己觉得最方便的一种或多种渠道实现所需要的交易或服务。加强渠道建设，还可以弥补区域经营限制和综合实力的相对不足。

以稳健为根

审慎经营，向可持续发展的优质银行迈进。绵阳市商业银行坚持"以稳健为根、审慎经营、持续发展"，用金融科学、金融规律、金融法规指导和规范各项经营管理活动，确立资本、效益和风险综合平衡的经营理念，促进银行质量安全、高效经营和健康发展的有机统一。

银行经营货币，同时也在经营风险，利润与风险如影随形，风险控制是商业银行的生命线，亦是安身立命之本。绵阳市商业银行作为股份制银行，坚持"以稳健为根、审慎经营、持续发展"，就是要用科学发展观指导和规范各项经营管理活动，确立资本、效益和风险综合平衡的经营理念，促进银行质量安全、高效经营和健康发展的有机统一。

"以稳健为根、审慎经营、持续发展"的本质就是要在依法合规的基础上，将资本、效益和风险综合平衡的经营理念落实到各项经营管理活动中，实现从粗放式经营向集约化经营的根本转变。而要实现"审慎经营、持续发展"，除了要有完善的风险控制体系外，还要有合理的资金运行机制及信贷运行机制。集中调控、统一调度全行营运资金，追求企业持续有效增长，为员工搭建长期可持续的发展平台，为股东谋取长期可持续的价值回报，并以此实现长久稳定而良性健康的发展。

1. 主动经营风险

银行经营过程既是风险管理过程，也是风险收益创造过程，被动的风险管理往往只是价值的挽回，而主动经营风险则可能是价值的创造和再创造。绵阳市商业银行需要在平衡风险、资本、收益关系的基础上，确定风险选择的标准，从源头对风险进行主动的选择和取舍，从而实施一系列主动经营风险措施的风险管理，并有效获取经营收益。

2. 加强风险管理

现代商业银行风险管理包含度量、监测和控制风险所必需的技术和管理工具，目的是通过设计一整套风险管理流程和模型，使银行能够实施以风险为本的管理战略和经营活动。《中华人民共和国商业银行法》首次引进国际通行的审慎经营理念，在中国第一次以法律形式提出"商业银行应当按照有关规定，制定本行业的业务规则，建立、健全本行的风险管理和内部控制制度"，要求商业银行应当增加"内部压力"，进行更加彻底的改革。

敬畏风险的关键在于实施全面风险管理，为此，必须建立健全包括风险治理架构、风险管理策略、风险偏好和风险限额、风险管理政策程序、管理信息系统和数据质量控制机制在内的全面风险管理体系，全面加强对全行信用风险、市场风险、流动性风险、操作风险、战略风险、信息科技风险等各类风险管理。

3. 严格内部控制

建立健全覆盖三会一层、各机构、各部门、各岗位的内控体系，明确内控职责，完善内控措施，强化内控保障，持续开展内控评价和内控监督，强化内控合规管理，防范案件风险。系统地分析、梳理业务流程和管理活动中所涉及的不相容岗位，实施相应的分离措施，形成相互制约的岗位安排。持续对内部控制制度、程序、方法进行梳理、整合和优化。

4. 优化信贷文化

在实施全面风险管理的基础上,打造具有绵商行特色的以稳健为根的信贷文化,将"有利可图、风险可控、依法合规"的发展理念嵌入信贷的全流程,有效处理好发展与风控、营销与管理、中台与前台、总体与局部、当前与长远的辩证关系。精准理性地把控好全行信贷风险与收益的平衡点,不断提升信贷管控水平。

5. 强化系统支撑

建立健全信息系统支撑,通过内部控制流程与业务操作系统和管理信息系统的有效结合,加强对业务和管理活动的系统自动控制。建立与战略目标相一致的业务连续性管理体系,明确组织结构和管理职能,制定业务连续性计划,组织开展演练和定期的业务连续性管理评估,有效应对运营中断事件,保证业务持续运营。管理信息系统和业务操作系统应及时、准确记录经营管理信息,确保信息的完整、连续、准确。

6. 协调健康发展

贯彻落实"以稳健为根"的核心价值观必须处理好稳健经营与快速发展的关系,稳健经营与业务创新的关系,稳健经营与服务客户的关系,稳健经营与员工价值的关系、长期利益与短期利益的关系。

以勤奋者为本

勤奋创造价值,公允的价值分配激发勤奋者的激情与干劲。

精进人生,勤奋必不可少,而企业的发展与壮大,离不开人,更离不开勤奋的人。绵阳市商业银行在以客户为中心的同时,努力培养对实现客户需求有激情、有干劲、孜孜不倦勤奋工作的员工。以勤奋者为本,以价值创造为线索，通过流程和制度来确保每位员工都能通过自身的努力成为勤奋者，成为价值创造者，并通过价值分配机制来引导勤奋者们持续勤奋，为实现价值而努力奋斗。

1. 以勤奋者为本的价值导向

绵阳市商业银行根据战略目标、市场环境、发展阶段等，不断调整和完善管理方式、考评模式，挑选出聚焦目标、聚焦客户、聚焦工作，具有敬业精神、奉献精神、责任心和使命感并作出业绩贡献的勤奋者，鞭策安于现状、不思进取、得过且过的员工，让全体员工都深刻地认识到：成功只能来自持续勤勉敬业、长期艰苦奋斗，成功一定是长期付出的结果。机会和资源只眷顾勤勉者、奋斗者，而不等待懈怠者、畏难者。

2. 以勤奋者为本的成长导向

不断提升和完善勤奋者的培养和发展方式，满足员工成长为勤奋者的需要。将勤奋者的培养和发展工作摆在人力资源管理的突出位置，根据实际情况制定切实可行的勤奋者培养规划；根据不同发展时期的需要和不同序列员工的需求，实行分类培养。通过建立长效的岗位历练机制、健全常态化的轮岗机制、绘制职业发展学习地图、完善多向交流机制、推进专业条线职级评审等多种方式，对员工进行培训和提升，帮助员工通过自身努力成长为勤奋者。

3. 以勤奋者为本的用人导向

提供学习成长、公平竞争的机会，坚持敢于担当、崇尚实绩、用人所长的导向。持续完善各层管理者任期全面考核评价体系，继续完善选人用人机制，选好人、用好人，让品德好、责任心强和业务能力优的员工有机会、有平台、有作为、有回报。建立各类员工成长和发展的渠道。通过职业生涯规划、分类培养、职级评审、薪酬激励等措施，为员工提供成长机会，不断培养勤劳工作、奋勇争先的勤奋者。

4. 以勤奋者为本的业绩导向

设计完善激励措施，推进资源分配向勤奋者倾斜，引导勤奋者持续勤奋。激励措施包括薪酬激励、工作激励、成长激励等。其中薪酬激励可采用长期激励和短期薪酬激励相结合的方式；工作激励可以从工作内容、职业发展和荣誉、工作条件、工作环境等方面入手，保证勤奋者岗位和个人意愿高度匹配、有个性化的职业发展规划等工作优势；成长激励围绕技能提升激励、专业知识教育激励以及复合型人才培养等方面开展。

5. 以勤奋者为本的文化导向

形成和引领一个讲奉献、重业绩、崇勤劳、尊奋斗的文化氛围。大力弘扬勤奋精神，尤其对勤劳工作、勤勉为人、艰苦奋斗、奋勇争先，又创造超常价值的勤奋者，特别关注他们的成长、关心他们的生活。坚定不移地将资源向勤奋者倾斜，切实让勤奋者得到机会和实惠，形成只有勤奋才有收获的理念，培育只有勤奋才能获得尊重的意识，形成以勤奋者为本的企业文化；全面提升员工归属感、成就感、幸福感。

智慧众筹

广求智慧，筹措相商，培育员工主人翁意识和精神。

让全体员工充分发挥主人翁意识和精神，积极参与到绵阳市商业银行的发展中来。一是通过"智慧众筹"的方式，凝聚、激发、鼓励参与者为企业发展谏言献策；二是让员工在获得物质回报的同时，收获个人成长和精神上的满足，分享银行发展的成果；三是为客户提供更加专业且有温度的服务，与合作伙伴共生共赢，让股东获取持续性的投资回报。"智慧众筹"价值观及机制的建立，充分体现绵阳市商业银行发展包容、集思广益、群策群力的企业发展思路。员工参与到文化、制度、流程、方法的建设中，他们的智慧集合将成为未来绵阳市商业银行发展决策的有效输入源头。

1. 思维开放式企业

从上至下,以开放的心态践行"智慧众筹",各经营层管理层因地制宜,有效地利用群众智慧实践"智慧众筹"。

2. 完善制度及流程

作为绵阳市商业银行核心价值观的重要组成部分,"智慧众筹"的企业文化落地,需要配套完整的制度及流程。企业文化的落地,需要文化本身充分融入日常工作的制度和流程中,融入对各层级的考核内容中,融入员工的职业发展中。

3. 有效常态的沟通渠道

沟通工作需常态化,通过定期组织召开"智慧众筹"工作会议,提供长效的沟通渠道,让众筹参与者的意见和建议得到有效反馈。鼓励参与者敢于说话,激发参与者的众筹激情。

4. 合理的奖惩制度

凡是众筹参与者的众筹意见、建议或方案被采纳的,要给予物质层面或精神层面的奖励。同时应将采纳次数作为指标,纳入人才晋升的考核维度。对于众筹意见、建议或方案存在明显敷衍或长期未被采纳且质量低下的工作小组,进行相应处罚。从而营造"智慧众筹"企业文化的良好氛围,快速实现从"被动领任务"到"主动提建议"的转变。

快乐工作

价值认同、不失热情、良好氛围,你会工作得更快乐。

工作的热情程度、工作的快乐与否,可以看出一家企业的精神面貌。对于个人而言,人生的大部分时间消耗在工作上,所以有必要让工作快乐起来，只有充满热情，让自己努力喜欢起来，才能让工作快乐起来。对于企业而言，只有充分调动员工的价值认同，提供良好的工作环境与氛围，才会让员工持续地快乐工作。绵阳市商业银行"快乐工作"的核心价值观建设就是要将这种快乐工作的意识形态渗透到全体员工之中并转化成企业经营理念。

1. 员工自身做到快乐工作

要实现"快乐工作"，首先要认同企业的价值观，认同自己的职业，热爱自己的岗位，融入团队；其次要重视本职工作，发现工作中的乐趣进而勤奋努力地工作；最后要坚定职业目标，并有一个良好的宽容心态。认同和参与是快乐工作之基，尊重和乐趣是快乐工作之本，目标和宽容是快乐工作之源。

2. 提供快乐工作的环境氛围

绵阳市商业银行从战略层面、制度设计上着手，在物质、工作环境、工作氛围、公允性等方面提升员工满意度，让员工快乐工作。满足员工基本的物质需求，保证员工快乐工作的最低要求；为员工打造符合个人特点的发展成才之路，让员工能够全心投入工作中，保障员工身心健康，建立释放压力、舒缓情绪、解决困难的渠道；建设公平、和谐令人身心愉悦的工作氛围，在人才选拔上坚持德才兼备、以德为先的用人标准，坚持民主、公开、竞争、择优的原则；给予勤奋工作者以最大的尊重与回馈，树立其工作的成就感。

第二节
经营理念与市场定位

精准市场定位的价值回报,让"助增价值,服务成长"理念越发坚定。

"助增价值,服务成长"是绵阳市商业银行一以贯之、坚守不渝、身体力行的经营理念,亦是绵阳市商业银行二十年改革发展中积淀的金字品牌。

助,辅佐、帮助也,助人要用力,故从力。增,加、增长也。"助增价值"即提供有力的辅佐与帮助,使其价值增长。

成长,长大、成人也,是一个"更好、更强、走向成熟"的变化过程。"服务成长"即向新生命"摆脱稚嫩、走向成熟、变得强大"的整个过程提供服务。

与"助增价值,服务成长"经营理念配套而行的是"中小企业伙伴银行、城乡居民贴心银行、社区服务特色银行、地方经济助力银行"的精准市场定位,两者互相影响、互相促进与完善,让绵阳市商业银行的改革发展道路更加清晰、越发光明。

理念与定位的辩证逻辑

经营理念是意识,而市场定位是生产关系,二者相互影响、相互促进与完善。

所谓经营理念,是管理者追求企业绩效的根据,是顾客、竞争者以及职工价值观与正确经营行为的确认,然后在此基础上形成企业基本设想与发展方向、共同信念和企业追求的经营目标。

显然，经营理念与市场定位有着不可分割的联系，正如"物质决定意识、意识反作用于物质"的哲学关系，经营理念是意识，而市场定位是生产关系，相互影响相互促进与完善。

作为地方法人金融机构，城商行自诞生以来就有着"服务地方、服务中小、服务市民"的市场定位，加之城商行与地方经济有着天然的联系，与中小微企业有"地缘、人缘、亲缘"的关系，其营业网点扎根县域，拥有一大批中小微企业客户的先发优势。所以，支持以中小微企业为主的地方经济发展，是城商行业务经营发展的战略要求。绵阳市商业银行亦如此，自诞生起便高高举起"服务地方经济、服务小微企业、服务城乡居民"的大旗，着力为"成长型中小微企业"提供金融服务，为银行塑造起与诸多大型银行不同的、给人印象鲜明的形象，并将这种形象生动地传递给顾客，从而使"服务成长"的中小微金融产品在市场上确定了适当的位置，在此过程之中，银行自身亦得到快速发展。

精准市场定位带来的价值回报，给经营理念的确立提供了实践依据。"助增价值，服务成长"经营理念在日积月累的思考、努力及实践中得以形成，是绵阳市商业银行管理者及经营实践者对城商行组织环境、城商行的特殊使命以及市场竞争环境的基本认识后得出的系统的、根本的管理思想，亦是绵阳市商业银行的经营哲学、经营观念和行为规范。

事实证明，一套明确的、始终如一的、精确的经营理念，可以在组织中发挥极大的效能。"助增价值，服务成长"经营理念的确立，让绵阳市商业银行更加坚定"立足地方、服务小微"的市场定位。积极完善服务组织体系，努力创新产品和业务模式，大力创新融资方式，持续加强服务机制建设。在绵阳市商业银行改革发展的进程中，在过去很长一段时间里，全行80%以上的业务都来自中小微企业，与绵阳全市70%以上成长型、具有发展潜力的中小企业都建立了紧密的信贷关系与业务往来。

背负着沉重历史包袱，面对国际金融危机冲击，经历2008年"5·12"地震重灾的洗礼，绵阳市商业银行在群雄逐鹿的市场环境中突出重围，准确的市场定位与前瞻性的经营理念功不可没。

市场定位体系的完善

精准完善的市场定位体系指引业务在竞争市场上占据理想的位置。

引资、重组、跨区域经营、更名、上市……城商行的改革从未停止过,当城商行群体新一轮深层次的改革到来之时,诸多刚刚摆脱历史包袱的城商行却萌发了"大而全"的野心,与"服务地方经济、服务中小企业、服务城乡居民"的初衷似乎越走越远。

显然,绵阳市商业银行并不能人云亦云、随波逐流。在诸多城商行全力筹划做大做强的时刻,绵阳市商业银行在"助增价值,服务成长"经营理念的指引下,坚守"服务中小微、服务实体经济"的市场定位,并对此定位进行了充分的完善,正式确立"中小企业伙伴银行、城乡居民贴心银行、社区服务特色银行、地方经济助力银行"的市场定位体系,以此指引业务发展方向,使银行产品与服务在目标消费者心目中相对于竞争对手而言占据了清晰、特别和理想的位置。

事实证明,绵阳市商业银行这一举措可谓先见之明。后来金融监管部门亦看到了城商行"求大"的冲动,督促指导城商行不忘初心,坚守"服务地方经济、服务小微企业、服务城乡居民"的市场定位,要求城商行努力加大对地方经济、民营企业的支持力度,合理控制民营企业贷款利率水平,坚决降费减负。一时间,"坚守初心,回归本源"成为城商行新时期的历史使命。

因为对"助增价值,服务成长"经营理念、对"中小企业伙伴银行、城乡居民贴心银行、社区服务特色银行、地方经济助力银行"市场定位、对"初心与本源"的一以贯之、持续坚守,面对形势发展,绵阳市商业银行显得越发自信,要做的是对经营理念与市场定位在新时期的新诠释。

理念与定位的新诠释

助增价值,融通资金,助其价值增长;服务成长,经世济民,为中小微企业、普惠金融提供价值服务。"助增价值,服务成长"即为"融通资金,经世济民"。这是对经营理念的一次升华。

新经济,新金融,新银行。当前,新经济时代已经开启,金融环境已然变迁,银行业正在经历大变革。新经济技术、新经济政策、新兴产业、新型城镇化战略、"一带一路"倡议、供给侧结构性改革、"互联网+"……经济新常态之下,机遇与挑战如影随形。

显然,在坚守初心、回归本源的前提下,城商行必须对市场定位及经营理念进行新时期的新诠释,以适应经济发展与市场环境的变化。

绵阳市商业银行给"助增价值,服务成长"经营理念注入了新的理解与方向。助增价值,融通资金,助其价值增长;服务成长,经世济民,为中小微企业、普惠金融提供价值服务。"助增价值,服务成长"即为"融通资金,经世济民"。这是对经营理念的一次升华。

而"中小企业伙伴银行、城乡居民贴心银行、社区服务特色银行、地方经济助力银行"的市场定位在适应新经济发展环境之下带来的是科技金融、普惠金融、零售银行、社区银行、互联网金融的创新。

显然,创新是新经济时代的主题,而推动这个主题的便是科技,科技已成为"服务成长"中的"成长"主流,运用金融科技提供科技金融服务将是很长时期内的一个发展方向。

绵阳市商业银行开始布局金融科技,加快数字化经营体系建设,将新兴科技应用于更多业务流程,致力于提供更懂服务的客户体验,赋能业务发展。

于是,有了全国闻名的绵阳市商业银行科技金融专营支行。绵阳市商业银行积极履行绵阳本土法人银行的社会责任,探索推进科技金融创新改革实验,成功开设科技金融专营机构,在信贷产品、服务管理、激励约束等方面进行了大胆创新,在授权授信、信贷指标、目标考核等方面给予特殊政策支持,以促进专营支行更好地支持创新改革试验,更好地服务于中国科技城建设。

因为坚守的"助增价值,服务成长"经营理念与"中小企业伙伴银行、城乡居民贴心银行、社区服务特色银行、地方经济助力银行"的市场定位,绵阳市商业银行坚持以中小微企业、民营企业等支持重点,以着力解决中小微企业融资难、融资贵为突破口,制定了《绵阳市商业银行关于支持小微和民营企业发展的意见》《绵阳市商业银行授信政策指引》《绵阳市商业银行关于深化小微和民营企业金融服务的意见》《绵阳市商业银行关于支持乡村振兴战略建设、发展普惠涉农信贷业务的意见》等指导性文件,对中小微和民营企业实行信贷规模倾斜,努力缓解企业融资难题。2016年至2020年6月末,全行累计发放贷款1592亿元。截至2020年6月末,全行贷款余额572.4亿元,较2015年末增加350.4亿元,增长158%。

第三节
企业文化体系

确立企业文化建设的总体纲领性文件,形成专属企业文化体系。

2019年,绵阳市商业银行完成企业文化总纲的编制,与核心价值观体系配套,正式确立绵阳市商业银行企业文化体系。

企业文化总纲,是企业文化建设的总体纲领性文件,是代表企业信念、激发企业活力、推动企业生产经营的团体意识和精神规范,也是从文化层面推进科学决策、有效管理、稳健经营的基本根据,全行全体成员所认同、熟知和践行。

在绵阳市商业银行企业文化总纲中明确，绵阳市商业银行企业文化坚持以马克思列宁主义、毛泽东思想、邓小平理论、"三个代表"重要思想、科学发展观、习近平新时代中国特色社会主义思想为指导，在弘扬和继承民族优秀传统文化、社会主义先进文化的基础上，学习借鉴银行业先进文化经验和优秀成果，全面总结成立以来企业文化建设经验，以爱行如家、敬业奉献为信条，以诚实守信、尊德尚礼为准则，以人本管理、价值实现为核心，以学习创新、共同奋斗为动力，以稳健发展、区域最佳为追求，坚持与时俱进，引领改革发展。

同时，通过持续不断的制度建设、思想引导、产品服务和组织推动，从文化层面，通过价值理念、发展战略、企业标准、行为规范、银行品牌等方面，为绵阳市商业银行成为区域最佳银行、塑造百年品牌的愿景提供不竭原动力。其核心内容就是绵阳市商业银行的团队意识和精神规范，是由独具绵阳市商业银行特色的精神理念、价值观念、管理思想、经营哲学、文化传承等组成的、规范的企业精神文化体系。

 精神理念

品牌：科技之光，金融之星。

天圆地方古钱币造型，喻厚德金融、绵延古今之愿景；抽象 C 为英文 City Commercial Banks 首字母，传达城市商业银行属性；蓝色点缀方孔红色，是为科技之光，突出以科技金融探索浩瀚太空或蓝海；抽象镐形图案挖掘红色矿石，意为全员齐心合力、奋发有为获取至宝。

愿景：区域最佳银行。

绵阳市商业银行以其产品和服务实现客户对银行业服务的梦想，并通过毫不懈怠、一丝不苟、坚忍不拔的艰苦努力，使其进入全国城市商业银行的先进行列。绵阳市商业银行的愿景是建成区域最佳银行。

使命：绵远成长，绵延价值。

以客户需求为导向，以客户财富增值为动力，广泛吸收国内外银行产品的最新研发成果，充分发挥地方银行的特色和优势，努力提升创造新财富的能力，为客户、股东、员工及社会带来价值增长。绵阳市商业银行的使命是绵远成长，绵延价值。

定位：区域性特色化精品银行。

立足区域经济，以科技金融为主要特色，是中小企业伙伴银行、城乡居民贴心银行、社区服务特色银行、地方经济助力银行。绵阳市商业银行的定位是区域性特色化精品银行。

理念：助增价值，服务成长。

因客户的需求而存在，因客户的发展而进步，以货币为媒介，以产品为载体，一切依靠客户，一切为了客户，以绵延不绝的优质服务，扶助客户成长，推动经济繁荣、人民富足、社会和谐。绵阳市商业银行的理念是助增价值，服务成长。

精神：忠诚、团结、担当、精进。

忠于党、忠于祖国、忠于人民、忠于事业是绵阳市商业银行员工应具备的政治品质，珍惜缘分、精诚团结、智慧众筹、共同奋斗是绵阳市商业银行事业成功的基石，坚持原则、尽心竭力、担当有为、善做善成是绵阳市商业银行稳健致远的保障，立志有为、积极进取、坚持不懈、快乐工作是绵阳市商业银行持续前进的动力，认真付出、不骄不躁、自我反省、感恩积善、忘却烦恼是绵阳市商业银行搞好经营管理及全行员工度过美好人生必须遵守的基本条件。绵阳市商业银行的精神是忠诚、团结、担当、精进。

核心价值观：以客户为中心，以稳健为根，以勤奋者为本，智慧众筹，快乐工作。

为客户服务是绵阳市商业银行存在的唯一理由，客户需求是银行发展的原动力；稳健运行，坚守风险底线，是银行持续健康发展的根基；以奋斗者为本，长期坚持勤奋努力、艰苦奋斗是助力银行发展的本源；献计献策、群策群力，智慧众筹，快乐工作是全行员工的人生价值。

价值追求：优质服务、持续发展、助力经济。

绵阳市商业银行的价值追求是以优雅的环境、优越的条件、优秀的产品、优质的效能、优美的微笑、有温暖的服务，努力满足客户日益增长的金融服务需要，不断增强客户的满意度和信任度，提升员工的幸福感和获得感。

坚持贯彻"创新、协调、绿色、开放、共享"的新发展理念，按照稳健、审慎、可持续发展的要求，设立每个时期不同产品的合理的价格和利润目标，而不单纯追求利润的最大化。

以服务中小企业、服务城乡居民、服务社区街道、服务地方经济为己任，紧密联系群众，认真履行社会责任，以自身的发展为所在地方经济社会发展做出贡献。

成长理念：做大做强、做特做优、稳健成长。

以监管评级和监管政策为指引，经过充分论证，有序推进设立分支机构和投资设立新型金融机构，稳妥扩大物理网点服务范围。

在努力做好服务中小企业、服务城乡居民、服务社区街道、服务地方经济的同时，以客户需求为导向，不断探索创新，寻找业务发展新的增长点，着力在服务的深度、广度上下功夫，努力实现特色发展。

顺应银行业改革发展新趋势，加快发展科技金融、互联网金融业务，推进业务和管理向智能化转型。

追求稳健而较快的成长速度，业务规模和利润水平达到和保持高于行业平均的增长速度，分支机构所在区域的市场份额呈稳定增长态势。以良好的成长速度和发展潜力，充分显现绵阳市商业银行的活力，吸引更多的优秀人才加入。

不单纯追求成长速度，更要注重成长质量，在成长的速度与质量结合中变得更优秀,使绵阳市商业银行做大做强、做特做优,保持发展与进步相协调、规模与效益相统一。

分配观念:效率优先、实事求是、利谋长远。

在法律和政策许可的范围内,员工、银行家、资本等创造了绵阳市商业银行的全部价值。可分配的价值,主要为组织权力和经济利益。其分配形式是机会、职权、工资、奖金、社会保险、福利、荣誉以及其他人事待遇。能力、态度、业绩、廉洁、合规、贡献度和忠诚度都是绵阳市商业银行价值分配的考量因素。

效率优先、兼顾公平,实事求是、贡献第一,利谋长远、持续发展,是我行价值分配的基本原则。

价值分配遵循价值规律,坚持实事求是,参考外部市场因素,引入公平竞争机制,建立公正客观的价值评价体系并不断改进,使价值分配制度基本合理。价值分配评价的最终标准,是外部形象、竞争实力、组织效率、队伍士气和团队精神是否提升。

 管理文化

组织管理:党领导下的高效组织体系。

绵阳市商业银行组织的建立方针是:加强党的领导,确保正确的发展方向;强化责任落实,确保目标和战略的实现;简化管理流程,适应客户需求和市场变化;促进金融创新,提高管理、协调和协作效率。

组织管理的重点是建立有效的高层组织;实行有效授权,加强监督;加强计划的统一性和权威性;完善考核体系,强化激励约束;培育团队精神,既注重个体优秀又防止个人主义。

绵阳市商业银行的基本组织结构依据《中华人民共和国公司法》和《绵阳市商业银行章程》的规定。从经营管理层面，总行职能部门按业务职能前中后台和管理、保障、运行需要设立；机构层级按总行、分行、管理支行、经营支行设置。总行前台经营部门和分支行均为利润中心，承担实现利润的责任。

组织体系包括纵向垂直领导和指挥的等级组织，横向指导和协作的平行组织，逆向监督和报告的反馈组织。这三类组织的有机联系和相互作用，可以最大限度地利用和共享资源，既保证领导和指挥的政令畅通，又保证横向指导和协作的有序推进，也保证逆向监督和反馈的响应快速。特别是逆向监督和反馈的响应快速，可使最贴近客户、最先觉察到变化和机会的基层主管和员工，能够以高度负责的态度及时得到组织的支援，为全行作出特殊贡献。

决策管理：民主性、权威性的决策管理制度。

遵循民主决策、权威管理的原则。放开高层民主，使智慧充分发挥；强化基层执行，使责任落在实处。高层决策，要让不同意见存在和发表，坚持从贤从理从规的原则。一经形成决议，各层面、各条线必须严格执行。

人事管理：公平、公正培养忠实优秀员工。

绵阳市商业银行人力资源管理的目标是建立一支数量足够的高素质、高境界、高度团结的人才队伍，创造一种自我激励、自我约束和促进优秀人才脱颖而出的人才管理机制，为银行的快速成长和高效运作提供人才保障。

绵阳市商业银行人力资源管理的基本准则是公开、公平和公正。对每个员工提出明确的挑战性目标与任务，鼓励员工在完成目标与任务中表现能力和潜力。提倡每个员工依靠自身的努力与才干，在真诚合作与责任承诺的基础上，创造性、高质量、高效率地完成岗位工作，以此取得业绩、展现才华并赢得个人发展机会。尊重知识、尊重人才、尊重劳动、尊重创造、集体奋斗，不迁就、不诿过。

实行统一招录政策、统一管理办法、分级调配使用、分级考核评价、能进能出、能上能下的人才管理体制。重视使用并努力留住人才，允许"双向选择"，优胜劣汰，不搞终身制。

全行员工拥有"七权"：一是劳动待遇权，二是社会保障权，三是工作咨询权，四是合理建议权，五是民主监督权，六是处理申诉权，七是保留意见权。

建立以纵向为主、横向为辅的全员考核体系。对员工考评的原则是：客观公正，注重实绩；功过是非，实事求是；奖优罚劣，奖惩分明。考评内容包括工作能力、创新能力、工作业绩、人格品质、工作生活作风、群众认可度、廉洁自律等。

管理控制：建立科学严谨有效的管控体系。

绵阳市商业银行管控的目标：通过建立健全业务流程、信贷审批、风险控制、预算控制、审计监督和危机管理等体系，对关系我行生存与发展的重要领域，实行有效的控制，确保国家法律法规的有效贯彻执行，确保我行发展战略目标的实现。

管理控制遵循"六个原则"：一是全面管控原则，二是分层管控原则，三是相互制衡原则，四是例外控制原则，五是分类控制原则，六是成果导向原则。

业务流程体系：以先进银行的标准与业务流程为标杆，强化科技创新和IT开发，为全行所有经营领域的关键业务确立有效且简捷的程序和作业标准；对全行各职能部门和各种职位的职责准确定位，不断精简审批数量，不断优化和缩短流程，系统地改进流程管理。

信贷管理体系：按照"以客户为中心"的原则，将客户涉及信用风险的信贷业务、类信贷业务、投资理财等业务统一纳入授信范畴，并针对客户不同类型的用信需求建立差别化的政策维度和导向；按照"全面信贷管理"的基本要求，推进建立信贷管理的组织体系；按照"全流程闭环管理"基本思路，实现信贷各流程环节的工作目标、标准规范、形式要件统一，提升信贷体系的集约化水平。

风险控制体系：以健全先进银行管理体系和制度执行为基础，从公司治理、内部控制、风险文化、管理战略等方面优化风险控制环境，从董事会及其专门委员会、监事会、高级管理层、风险管理部门、内部审计部门以及其他风险控制部门等层面确定风险管理组织，从风险识别、计量、评估、监测、报告、控制或缓释等环节完善风险控制流程，从数据收集、数据处理、信息传递、信息系统安全管理等角度设计风险控制信息系统，从外部培训、内部交流、专题学习等方面树立全面风险文化理念。

同时，还要建立预算控制体系、审计监督体系及危机管理体系，形成科学严谨有效管理控制体系，为实现全行的战略发展目标保驾护航。

职业操守：意念清晰、知行合一的行为规范。

高层管理人员应当做到"六要"：一要信仰坚定，政治过硬；二要令行禁止，率先垂范；三要履职尽责，敢于管理；四要服从大局，勇于担当；五要团队为重，公道正派；六要联系群众，关心员工。

员工应做到"十要"：一要信仰坚定，自信自强；二要爱行爱岗，勤奋工作；三要遵章守纪，规范操作；四要热情服务，文明待人；五要礼仪规范，精神饱满；六要服从大局，团结进取；七要努力学习，提高素质；八要诚实守信，品行优良；九要恪尽职守，廉洁自律；十要保守秘密，维护信誉。

经营哲学

经营哲学：追求优质效益，坚定发展意志。

绵阳市商业银行的经营哲学是"追求优质效益，坚定发展意志"，这是本行特有的从事生产经营和管理活动的方法论原则，是指导全行经营行为的基础。经营活动讲求经济效益的同时，更注重效益的优质性、健康性、可持续性，重视生存与发展的意志，经营活动既要立足当前又要谋求长远的生存和发展。

经营原则：安全流动保障，持续健康盈利。

以安全性、流动性、效益性为经营原则，要着力做好风险的识别、计量、缓释和化解工作，确保经营安全。流动性是银行基本的信用保证，要做好资金来源与运用期限结构的匹配，控制大额中长期资产业务，流动性较强资产业务要占较大比重。不简单地追求利润最大化，但是保持较高水平的盈利是绵阳市商业银行价值实现的必要条件。为此，应加强成本控制，确保必要的资产收益率。

经营模式：资源配置优化，携手合作共赢。

实行分区域、分层级和职能条线相结合的经营模式。随时关注市场变化和先进银行的先进经营模式，在学习借鉴基础上动态调整。按照确定的经营模式构建组织结构和配置人力资源，不断提高整体运作能力。

在特色化和差异化的经营策略上极大地集中人力、物力和财力，实现特色明显、差异制胜。人、财、物这三种关键资源的分配，重点向特色职能条线、特色专营支行、特色业务产品倾斜。

重视加强与战略投资者、其他银行、保险、证券、信托、融担、租赁、中介、系统软件、管理咨询、教育培训、安全保障等方面的战略合作，创新合作机制、拓展合作领域、深化合作程度，实现互利共赢。

经营策略：研发创新突破，特色差异突围。

绵阳市商业银行经营方向集中在中小商业银行业务领域，提升传统业务，拓展现代业务，以现代科技网络为支撑，为客户提供安全、高效、便捷的多领域、多层面、多方位的金融服务。

坚持走特色化和差异化发展之路。追求优于和先于其他银行针对同类型目标客户需求的产品和服务，注重学习和借鉴，大胆创新创造，让创新发展成为全行前进的力量之源。

营销理念：普惠优质服务，真诚互利互惠。

以特色产品、优质服务、真诚合作、追求共赢，实现客户的认知、认同和认可。把握重点客户、亲近优质客户、普惠一般客户、跟进潜在客户，做到各类别、各层面客户群量的不断增加、质的不断提升。

以客户需求的最终满足和对银行服务的认可为前提，确保全行整体利益最大化，是营销管理的重要法则。信息畅通、资源共享、合力营销是营销过程的注意事项。不损害整体利益，内部不互挖墙脚是营销行为的纪律规定。

履行保护消费者合法权益的义务，尊重消费者的知情权和自主选择权，履行告知义务，不在营销产品和服务过程中以任何方式隐瞒风险、夸大收益，或者进行强制性交易。尊重消费者的个人金融信息安全权，以有效措施加强对个人金融信息的保护。尊重消费者的公平交易权，公平、公正制定格式合同和协议文本，不出现误导、欺诈等侵害银行业消费者合法权益的条款。

 文化传承

文化自信：坚定信念，牢记行史。

绵阳市商业银行在困境时成立，在艰难中进步，在拼搏间成长，在改革中壮大，历经艰辛与磨炼，牢记行史，传承精神，弘扬光大，这是全行员工特别是各级管理人员的义务与责任。只有继承与发展，事业才能兴旺发达。

全行员工要坚定不移地向我行的创业者、敬业者和奉献者学习，学习他们不怕困难、艰苦奋斗的精神，始终保持信心与坚强；学习他们风雨同舟、团结奋进的精神，始终保持合力与实干；学习他们恪尽职守、保证完成的精神，始终保持责任与担当；学习他们勇攀高峰、追求卓越的精神，始终保持气势与完美。走向未来,实现绵阳市商业银行的使命,是全行员工矢志不渝的任务与目标。

传承发展:矢志传承,创新发展。

要坚持以先进企业文化为引领,以建成区域最佳银行为目标,在总结中传承,在借鉴中创新,在改革中丰富,在持续中发扬,让特色企业文化伴随着绵阳市商业银行的发展步伐永放光彩,同时也为改革发展提供不竭的文化支撑和精神动力,为绵阳市商业银行事业全面发展谱写新的篇章。

中 篇
形而下之器

科学的管理方略,高效高质量推进事业发展。
办法措施、实践论,民主集中制下的管理策略与执行效率。

中 篇
形而下之器

第四章 完善公司治理

价值认同，责权明晰，构建现代企业制度。

本章导读：

◎绵阳市商业银行改革发展历程，是对公司治理再造和持续优化的过程。

◎在统一法人体制框架内，建立一级法人、授权经营的管理体制，通过代理人和制度安排来进行经营管理。实行董事会领导下的行长负责制及经营班子目标责任制。

◎建立以股东大会、董事会、监事会和高级管理层等机构之间独立的、有效的制衡机制。建立科学、高效的决策、激励和约束等运行机制。

◎2015年6月中国银行业协会首次发布中国商业银行稳健发展能力"陀螺"评价体系排名，绵阳市商业银行获1500亿元以下资产规模地方法人银行公司治理能力第六名、股本补充能力第六名。

◎坚持内生积累和外部补充相结合的方式，建立引进战略投资者、增资扩股、利润留存、发行新型资本工具相结合的多元化、动态化的资本补充机制，为引进中国五矿集团作为战略投资者、形成多元化的股权结构作了良好的铺垫。

◎五矿资本入驻绵阳市商业银行，进一步丰富其金融牌照资源，成为为数不多的拥有信托、租赁、证券、银行等金融全牌照的金融控股公司。对于绵阳市商业银行而言，五矿资本的入驻，完成了深化改革发展的重要步骤，迈出了深化公司治理改革关键性一步，为下一步上市做好了准备，为建立现代化股份制商业银行奠定了坚实基础。

◎中国五矿集团看好绵阳市商业银行的资产质量与经营理念，绵阳市商业银行看重中国五矿集团的资源、融融结合和产融结合的协同战略，价值认同和优势互补促使双方成功牵手。

第一节

结构性制度安排

绵阳市商业银行改革发展历程，是对公司治理再造和持续优化的过程。

公司治理是一门随社会变革而诞生的经济学科，是一门现代企业权力安排的科学，是居于企业所有权层次，研究如何授权给职业经理人并针对职业经理人履行职务行为行使监管职能的科学。公司治理已然成为现代社会管理复杂企业组织的制度安排。治理结构越完善、越科学，公司发展战略越能得以有效实施。

城商行是中国金融业不可或缺的一股力量，同时也是中国金融改革发展史上的特定产物，在地方区域内承担着极其重要的经济功能和社会责任，在完善多层次金融体系建设、服务地方经济和小微金融方面发挥着重要作用。完善有效的公司治理，是城商行最关键、最根本的核心竞争力，也是城商行行稳致远、健康可持续发展的基石。

中国城商行二十五年，因种种历史原因，公司治理走得异常艰辛。绵阳市商业银行亦如此，从"形似"到"神至"的道路显得漫长而曲折，二十年，前行不止，探索不停。因为股权结构的历史性先天弊端，导致法人治理曾一度停留于"形似"而裹足不前。所幸创业者与改革者信念不减，深入研究优秀股份制商业银行的经验与教训，努力优化股权结构，增强公司治理原动力，建立和完善了适合绵阳市商业银行行情、符合现代商业银行战略发展的公司治理结构与机制。

一部企业制度的变迁史就是一部不断提升公司治理质量和治理效率的历史。而绵阳市商业银行的改革发展壮大历程，就是对公司治理再造和持续优化的过程。

三个基本思路

在统一法人体制框架内，建立一级法人、授权经营的管理体制，通过代理人和制度安排来进行经营管理。实行董事会领导下的行长负责制及经营班子目标责任制。

2000年9月，绵阳市商业银行在9家城乡信用社基础上，历经重重艰辛筹建而成。

这是一次对旧体制的彻底颠覆，实现了合作制向股份制现代公司的转变。

当时，满是新奇、疑惑的眼光，就算身处其中的改革创业者们，对于这个新生事物充满期待的同时，更多的是忧虑。因为，绵阳市商业银行戴着"全省最差城商行"的帽子而降生，开业时承接原信用社各种历史包袱6.5亿元，不良贷款率高达50%，规模小、包袱重、经营风险突出，甚至严重资不抵债。激动与希望、焦灼与不安，可谓五味杂陈。

对于之前习惯了合作制思维的领路人，朝夕改变身份、转变思维颇有难度，甚至对于股份公司的理解尚未清晰。

公司治理成为当务之急，管理体制亟待改革。

绵阳市商业银行股份有限公司的成立，标志着一个全新机构的诞生，体制上根本区别于其前生的合作制，公司制、股份制是其最为闪光所在，亦是改革重心，其基本特征就是要产权清晰、权责明确、政企分开、管理科学。然而，因为绵阳市商业银行脱胎于风险丛生、管理分散的合作金融机构，彻底改变合作制管理模式，建立一套全新的完善的公司治理结构并非一蹴而就，其道路曲折而漫长，需要在探索中建立，在前行中完善，在成长中成熟。

2000年，按股份制公司要求成立起来的绵阳市商业银行面临与诸多城商行建行之初同样的困境：因为股权结构等诸多历史遗留问题的制约，成立伊始公司治理结构多有流于形式之嫌，可谓"形似"而非"神至"。

如何才能真正建立起"独立运作、高效决策、分工合作、相互制衡"的公司治理运行机制成为改革创业者必须潜心研究的课题。

凤凰涅槃，浴火重生。当灵性之神叩开天门之时，那扇通往成功之门在创业者的努力之下徐徐开启。

"三个基本思路"的提出，让绵阳市商业银行曾经一度陷入尴尬的公司治理见到光明。

思路一：建立一级法人、二级经营、统一调度、统一核算的城市商业银行经营机制，促进业务发展方式由粗放型向集约型转变。

思路二：建立权责明确、管理科学、运作高效的现代商业银行组织体系，合理调整机构和人员，加大劳动、人事、分配制度改革力度，逐步理顺和强化管理行为。

思路三：建立和完善董事会领导下的行长负责制，增强分支机构经营活力和系统内部约束力，把一级法人的经营目标转化为各级经营机构的内在动力。

围绕"三个基本思路"，绵阳市商业银行结合自身改革、管理规范和业务发展的实际，在统一法人体制框架内，着重加强了公司法人治理结构建设，建立起一级法人、授权经营的管理体制。

授权经营、监督管理，这是一个辩证统一的逻辑。

治理完善的企业如同一个人，全体股东投资成立企业法人，董事会是"大脑"，总经理是"心脏"，总经理辖制的各部门是"脏器"，监事会是"免疫系统"，而公司治理结构则是统御他们的"神经系统"。公司治理结构的科学性和有效性均应当遵照此原理予以查验。

党的十五届四中全会明确指出：健全的法人治理结构是现代企业制度的核心机制。股份制银行的所有权与经营控制权的分离，决定股份制银行是通过代理人和治理制度安排来进行经营管理的，这就是股份制银行的法人治理结构。

在此精神指引下，绵阳市商业银行根据《中华人民共和国公司法》《股份制商业银行公司治理指引》《股份制商业银行董事会尽职指引》等法律法规的要求，建立了"三会一层"（股东大会、董事会、监事会和管理层）议事规则和决策程序，明确了股东、董事、监事和高级管理人员的权利和义务。设置了专职董事长、专职监事长和董事会办公室、监事会办公室。实行董事会领导下的行长负责制及经营班子目标责任制；董事会是决策机构，高级管理层在董事会授权下开展经营活动；监事会对股东大会负责，依规履行监督职责。董事会对经营班子在强化责任的前提下简政放权，给予充分的信任。凡是经营班子在职权范围内依法开展的各项经营活动，董事会、监事会都不干预。对经营班子提出的动议，董事会也及时做出反应。

为实现银行最佳经营业绩之目的，所有权与经营权基于信托责任而形成相互制衡关系的结构性制度安排正式落地，绵阳市商业银行建立起公司治理基本结构。

公司治理边界

建立以股东大会、董事会、监事会和高级管理层等机构之间独立的、有效的制衡机制。建立科学、高效的决策、激励和约束等运行机制。

绵阳市商业银行是股份制公司，亦是中国特色现代国有企业，建立现代企业制度是改革的方向，而坚持党的领导是重大的政治原则。所以，绵阳市商业银行在公司治理中确立了党委的政治核心地位，在新时期专门对公司章程进行了修订，将党组织职责权限、运行机制等内容写入公司章程，以进一步强化党建工作在公司治理中的重要作用，把党的领导融入公司治理各环节，把行党委内嵌到公司治理结构之中，明确和落实党组织在公司法人治理结构中的法定地位，做到组织落实、干部到位、职责明确、监督严格。充分发挥党委会对董事会、监事会和经营班子的领导及协调功能。

从本质上说，银行公司治理是要建立两种机制：一要建立以股东大会、董事会、监事会和高级管理层等机构之间独立的、有效的制衡机制，二要建立科学、高效决策和激励约束有力的运行机制。

提升董事会决策效率，强化监事会职能。

有了党领导下较为完善的公司治理架构，提升董事会决策效率，强化监事会职能就显得尤为重要。

伟大的董事会就意味着伟大的公司，公司董事会既是一个法律形式，也是一种竞争利器。巴塞尔委员会认为，有效的银行治理结构应具备的特征其中包括：确保董事会成员胜任工作，对自己在公司治理中的角色有清晰的理解，不受来自外部或管理层的影响。大股东既要明晰出资人身份，又要厘清职责边界，准确定位并区别行权，助力董事会持续提升科学决策效率。构建"和而不同"的董事会文化，大股东应该尊重董事在现代公司治理中的核心地位，充分信任董事的履职能力和专业判断，充分借助董事获得股东关切的重要信息，建立健全董事而不是管理层直接向股东单位汇报的基本路径，充分通过其在董事会中的席位施加决策影响，这既是对董事会权利的有益保障，也是对现代公司治理原则的遵循和尊重。在充分发挥股东大会和董事会作用的同时，强化监事会的监督职能，保证监事会有足够的独立性。

二十年来，绵阳市商业银行逐步建立起了以党委为核心的领导体系，以董事会为中心的决策系统，以经营班子为主体的经营管理系统、以监事会为支撑的监督系统，建立起了在党委领导下的决策、经营、监督的有效制衡机制。

绵阳市商业银行战略发展中，董事会的议事范围涵盖了规划、资本补充、公司治理、风险管理、内部控制、财务审计、激励约束、重大投资、项目合作、呆账核销和基本制度建设等各个领域。董事会的运作程序更趋规范、合理的同时，监事会监督的针对性与效率日益提高。

绵阳市商业银行董事会按照监管要求设立了专门委员会，并制定了各专门委员会议事规则及工作细则。董事会下设发展战略委员会、风险管理委员会、关联交易控制委员会、审计委员会、提名委员会、薪酬与考核委员会、消费者权益保护委员会及董事会办公室。其中关联交易控制委员会、审计委员会、提名委员会、薪酬与考核委员会的主任委员均由独立董事担任，各专门委员会根据本行章程和专门委员会的工作细则履行相应职责，向董事会提供专业意见。董事会现有成员15名，其中股东董事8名，执行董事3名，独立董事4名。各董事认真履行职责，恪尽职守，严格按照程序参与决策，对银行的发展战略、发展规划、公司治理、经营计划、风险控制、制度建设、改革创新、保障股东权益和信息披露等重大事项做出了决策并全力实施。

绵阳市商业银行监事会按照规定设立专业委员会，并制定相应的议事规则。监事会下设审计委员会、提名委员会、监事会办公室。审计委员会、提名委员会的主任委员均由外事监事担任，各专业委员会根据本行章程和议事规则履行职责。监事会现有成员9名，其中股东监事3名，外部监事3名,职工监事3名。各监事认真履行监督职能,对银行经营行为、对银行高管进行了有序有效的监督。各位经营班子成员认真落实董事会决策,加强经营管理,积极防范风险,取得了优异的发展成效。

严格授权管理,合理平衡效率与制衡的关系。

绵阳市商业银行通过设置合理的授权管理机制明确公司治理主体的职责权限边界,严格授权管理,合理平衡效率与制衡的关系,提高决策和经营管理效率。制定了详细的股东大会、董事会、监事会的议事和决事规则,高级管理层的工作细则和规程,建立明晰的汇报路线和信息沟通机制。在公司治理运行中充分尊重独立董事、外部监事的意见和建议,加强风险控制及内部管理。

与此同时,绵阳市商业银行前瞻性考虑到灵活性与原则性相结合的授权:一是对董事长授予相机处置权。根据一定情况采取授权方式让董事长相机处置且及时知会全体董事,既能保证和维持董事会授权的严肃性,又能提高审批效率。二是对董事会专门委员会授予经营管理的监督、检查权和特殊事项决策权。三是对管理层加大授权。在遵循监管要求和坚持董事会原则指导及监督的前提下,进一步扩大对管理层授权,做到权责利相一致。

维护利益相关者权益及小股东权利。

银行作为经营风险和货币的特殊企业,客户和存款人是真正的上帝。银行资金的重要来源不是大股东,而是客户、是存款人。

绵阳市商业银行大股东及管理层高度重视和维护包括存款人、小股东及银行员工在内的诸多利益相关者的权益。一是在最高权力机构和决策机构中充分考虑存款人的利益,审慎投票行权,尊重小股东通过股东大会投票等方式参与公司治理的权利。二是尊重现代公司治理体制下董事会引入的独立董事制度,即尊重独立董事作为第三方客观、公正、独立的判断和决策,并在获得信息的广度和参与公司治理的深度上,为独立董事提供便利,实现对全体股东包括小股东利益的平等保护。三是监事会作为监督机构,对全体利益相关者负责,以保护商业银行股东、职工、债权人和其他利益相关者的合法权益为目标。

建立薪酬激励制度和市场化约束机制。

巴塞尔委员会从2008年金融危机的反思中发现，银行董事、高管们在"利益至上"理念驱动下容易出现短视行为，忘记了支撑市场经济下的公司治理发挥作用的道德和行为准则这个支柱，为了追逐短期暴利，不惜越过道德的底线，损害投资者和消费者利益。究其原因，是不合理的薪酬制定机制导致高管层的短视行为，并且董事会未对薪酬制度设计和薪酬水平起到应有的监督作用。在后金融危机时代，巴塞尔委员会从薪酬方面考虑进一步完善和重构银行公司治理，并达成国际共识，认为董事会应确保薪酬体系的设计与实施有助于银行运行和风险管理，并将其置于银行公司治理和风险管理的核心地位。所以，董事会要对薪酬制度的设计与运行履行监控职责，员工的薪酬安排与可预见的风险要有效衔接。

绵阳市商业银行建立了与公司可持续发展和风险状况匹配的薪酬激励制度和体系。逐步利用市场机制选配人才，加快培育经理人市场，利用经理人市场对经营者进行约束。促使经营管理者时刻面临外部经理人市场中潜在竞争对手的替代压力而尽职履责，这在一定程度上对经理人产生了约束作用以及减轻了内部人控制的问题。

与此同时，为有效提升各治理主体履职的动力，绵阳市商业银行在完善考核评价体系、薪酬激励机制等方面进行了科学设计、大胆创新，以实现权责利对等，并促进良好企业文化氛围形成。

一是综合多方评价结果，长短期结合、内外部结合，逐步体现差异化和针对性。完善董监高人员履职评价的维度，通过自评、互评及外部评价相结合的方式，对董监高开展多维度评价；对高级管理层，遵循效益与风险对等的原则，从经济效益、风险管理、社会责任等角度设定考核指标，并加大风险管理权重；同时也将绿色金融、消费者权益保护、党建等纳入评价范围。

二是提升薪酬设计与管理目标达成的相关性，优化薪酬激励机制，执行延期支付制度，探索多样化的激励方式。按照《商业银行稳健薪酬监管指引》，实施最低40%的延期支付比例，延期支付范围涵盖高管、各层级管理人员及重要岗位人员。

随着风险意识的不断增强，绵阳市商业银行在公司治理中不断强化风险内控管理责任，制定《风险偏好陈述书》，完善授权管理体系，有效发挥内外部审计的作用，并强化整改和问责。在目标统一、能力提升、动力改进的过程中，不断培育稳健经营的企业文化，塑造公司治理的核心价值体系。

搭建战略管理闭环体系，树立长期可持续发展目标。

绵阳市商业银行公司治理过程中逐步将战略管理纳入其范畴，并通过顶层设计，达成各治理主体之间的目标协同，从而成为各治理主体之间的制衡协同的前提和基础。董事会负责制定发展战略并持续跟踪执行情况；监事会对战略的制定和实施过程进行监督，并提出相关意见和建议；经营管理层通过搭建有效的管理体系，确保战略规划有效落地。

绵阳市商业银行以三年或五年为周期开展战略规划的制定，除制定全行性战略规划及业务规划外，还制定产品发展、风险管理、资本、人才、机构、信息科技等方面的规划，并将企业文化建设、价值准则、消费者权益保护等内容在规划中体现。

同时，绵阳市商业银行建立战略评估机制，定期开展评估，评估报告提交行长办公会、党委会、董事会审议。将战略目标与年度计划、考核、配置等有机结合，有效解决规划与计划两张皮的问题。

健全信息披露，完善沟通机制。

绵阳市商业银行对照上市银行管理标准，完善信息披露的管理、内容与渠道，进行多层次、多角度、多渠道的信息披露，有效开展投资者沟通，整体信息披露水平与外部形象得到优化。首先保证信息的真实性，董事会对披露的信息内容负责，保证所披露的信息真实可靠，如实反映实际情况，不隐瞒、不粉饰。监事会对披露信息开展审核监督。其次是保证信息的完整性。严格按照《商业银行信息披露办法》等法律法规要求确保所披露的信息内容完整，不存有重大遗漏，不忽略或隐瞒重要信息，最大限度地降低与利益相关方的信息不对称。再次是保证信息的及时性。通过制定和完善信息披露管理办法，明确信息披露的主体职责和披露时限要求，保证在合理的时间内披露应予公开的信息，确保各相关方及时获取相关信息。

建立信息披露的规范流程。明确信息披露责任主体，确定董事会办公室等职能部门牵头负责银行信息披露的具体工作；明确董监高人员及董事会秘书在各环节的职责，为提升信息披露质量提供保障。

完善披露渠道，提升信息披露质量。通过年报、官网、微信公众号及金融时报等内外部媒体开展信息披露，将年报以摘要形式在《金融时报》及公司网站向社会公开披露。同时，还注重做好日常重大信息披露，不断提升信息披露的全面性、及时性、有效性，主动接受社会监督。

持续强化研究探索，培育良好治理文化。

公司治理永远在路上，不存在最优模式，需要持续探索。绵阳市商业银行深刻理解经济增长方式、社会主要矛盾的变化，既从宏观上认识，密切关注国内外金融形势和技术进步趋势，吸取先进理念和有益经验；又从微观层面认识，注重金融产品和服务方式等创新，主动开展公司治理专项研究，研究自身在公司治理方面存在的差距和问题，从而寻找改革转型的动力和机遇。与此同时，建立起与银行发展战略相匹配、与现代化治理体系相适应的企业文化。形成"勤勉尽责、和而不同"的管理文化，鼓励董事、监事发表独立、专业意见，推进董事会科学高效决策，强化监事会的监督检查职能。形成"合规优先、风险为本"的合规文化，进一步完善全面风险管理体系，不断提升审计服务能力和监督检查水平，完善合规管理的长效机制。形成"廉洁正直、敬业值守"的诚信文化，引导员工严谨审慎执业，优化激励约束机制，克服激励偏差，杜绝违规失职行为，立足长远优化公司治理机制，不断提升公司治理水平。

2015年6月中国银行业协会首次发布中国商业银行稳健发展能力"陀螺"评价体系排名，绵阳市商业银行获1500亿元以下资产规模地方法人银行公司治理能力第六名、股本补充能力第六名。

第二节

优化股权结构

引资注重长远、实力雄厚、能发挥协调效益的战略性股东,持续优化股权结构。

从理论上来说,企业管理水平决定企业绩效水平,公司治理能力则决定企业管理水平,而股权结构又决定着公司治理能力,由此形成一个生产力创造和效率提升的价值传递链条,在这一链条中股权结构起着基础性作用。从这个意义上来说,股权结构对企业的经营发展具有决定性作用。

从银行公司治理产生的结构性质来看,股权结构与银行公司治理的模式和机制紧密相关,股权结构是银行公司治理的基础,公司治理模式是现代银行的核心机制。因此,只有合理的股权结构才能形成完善的公司治理结构模式,从而保证银行良好的经营绩效。合理的股权结构设置,为银行实施发展战略提供了可容空间。

多年以来,绵阳市商业银行主动梳理学习涉及公司治理的监管法规及规范性文件,认真执行《商业银行股权管理暂行办法》,积极配合相关部门落实监管要求,坚持"长期稳定""透明诚信""公平合理"三条底线,强化股东的准入管理和资质管理,积极联动政府、工商、税务及第三方机构等,了解核实股东入股资金来源和相关关联关系,严格审查股东资质,引进注重长远、实力雄厚、能发挥协调效益的战略性股东;坚决将资质不符合要求或动机不良的投资者排除在外,持续优化股权结构。

资本补充机制

坚持引进战略投资者、增资扩股、加强内部资本积累、利用资本工具，形成多元化、动态化的资本补充机制，为绵阳市商业银行多元化的股权结构奠定了基础，为引进中国五矿集团战略投资作了良好的铺垫。

绵阳市商业银行在组建筹备期，经历了长达四年之久的资产重组，引进优质股东、建立资本补充机制成为工作重心之一。

绵阳市商业银行于2000年9月成立，发起人为绵阳市财政和12家市属国有企业、股份制企业、非公有制企业，是在原3家农村信用社和6家城市信用社的基础上组建而成的。注册资本仅16463.2万元，其中，财政入股4300万元，占26.12%；12家企业入股9900万元，占60.13%；原9家信用社以净资产入股2263.2万元，仅占13.75%。

显然，仅仅对管理体制进行改革还无法将绵阳市商业银行带出困境，捉襟见肘的资本成为摆在绵阳市商业银行发展道路上一道难以逾越的鸿沟。

任何单一性质的资本，都无法满足或适应现代经济对资本的数量和质量上的要求，股份经济之所以成为市场经济最主要的经济形式，在于它能通过对分散资本的结合，创造出更多的价值和财富。

一方面，绵阳市商业银行开业之时，实收资本仅有16463.2万元。大家都很清楚，这个数字意味着什么。唯有对原有股权进行深化改革，方能适应现代股份制商业银行的需要。

另一方面，由于是在信用社清产核资的基础上建立起来的，在公司治理方面存在着较重的历史包袱。在信用社重组合并过程中，存在着部分股权主体虚置、模糊、信息不准确等问题，使得绵阳市商业银行在公司治理方面存在股权确权困难的问题。

随着绵阳市商业银行经营业绩稳步提升、改革发展的深化及经营战略的提出，成立之初的股权结构缺陷越发显现，严重制约了绵阳市商业银行的进一步发展。

改革者很清楚,公司经营绩效取决于其治理结构,而股权结构又是法人治理结构的基础,所以经营绩效与股权结构有密切关系。为了达到既定的经营战略目标,只有进一步优化股权结构,才能完善公司治理结构,才能保证绵阳市商业银行长久的可持续发展。

因此,绵阳市商业银行股东劣退优进的股权结构改革势在必行。在绵阳市委、市政府的大力支持下,在人民银行、银行监管部门的大力帮助下,绵阳市商业银行进行了一系列股权改革。加快资本补充步伐,建立引进战略投资者、增资扩股、利润留存、发行新型资本工具相结合的多元化、动态化的资本补充机制。

2008—2009年完成一轮增资扩股。

2008—2009年绵阳市商业银行启动一轮增资扩股,经监管部门批准同意,本轮增资共新增股本13600万股,增资后股本总额变更为30063.2万股。其中,绵阳市财政局持股8600万股,占股本总额的28.61%;其他法人股东及个人股东合计持股21463.2万股,占股本总额的71.39%。

2011年未分配利润转增注册资本。

2011年,经绵阳市商业银行第十一次股东大会决议同意,并报监管部门批准,以未分配利润增资12025.25万元,增资后注册资本变更为42088.45万元。

本次未分配利润转增股本完成后,绵阳市财政局持股12040万股,占股本总额的28.61%;其他法人股东及个人股东合计持股30048.45万元,占股本总额的71.39%。

现在看来这些增资扩股似乎顺理成章,但回顾时年情景,尤为感叹,三次股权改革的成功实施,与改革推动者的努力奔走呼号不无关系,是在绵阳市委、市政府和人民银行、银监部门的大力支持帮助下方能实现。三次股权改革为绵阳市商业多元化的优质股权结构奠定了基础,亦为后来引进战略投资者,实施更为深入的股份制改造做了铺垫。

引进优质战投

中国五矿集团入驻绵阳市商业银行，使其金融业务板块更加丰满，拥有金融业务全牌照，信托、租赁、证券、银行等业务优势显著。而对于绵阳市商业银行而言，中国五矿集团的入驻，完成了深化改革发展的重要步骤，迈出了深化公司治理改革关键性一步，为上市资本补给作了准备，为建立现代化股份制商业银行奠定了坚实基础。

蓄力一纪，可以远矣！

2013年，绵阳市商业银行迎来新的改革发展动力。

在这一年，四川省政府办公厅下发《关于推进城市商业银行改革与发展的意见》，明确提出四川城市商业银行改革发展的目标与要求。随即，在绵阳市委市政府的正确领导下，绵阳市商业银行积极响应意见精神，作出引进战略投资者进行补充资本和股权改革决定。

亦是在2013年，绵阳市商业银行着力完善股权管理，清查确定全行股东和股权数据，上线股权管理系统，更换新股权证办理，进行全行统一股金分红，规范了股权转让、继承等手续，通过规范程序解决了一大批股权管理方面的遗留问题；形成了高效、统一的股权管理模式，规范了股权管理流程，提高了管理效率，防范化解了股权管理风险。

引进优质战投，事关绵阳市商业银行长远发展大计。2013年8月，绵阳市委财经领导小组2013年第七次会议通过了绵阳市商业银行增资扩股引进战略投资者有关决定。

2014年9月29日，中国银行业监督管理委员会正式批复同意，隶属于中国五矿集团的五矿资本受让绵阳市财政局6990万股股份，入股成为绵阳市商业银行单一最大股东，进一步优化了绵阳市商业银行股权结构，为公司治理及业务转型注入了原动力。

中国五矿集团是由两个世界500强企业（原中国五矿和中冶集团）战略重组形成的中国最大、国际化程度最高的金属矿产企业集团，是全球最大最强的冶金建设运营服务商。公司总部位于北京，掌控的资产总规模达到1.6万亿元人民币，其中资产总额8139亿元，金融业务管理资产8142亿元，境外机构、资源项目与承建工程遍布全球60多个国家和地区。2016年，公司实现营业收入4355亿元，世界500强排名第120位，其中在金属行业中排名第一。中国五矿集团公司经营的产品和物资涉及国计民生的方方面面，广泛应用在国家经济建设的众多领域，为国民经济发展和现代化建设做出了卓著贡献。中国五矿集团实施发展战略，实现黑色金属、有色金属、金融、房地产和物流五大产业全面发展。为打造产业价值链，中国五矿集团深化战略转型、优化资源布局，建立了坚实的产业基础。公司已经从过去计划经济色彩浓厚的传统国有企业，转变为社会主义市场经济条件下自主经营、具有较强竞争力的现代企业；从昔日单纯的进出口贸易公司，转变为以资源为依托、上下游一体化的跨国公司；从单纯的产品经营企业，转变为产融结合的资产资本经营集团。

入股绵阳市商业银行，五矿资本金融业务板块更加丰满，成为A股市场上为数不多的金融全牌照的金融控股公司，信托、租赁、证券、银行等业务协同优势显著。而对于绵阳市商业银行而言，五矿资本的入驻，完成深化改革发展的重要步骤，迈出了深化"公司化"体制改革关键性一步，为建立现代化股份制商业银行奠定坚实基础。

本轮股权转让完成之后，绵阳市商业银行股份总额42088.45万股，其中五矿资本持有股份6990万股，占股本总额的16.61%，为绵阳市商业银行单一最大股东；绵阳市财政局持有股份5050万股，占股本总额的12%；其他法人股东及个人股东合计持有股份30048.45万股，占股本总额的71.39%。

2014—2015年，绵阳市商业银行增资20111.55万股，增资扩股后总股份数从42088.45万股增加到62200万股，其中五矿资本持股12440万股，占股本总额的20%，为单一最大股东；绵阳市财政局持股5050万股，占股本总额的8.12%；其他法人股东合计持股41970.53万股，占股本总额的67.48%；个人股东合计持股2739.47万股，占股本总额的4.4%。

2016年6月16日，绵阳市商业银行第十六次股东大会决议通过资本公积转增股本议案，以总股本62200万股为基数，以2015年末的资本公积向全体股东每10股转增10股，合计资本公积转增股本62200万股。经批准，绵阳市商业银行注册资本由人民币62200万元变更为人民币124400万元。

2019年12月末，绵阳市商业银行注册资本12.44亿元（亿股），资本净额76.36亿元，其中，国有及国有企业股占比30.7%（五矿资本20%，绵阳市财政局8.14%），其他法人股占比64.9%，自然人股占比4.40%。

股东价值认同

中国五矿集团看好绵阳市商业银行的资产质量与经营理念，绵阳市商业银行看重中国五矿集团资本实力与金融全牌照协同战略，价值的互相认同促使双方高调握手。

绵阳市委财经领导小组经过研究，同意公开转让绵阳市财政局持有绵阳市商业银行的部分股权。2014年1月，绵阳市商业银行原第一大股东绵阳市财政局在西南联合产权交易所挂牌转让6990万股国有股份，挂牌价格为3.637亿元。对受让方要求颇为苛刻：必须是世界500强企业，最近3年连续盈利、2012年末净资产不低于500亿元人民币等。

中国五矿集团财务顾问在认真分析绵阳市商业银行历史沿革、发展理念和财务情况后认为，绵阳市商业银行小而精，历史包袱已得到彻底消化，资产质量较好。

事实也如此，绵阳市商业银行当时各项指标持续向好，截至2013年末，全行资本充足率13.09%，不良贷款率0.49%，资产总额425亿元，各项存款余额263亿元，各项贷款余额163亿元。坚持以支持小微企业、发展小微金融为主，这是绵阳市商业银行连续保持高增长的原因。

公开资料显示，中国五矿集团在2011年末净资产就已达到577.25亿元，符合绵阳市商业银行股权授让方或其控股股东2012年净资产不低于500亿元的指标，且中国五矿集团名列2013年世界500强第192位。

更为重要的是，在这之前，中国五矿集团旗下金融牌照比较齐全，独缺银行牌照。2012年4月，国务院国资委对中国五矿集团的主营业务进行调整，中国五矿集团被允许进入期货等相关金融领域。金融板块已经成为中国五矿集团六大业务板块之一。至2013年，中国五矿集团旗下五矿资本下设财务公司、保险、期货、信托、证券、金融租赁等多家金融机构，唯独缺少银行牌照。

中国五矿集团看好绵阳市商业银行的资产质量与经营理念，绵阳市商业银行看重中国五矿集团资本实力与金融全牌照协同战略，价值的互相认同促使双方高调握手。

价值认同是指社会成员或组织在社会活动中对某类价值的内在认可或共识，通过这些认可或共识，形成自身在社会实践中的价值定位和定向，由此决定自己的理想、信念和追求，并形成共同的价值观。健康的价值认同，能对我们的学习、工作和生活产生积极的影响，对社会经济发展起到积极的推动作用。

绵阳市商业银行在股东选择方面，引进价值认同的"同路人"。坚持"志同道合、互助共赢"原则，优先考虑具有先进理念、有利于互相促进的合作伙伴。

中国五矿集团的深化金融与产业的融合，正好与绵阳市商业银行的战略发展不谋而合。

引入中国五矿集团作为战略投资者有着深远意义。

首先是提高核心竞争力，降低风险。

在世界政治经济不断一体化的今天，国际形势和国内形势紧密相连，宏观经济形势和国际利率汇率波动对商业银行有很大影响，经济的不确定性不断增大，市场风险不断增加。中国五矿集团有多元化的产业背景、较强的投融资能力和经营管理经验，与他们合作可以增强资本实力，提升管理水平，拓宽业务领域，从而优化资本结构，减少银行的经营风险和市场风险。

其次是拓展金融业务。

引入中国五矿集团作为战略投资者后，绵阳市商业银行依托央企资源，全面融入中国五矿集团，积极开展集团化产融协同及全牌照融融协作，在参与中国五矿集团"千亿内部市场"战略并分享该战略成果，为绵阳市商业银行注入了新的发展活力，增强了核心竞争力。

2017年11月27日，中国五矿集团公司西部资金结算中心正式在绵阳市商业银行成都分行挂牌成立。中国五矿集团公司西部资金结算中心的挂牌及各项金融服务的陆续开展，将充分发挥金融支撑带动作用，放大金融服务功能，把成都打造成为五矿金融板块的又一总部基地，深度参与成渝双城经济圈建设，助推成都建设西部经济高地和西部金融中心，助力成都达成"建设全面体现新发展理念的国家中心城市"的总体目标，在"东进、南拓、西控、北改、中优"的城市可持续发展建设中作出不懈努力。绵阳市商业银行也将以中国五矿集团公司西部资金结算中心挂牌为契机，抢抓机遇，锐意改革，开拓创新，转型发展，秉承"助增价值，服务成长"的发展理念，打造"发展战略明确、公司治理完善、机构网络健全、经营管理先进、金融服务优质、财务状况良好"的区域最佳银行。

再次是学习先进的经营管理经验，改善公司治理结构，加快业务创新，提高安全性和盈利性。

引进战略投资者不仅是为了获取资金，更是为了引进先进的经营理念、产品技术、管理经验，推动经营观念的转变和经营机制的转换，提高经营管理水平，提升市场竞争力。基于战略投资者带来的资金、技术以及管理上的强力支持，绵阳市商业银行将与中国五矿集团各产业企业开展深度合作，共谋发展。

路遥知马力。未来，股权优化，资本补给，管理革命，绵阳市商业银行在公司战略发展道路上，不可松懈，不可麻痹，更不能动摇。

第五章 组织架构改革

条块结合，精简高效，构建专业化条线经营管理体制。

本章导读：

◎成功的企业都是从简单结构开始转向职能型结构再到多部门结构，以此来支持其发展战略的转变。二十年来，绵阳市商业银行亦经历了这样一个组织体系改革发展过程，从"条块结合、以块为主"到"条块结合、以条为主"，再到"条线型事业部制"，最后形成"矩阵型事业部制"，在改革中不断完善。

◎成立不久的绵阳市商业银行在保留了垂直管理方式的同时，职能分工与专业化协作，公司化企业建制基本形成，真正的商业银行"制度管理"从这里开始。

◎在自身发展刚刚有所转机之时，便着手真正意义的条线化改革，从"条块结合、以块为主"向"条块结合、以条为主"转变，以小微业务和与本地经济相关的特色业务为切入点，进行局部的条线化事业部制改革。

◎两家新型农村金融机构作为控股子（下属）公司，专营小微及涉农业务，独立核算、自负盈亏，同时承担绵阳市商业银行一些特定的职能，这是绵阳市商业银行迈出职能型事业部制改革的重要一步。

◎2012年6月，绵阳市商业银行成立了专营科技金融服务的科技支行，在当时这是全国城商行的一大创举，这个以本地经济为载体的特色专营支行成为绵阳市商业银行职能型事业部制改革的突破口。

◎2015年，绵阳市商业银行以零售、小微、科技等特色职能为突破口的职能型事业部制局部改革初步完成，为下一步条线化、事业部矩阵的流程化改革奠定了基础。

◎进入新时期的绵阳市商业银行确立了"以客户为中心，建设区域最佳银行"的发展战略与企业愿景，伴随而来的是围绕"以客户为中心"的条线化、流程化的事业部矩阵型组织结构改造，以实现银行组织结构从"股东价值形态"与"精英价值形态"向"客户价值形态"和"利益相关者价值形态"的进化。

◎围绕客户价值形态，强化总行职能部门的宏观管理，强化总行条线部门的微观管控，强化分支机构的市场营销功能。

◎至2019年，绵阳市商业银行按专业化、集约化的要求，组织架构形成三大系统：一是业务拓展系统，主要包括市场营销、前台处理和后台处理组成的业务流程运作体系。业务拓展部门是创利的主体，按业务条线和客户实行独立核算，属于利润中心。二是管理控制系统，主要包括财务管理、信贷管理、审计、法律等部门。它们对业务系统和分支机构起着重要的作用，业务系统和分支机构的财务分析和考核等综合管理要由这个系统完成。三是支持保障系统，包括信息技术、人力资源以及后勤保障等。这些部门是为业务部门提供设备、技术的保障与更新、区域经济发展前景分析等服务。

◎通过不断的改革完善，绵阳市商业银行初步形成矩阵型组织结构，相比于垂直管理模式，出现了横向管理方式，增强了对市场生态的灵活性。在垂直管理线条中，采取了以职位管理为基础的产品管理，而在横线管理线条中，采取了以能力管理为基础的项目管理，两者相互作用，互为补充，提高了银行在频繁变化市场中的运行效率。

◎当前，绵阳市商业银行以再造业务流程为重点，努力搭建流程银行的基本架构。按照业务转型及网点对业务的要求，不断完善岗位架构，落实业务流程，使业务流程对应岗位，岗位对应责权。

◎通过组织管理和对组织架构的变革达到零售业务战略的执行，继而提升零售业务的核心竞争力。

◎小企业信贷中心、个人贷款中心、个人金融部、互联网金融部等部门的设立，为绵阳市商业银行零售业务建设好有效的组织架构。

◎绵阳市商业银行从传统存贷汇向涵盖互联网金融、财富管理等新兴业务在内的多样化金融服务转变，满足客户对金融服务的差异化、个性化需求。

第一节
职能清晰化变革

从"条块结合、以块为主"到"条块结合、以条为主"，再到"条线型事业部制"最后形成"矩阵型事业部制"，在改革中不断完善。

人是组织中最重要的资源，怎样围绕人的职责设计科学的组织结构对于企业战略的有效性至关重要，这是一个在职、责、权方面的动态结构体系，其本质是为实现组织战略目标而采取的一种分工协作体系。组织结构必须随着组织的重大战略调整而调整，有效的组织结构为企业成功实施战略提供了稳定性，并能保持企业的竞争优势。

成功的企业都是从简单结构开始转向职能型结构再到多部门结构，以此来支持其发展战略的转变。二十年来，绵阳市商业银行亦经历了这样一个组织体系改革发展过程，从"条块结合、以块为主"到"条块结合、以条为主",再到"条线型事业部制"最后形成"矩阵型事业部制",在改革中不断完善。

垂直职能管理

在保留了垂直管理方式的同时,职能分工与专业化协作,公司化企业建制基本形成,真正的商业银行"制度管理"从这里开始。

2000年,绵阳市商业银行由当时的9家信用社整合改制组建而成,成立之初共有分支机构68个,总行内设人事教育处、会计财务处、信贷管理处、资金计划处、稽核处、科技处、保卫处。

这是一种代表股东价值形态的比较简单的直线型职能组织结构形式,便于成立之初的绵阳市商业银行进行垂直管理,在保留了垂直管理方式的同时,出现了职能分工与专业化协作,职能部门与职位等级相继出现在银行管理之中,这一变化使组建商业银行之前的信用合作社管理"游击队"正式走向统一法人的股份制商业银行"正规军",公司化企业建制基本形成,真正的商业银行"制度管理"从这里开始。

为满足绵阳市地方经济发展而设立的绵阳市商业银行与绵阳地方经济、区域文化和地方政府有着天然的联系,所谓"地缘、人缘、亲缘"三缘集齐,所以成立之初的绵阳市商业银行主要依靠机构网点与地方关系开展业务,直线型职能组织形式也间接形成了先天性的"大分支、小总行"的组织模式和"以块为主"的管理模式,以总行业务部门为主体的"条"则主要承担行政管理职能。

显然,这种"拼网点、拼关系"的业务模式在银行业发展早期能够很好地适应市场环境,充分发挥其优势。绵阳市商业银行亦因为这种"以块为主"的业务模式让其在成立之初能够迅速占领市场,为摆脱历史遗留危机奠定了良好的基础。

然而，这种直线型职能组织结构管理虽然灵活，但规模扩张受限。随着经济与银行的自身发展，这种较为粗放的模式已无法适应市场对商业银行精细化管理的要求，暴露出了一系列弊端。诸如总行战略意图难以准确传导，"大脑"作用难以发挥；管理层级和汇报层级较多，对市场的决策响应速度较慢；分支行难以应对市场对业务、产品和服务等方面的专业性要求……

经济社会的发展、市场环境的变迁、竞争对手的崛起与银行自身发展需求的变化等内外因素的变化正推动绵阳市商业银行进行组织架构的改革与完善。

事业部制改革

从"条块结合、以块为主"向"条块结合、以条为主"转变，以小微业务和与本地经济相关的特色业务为切入点进行局部的条线化事业部制改革。

当企业不断发展时，横向的职能部门不断增加，纵向的职位等级也不断增多，这时企业规模迅速扩大，巨型公司形成。但是"大企业病"随之而来，企业为了适应市场的变化，提高整体运行效率，逐渐演变为上下（母子）管理模式，在一个组织内部划分出总部与分支机构两部分，形成事业部型组织结构。

显然，事业部型组织结构亦是绵阳市商业银行发展中绕不开的必经之路，要想在复杂多变的市场环境下实现平稳持续的发展，需要有一个强大的总行对分支行进行领导和管控，"拼总行"成为在日趋复杂的经济金融环境下的制胜之道，必须加快由"以块为主"的管理模式向"条线化、专业化、精细化"方向转变。

自20世纪90年代以来，大型跨国银行已实现了从传统总分行制组织模式向条线化的事业部制组织模式的转变，形成了专业、高效、协同的矩阵式管理架构。其本质是将市场竞争机制引入银行的业务管理架构中,通过不同的维度划分出不同的业务单位,并对其采取"专业经营、单独授权、独立考核、快速决策"的一种组织模式。

而在我国改革开放不断深入的背景下,国内商业银行亦逐渐意识到传统的业务组织模式和管理架构已难以适应市场竞争的需要,因此,各家商业银行着手开始对条线化的事业部制改革的积极探索。

受制于我国传统与新兴相结合的"二元经济结构"的特殊性,国内商业银行往往将"条块结合、以条为主"作为其条线化优选模式,出现两种不同的改革路径:以传统公司的小微及零售业务为切入的整体改革路径,以新兴的特色业务为突破的局部突破路径。

绵阳市商业银行相比较于其他诸多城商行起步更为艰难,背负的历史包袱更为沉重,但其改革决心却是异常坚定。在自身发展刚刚有所转机之时,便着手真正意义的条线化改革,从"条块结合、以块为主"向"条块结合、以条为主"转变,以小微业务和与本地经济相关的特色业务为切入点,进行局部的条线化事业部制改革。

2007年,于全国首批设立新型农村金融机构。独资设立绵阳市平武富民贷款公司,与国家开发银行等机构共同发起设立四川北川羌族自治县富民村镇银行有限责任公司。两家新型农村金融机构作为控股子(下属)公司,专营小微及涉农业务,独立核算、自负盈亏,同时承担绵阳市商业银行一些特定的职能,这是绵阳市商业银行迈出职能型事业部制改革的重要一步。

绵阳是党中央、国务院批准建设的中国唯一的科技城,重要的国防科研和电子工业生产基地。为积极响应绵阳科技城建设,大力支持"科技和金融结合试点工作",2012年6月,绵阳市商业银行成立了专营科技金融服务的科技支行,这在当时是全国城商行的一大创举,这个以本地经济为载体的特色业务专营支行成为绵阳市商业银行职能型事业部制改革的突破口。

紧随其后,职能型事业部门相继成立。

2013年，绵阳市商业银行新设置了个人贷款中心，成为服务个体经济和个人消费群体的专营机构，以此践诺市民银行、社区银行的宗旨，亦是绵阳市商业银行业务向零售化倾斜的一个信号。当年，将资金营运中心更名为金融市场部，以进一步改变单一依靠贷款利差盈利的模式，加大了投资理财业务的发展步伐。

在整合机构职能提升服务功能的同时，简化审批流程，提升办事效率。根据银监会关于建立小微企业贷款六项机制的要求，绵阳市商业银行进一步改进了授信管理权限，对贷款额度在500万元（含）以内的信贷业务授权小企业专营机构负责人自行审批，无须上报总行。

2014年成立理财中心、同业中心。2015年，进一步改进小微企业金融服务架构，小企业金融部经监管部门批复升格为分行级专营机构——小企业信贷中心，进一步提升对全行小微企业金融服务的指导、管理和服务职能。

至此，绵阳市商业银行以零售、小微、科技等特色职能为突破口的职能型事业部制局部改革初步完成，为下一步条线化、事业部矩阵的流程化改革奠定了基础。

附：2000—2015年内设部门、专营机构设置等重大变化

2000年9月，绵阳市商业银行成立之初，总行内设人事教育处、会计财务处、信贷管理处、资金计划处、稽核处、科技处、保卫处。

2002—2003年，内设部门更名、分设、调整为综合管理部、计划财务部、信贷管理部、稽核监察部、信息技术部、安全保卫部、公司业务部、风险资产管理中心、会计核算中心、个人信贷中心、资金营运中心。

2007年12月，总行会计核算中心更名为总行会计结算部，总行个人信贷中心更名为个人金融部。

2009年6月，在总行设立小企业贷款专营机构——绵阳市商业银行小企业金融部。

2010年2月，设立个人贷款中心，将信贷管理部更名为风险合规部，董事会办公室、监事会办公室与综合管理部合署办公。

2012年2月，将信贷审批部分设为授信审批部及风险合规部。

2013年6月，将新华支行升格为管理支行，与总行个人贷款中心实行两块牌子，一套人马。

2013年3月，设立总行人力资源管理部，原综合管理部履行的人力资源管理职能划给人力资源管理部，董事会办公室与人力资源部合署办公；资金运营中心更名为金融市场部。2013年底成立国际业务部。

2014年4月，成立理财中心、同业中心。2015年1月29日，经监管部门批复，原小企业金融部升格为分行级事业部——绵阳市商业银行小企业信贷中心。

第二节
业务流程化改造

围绕"以客户为中心"的条线化、流程化的事业部矩阵型改造，以实现银行组织结构从"股东价值形态"向"客户与利益相关者价值形态"的进化。

组织架构是为企业战略服务的，其主要功能是确保企业战略的顺利执行，在一定程度上代表了企业资源的分配方式。因此，通过对组织架构的调整，企业可以把资源集中到战略转型的重点方向，以便支撑企业新时期战略业务路径与商业模式的实现。

进入新时期的绵阳市商业银行确立了"以客户为中心，建设区域最佳银行"的发展战略与企业愿景，伴随而来的是围绕"以客户为中心"的条线化、流程化的事业部矩阵型组织结构改造，以实现银行组织结构从"股东价值形态"向"客户价值形态"和"利益相关者价值形态"的进化。

客户价值形态

围绕客户价值形态,强化总行职能部门的宏观管理、强化总行条线部门的微观管控、强化分支机构的市场营销功能。

以客户为中心的组织结构条线化改革是区域性银行发展壮大必然面临的核心课题之一。如何描绘出与自身发展阶段和发展战略相匹配的条线化改革路径关系着区域性银行未来是否能在日益激烈的银行业竞争中赢得一席之地。

2014年绵阳市商业银行引入战略投资者——五矿资本。2016年,绵阳市商业银行完成董、监事会换届工作。战略投资者、新股东及新一届董事会对绵阳市商业银行具有高度的价值认同,在坚持"助增价值,服务成长"经营理念,坚持"中小企业伙伴银行、城乡居民贴心银行、社区服务特色银行、地方经济助力银行"市场定位,坚持"走特色化、差异化发展道路"的前提下,根据新时期经济发展的趋势及新的金融竞争格局变化,确立了"以客户为中心,建设区域最佳银行"的发展战略与企业愿景。

显然,在此之前的局部职能型事业部制组织结构已难以适应新的发展战略。绵阳市商业银行要实现"以客户为中心,建设区域最佳银行"的发展战略,组织机构的条线化、流程化改革,实现客户价值形态的组织结构改革显得尤其重要。

众所周知,客户价值形态是新商业时代的最佳企业形态,然而从传统企业形态迈向客户价值形态,则是企业进化过程中的分水岭,因为这是一次飞跃,企业将从封闭型组织进化为开放型组织,组织形态、管理模式都将是一种颠覆式的变化,进化难度不言而喻。

绵阳市商业银行新时期领导班子清醒而深刻地看到,绵阳市商业银行作为区域性银行受限于自身业务规模不大、区域覆盖面有限等劣势,需要通过总行"业务营销专业化、业务管理集约化"实现对市场和客户需求变化的快速响应及准确决策。因此，决定逐步对传统的"总分行"架构及"以块为主"的业务组织模式进行变革，通过"条""块"之间权责利关系的平衡，充分发挥"条"的业务主导作用和"块"的营销平台优势。对不同层级的权责进行重新定义和划分，而非独立切块。努力实现"三个强化"，即强化总行职能部门的宏观管理、强化总行条线部门的微观管控、强化分支机构的市场营销功能。

2016年，将总行综合管理部分设为办公室和后勤保障中心，将授信审批部更名为信贷管理部，将电子银行部改革为互联网金融事业部；新设资产保全部，进一步增强精细化管理和服务保障水平；全面推进人力资源优化项目，以进一步理顺岗位职责，畅通人才发展通道，强化激励约束，增强发展内生动力。

2017年，进一步完善内部组织架构提升履职能力。成立消费者权益保护委员会，设立消费者权益保护工作办公室，风险合规部分设为风险管理部和法律合规部，将会计结算部改革为运营管理部，集中放款、对公开户远程授权、综合柜面系统等集中作业中心顺利组建运行。

2018年，推进职级改革，畅通人才发展通道。持续推进人力资源优化项目的落地，严格按照新的考核办法，针对2017年度考核结果对个别管理人员作出降级降职处理。推出《员工岗位序列与职级体系管理办法（试行）》，并在信息技术、客户经理、柜员、授信等条线进行先行试点，并完成上述条线等级制管理的考试和等级评定工作，进一步畅通了员工职业发展通道，增强队伍活力。全面推动绩效系统建设及试点工作，推进个人客户经理试点工作。

2019年，改革转型持续深化。柜员、客户经理、信息技术、授信审批条线等级制改革评审工作全面落地，小微和个人客户经理等级制建设积极推进，努力打通员工发展"双通道"。城区机构整合有序推进，将两个业绩规模小的管理支行进行了合并。按照专业化、特色化、精品化建设目标，推进城区网点的持续优化和智能化转型。财富管理中心正式组建、分支行、总行部门"三定"工作和部门下设二级部门改革积极推进。成立协同业务部统筹协调推进中国五矿集团内部业务协调发展。

目前，绵阳市商业银行在行党委领导下有着完善的公司治理体系，在"三会一层"的治理体制下总行设有办公室（党委办公室）、人力资源部（党委组织部）、公司业务部、小企业信贷中心、个人金融部、个人贷款中心、国际业务部、金融市场部、金融投资部、协同业务部、互联网金融事业部、信贷管理部、风险管理部、法律合规部、资产保全部、运营管理部、信息技术部、计划财务部、安全保卫部、行政事务部、稽核监察部、消费者权益保护办公室、工会办公室等职能部门。

截至2020年6月末，全行有持证机构76个，其中，总行机构1个，分行级事业部——小企业信贷中心1个，异地分行5个，绵阳管理支行16个（含总行营业部），分行和管理支行下辖网点53个。涵盖绵阳所有县、市、区和成都、广元、资阳、南充、遂宁部分市区。

绵阳市商业银行按专业化、集约化的要求，组织架构形成三大系统：一是业务拓展系统，主要包括市场营销、前台处理和后台处理组成的业务流程运作体系。业务拓展部门是创利的主体，按业务条线和客户实行独立核算，属于利润中心。二是管理控制系统，主要包括财务管理、信贷管理、审计、法律等部门。它们对业务系统和分支机构起着重要的作用，业务系统和分支机构的财务分析和考核等综合管理由这个系统完成。三是支持保障系统，包括信息技术、人力资源、行政综合、安全保卫以及后勤保障等。这些部门为业务部门提供设备、技术的保障与更新、区域经济发展前景分析等服务。

通过不断的改革完善，绵阳市商业银行初步形成矩阵型组织结构，相比于垂直管理模式，出现了横向管理方式，增强了对市场生态的灵活性。在垂直管理线条中，采取了以职位管理为基础的产品管理，而在横线管理线条中，采取了以能力管理为基础的项目管理，两者相互作用，互为补充，提高了银行在频繁变化市场中的运行效率。

与此同时，矩阵型组织结构让绵阳市商业银行"以客户为中心"战略思想得以有效落实，有利于总行战略意图的传导和执行，有利于全行资源共享和集约化经营,有利于运营和决策效率的提升。

附:2016—2019 年内设部门、专营机构设置等重大变化

2016 年 7 月,设立总行互联网金融事业部、资产保全部,将总行综合管理部分设为办公室、后勤保障中心,将总行授信审批部更名为总行信贷管理部。

2016 年 8 月,将电子银行部整体并入互联网金融事业部。

2016 年 9 月,单设监事会办公室,改变与原稽核监察部合署办公室模式。

2017 年 7 月,将风险合规部分设为风险管理部和法律合规部;将会计结算部更名为运营管理部。

2017 年 12 月,单设消费者权益保护工作办公室。

2018 年 1 月,单设董事会办公室,改变与人力资源管理部合署办公模式。

2018 年 6 月,总行在行党委下设党委办公室、党委组织部、党委宣传统战部,在纪委下设纪委办公室。党委办公室、党委宣传统战部与总行办公室合署办公,党委组织部与总行人力资源部合署办公,纪委办公室与总行稽核监察部合署办公。

2019 年 4 月,成立协同业务部。党委办公室、办公室、消费者权益保护办公室、工会办公室合署办公。

2019 年 8 月,总行后勤保障中心更名为总行行政事务部。

再造业务流程

从"条块结合、以块为主"向"条块结合、以条为主"转变,以小微业务和与本地经济相关的特色业务为切入点,进行局部的条线化事业部制改革。

随着市场生态的不断发展,职能型组织结构逐渐演变为流程型组织结构。流程型组织结构成功消灭了职位等级，在企业内部实现了横向管理，能够充分发挥员工的主观能动性，这是对传统管理模式的彻底颠覆。流程型组织结构对市场变化具有很强的灵活性，可以通过业务流程调节企业规模应对市场风险，实现以客户为导向的经营理念。

绵阳市商业银行首先打造了以小企业信贷中心、科技支行、互联网金融事业部等为代表的产品事业部矩阵，保留以传统管理方式为基础的区域型事业部，同时建立以流程管理方式为基础的新型事业部。在银行内部建立横向管理线条，把产品业务前中后台集成在一起，实现系统化的流程管理，形成以产品类型或特点划分的产品事业部矩阵型组织结构。产品事业部矩阵型形成两种管理线条：一纵一横。"一纵"即职能型结构依然存在，继续维持传统管理方式；"一横"即产品事业部从无到有，开始采取流程管理方式。产品事业部矩阵型组织结构以纵向管理模式为主，横向管理模式为辅，保留了很多总部与分支机构的职权，以此让转型初期有效地维持了业务发展的延续性。

根据绵阳市商业银行转型的设想与规划，当产品事业部矩阵型组织结构运行顺畅时，将依据客户需求在不同产品事业部之间建立新的业务流程，从而形成以客户类型或特征划分的客户事业部，组织结构由产品事业部矩阵型变成混合事业部矩阵型。届时，区域型事业部、产品事业部、客户事业部将形成三种管理线条：一纵两横。"一纵"即职能型组织结构与传统管理方式虽然存在，但不再处于主导地位；"两横"即两类采取流程管理的事业部相互协调，共同运行，在这个阶段纵向、横向两种管理模式共存，并维持一种均衡状态，由于横向管理线条增多，直接让银行管理形态更加扁平化。与此同时，"去中心"进程逐渐加快，总行系统的重心开始发生转变，横向的流程管理方式逐步取代纵向的传统管理方式。

无疑，流程银行将是绵阳市商业银行未来的发展方向，这将是现代商业银行的管理模式，是对传统银行观念、管理、业务的一个全方位的改变。面对互联网金融、利率市场化等多种外部环境的变化，商业银行必须加强自身的管理创新、业务创新、流程创新，以适应新的市场竞争环境。

当前，绵阳市商业银行以再造业务流程为重点，努力搭建流程银行的基本架构。按照业务转型及网点对业务的要求，不断完善岗位架构，落实业务流程，使业务流程对应岗位，岗位对应责权。针对网点分布情况、客户及交易数量情况、操作风险控制情况实际，绵阳市商业银行审时度势，按照"前店后厂"的经营模式，推进流程银行建设，依托后台服务中心，改变以往前台业务操作流程，将大量的复核、授权等业务流程纳入后台集中作业，大大减少前台柜员操作环节，释放前台生产力，推动前台人员由"操作型"向"销售型"转变，网点功能由"生产型"向"营销型"转变，使前台的产品营销、客户维护、市场拓展功能得到强化，最终提升网点形象与竞争力。同时，按照不同类型网点的功能定位，根据需要配置负责人、客户经理、运营主管、业务主管、理财经理、大堂经理、综合柜员等岗位，明确岗位责权，将各项责权落实到岗到人。此外，各专业条线部门结合本行实际制定并完善相关规章制度，形成流程管理体系，并制定了与业务流程相适应的风险防范措施，调整优化风险防控体系，提升流程优化后各岗位、各条线的风险防范能力，稳步推进流程银行建设，逐步实现向流程银行的转变。

绵阳市商业银行按照"强化责任，确保目标和战略的实现；简化流程，适应顾客的需求和市场的变化；促进创新，提高管理、协调和协作效率"的方针设立组织机构。"三会一层"组织架构、职责边界、履职要求等治理机制完善，公司治理主体独立运作、有效制衡、相互合作、协调运转。在全省城市商业银行中首家全面获得ISO 9001：2008质量管理体系认证，成功引进国际金融公司援助项目——信用风险评级体系，科学构建了战略管理体系、组织管理体系、人力资源管理体系、质量和内控管理体系。

第三节
重心零售化建设

通过组织管理和对组织架构的变革达到零售业务战略目标的执行,继而提升零售业务的核心竞争力。

一直以来,零售业务都是现代银行的核心业务之一,也是各大银行转型的基础业务。面对经济新常态及利率市场化的金融新生态,国内城商行纷纷将发展零售业务作为主要战略方向提上议事日程,而零售转型也逐渐成为城商行整体战略转型的重要组成部分。

绵阳市商业银行对于发展零售业务的战略眼光一直不减,从"助增价值、服务成长"的经营理念,到"中小企业伙伴银行、城乡居民贴心银行、社区服务特色银行、地方经济助力银行"的市场定位,再到小企业信贷中心、个人金融部、个人贷款中心、互联网金融事业部的机构设置,无不体现出业务重心零售化建设的决心。绵阳市商业银行通过组织管理和对组织架构的变革达到零售业务战略的执行,继而提升零售业务的核心竞争力。通过积极主动、全方位的市场开拓,逐步构建客户结构好、品牌知名度高的区域性最佳零售银行。

零售业务组织架构

小企业信贷中心、个人贷款中心、个人金融部、互联网金融部、财富管理中心等部门的设立,为绵阳市商业银行零售业务搭建了有效的组织架构。

匹配自身战略转型的组织架构对于城商行零售业务发展至关重要,它使城商行零售业务更好地适应外部环境的变化,并能最大限度地调动自身资源为战略转型服务。

利率市场化进程的逐步深入倒逼了传统零售业务经营模式的转型，城商行亟须加强零售条线管理，进一步深化零售业务领域的深耕细作，从初期较为粗放的价格战转向精细化管理，才能从根本上提升零售业务竞争力。

伴随金融市场化改革及社会经济环境的迅速变化，客户群体需求日趋复杂化、个性化，从传统存贷汇向涵盖电子银行、财富管理、信用卡等新兴业务在内的多样化金融服务转变，并且对金融服务的差异化、个性化需求逐步提升。这种转变对城商行零售业务的专业化经营提出更高的要求，也成为驱动城商行加快组织架构改革的重要引擎。

2010年2月，绵阳市商业银行设置了个人贷款中心，成为服务个体经济和个人消费群体的专营部门，以此践诺市民银行、社区银行的宗旨；2013年将资金营运中心更名为金融市场部，以进一步改变单一依靠贷款利差盈利的模式，加大了投资理财业务的发展步伐。

2009年6月，在总行设立小企业金融部。于2015年1月29日经监管部门批复，升格为分行级专营机构——小企业信贷中心，进一步提升对全行小微企业金融服务的指导、管理和服务职能。

2013年6月，将新华支行升格为管理支行，与总行个人贷款中心实行两块牌子，一套人马。

2014年4月，成立理财中心。

2016年7月，设立总行互联网金融事业部，将电子银行部整体并入互联网金融事业部。

2019年，绵阳市商业银行成立财富管理中心（二级部门），专营零售财富管理。

小企业信贷中心、个人贷款中心、个人金融部、互联网金融部、财富管理中心等部门的设立，为绵阳市商业银行零售业务搭建了有效的组织架构。

与此同时，柜员、客户经理条线等职级改革评审工作全面落地，小微和个人客户经理职级制建设积极推进，努力打通员工发展"双通道"。城区机构整合有序推进，将两个业绩规模小的管理支行进行了合并。按照专业化、特色化、精品化建设目标，抓紧推进城区网点的持续优化和智能化转型。

绵阳市商业银行"以客户为中心"重塑零售业务组织架构，通过打造传统个贷业务、小额信贷、财富管理、银行卡、社区金融等零售业务支撑体系，逐渐形成零售板块清晰的发展路径，从而为零售业务战略打下坚实的基础。

定制化零售服务

绵阳市商业银行从传统存贷汇向涵盖互联网金融、财富管理等新兴业务在内的多样化金融服务转变，满足客户对金融服务的差异化、个性化需求。

新成立的财富管理中心秉承着"以客户为中心，以稳健为根本"的经营理念，为高端客户提供集"全方位、个性化、私密性"为一体的一站式金融服务，在资产配置、贷款融资、投资咨询、法律及税务咨询等专业领域提供综合性金融服务，通过建立四大专属体系，助力客户实现财富的保值、增值与传承。

专属团队。"1+1+N"的团队服务模式，提供"一个客户经理、一个财富经理、整合全渠道资源"的服务模式，为客户提供定制化财富方案。专属个人客户经理提供优质服务和日常业务管理。专属财富经理提供投资分析、资产配置建议等综合性的财富管理服务，联动全渠道资源，制定金融方案，涵盖信托、证券、保险等金融领域和法律、税务、会计等专业范畴，并由资深专家团队，全方位提供专属服务。

专属卡。在体验绵阳市商业银行财富管理中心的财富管理、综合金融和专享增值服务的同时，时刻展现尊贵身份。20余项的费用减免，在"科技城卡"的现有手续费优惠下，新增个人存款证明、二手房资金监管手续费、网上银行年费、个人账户短信服务、个人跨行柜台转账汇款手续费等项目的费用减免。

专享增值服务。签约客户免费享受医疗健康服务、机场要客通道服务、法律和会计咨询服务，VIP 柜面办理专用通道客户可在本行网点享受 VIP 专用柜台服务。

专属产品。其包括存款、理财、信托、保险、信贷等。

近年来，绵阳市商业银行个人金融业务突飞猛进，成绩斐然。

截至 2020 年 6 月末，全行个人存款余额 352.08 亿元，较 2015 年末增长 209%，高于全行存款同期增长率 42 个百分点。个人存款占全行存款的比重为 42.3%，较 2015 年提高 5.8 个百分点。2016—2020 年 6 月末，累计发行理财产品 811 期，累计募集资金 375 亿元。

持续开展客群定向营销，丰富创新营销宣传形式。一是开展定向客群营销。持续开展定向客群精准营销，针对低效存量、中老年客户、企事业单位职员、棚改拆迁、社区居民、外出务工返乡等主流优质客群，指导分支行持续开展客群营销活动，2020 年启动了重点个人客群标准化营销活动，取得了较好的效果。二是创新营销活动形式。通过多种形式丰富了个金营销宣传内容，结合时事新闻热点、传统节假日及二十四节气开展"事件营销"，利用微信公众号及海报进行"线上营销"。三是开展专题研讨会。在全年按季度按城区、分行、县支行等分别召开研讨会，围绕"代发业务""客群营销""高净值客户营销""优质服务"等专题展开讨论，统一思想，凝聚共识，提升工作。定期梳理个金优秀营销案例及优秀客群营销案例向全行分享，调动营销积极性。四是推进个人客户经理队伍建设，在广泛调研和征求意见的前提下，拟定了个人客户经理管理办法，为后续个人客户经理队伍的建设工作打下坚实基础。五是联动代发工资客户，增加优质客源，各分支行紧密围绕活动并结合各自情况开展针对性营销，高新科技支行、总行营业部分别在学校、企业代发业务取得重大突破，南充分行、游仙支行的行政事业单位代发业务更是取得了历史性突破。根据城市棚改工作实际,积极推进棚改拆迁客群营销工作,成效较为明显。

启动优质服务提升年活动,打造"有温度"的口碑银行。一是推进优质服务提升活动。在全行深入开展"优质服务提升"专项活动,持续收集"有温度的服务"典型案例,并印制成册向全行各单位发送,引导基层行学习身边的典型案例,不断提升优质服务水平。二是开展优质服务"回头看""优秀典型案例学习月"活动,组织全行开展学习讨论会,收集各行学习、讨论心得,以典型案例为鉴,促进优质服务提升。组织各网点按照《银行营业网点服务基本要求》加强软硬件建设,不断改进软硬件服务环境。三是狠抓问题投诉处理。按月汇总整理客户投诉,建立客户投诉处理台账,全面记录被投诉的日期、渠道、类别、等级、处理结果、是否为有效投诉、扣分等要素,根据每月客户投诉台账制作《绵阳市商业银行重要渠道投诉案例汇总及处理意见》。通过上述措施持续引导全行"重视服务""关心服务",提升员工营销服务意识,打造"有温度"的口碑银行,进一步增加了客户满意度,形成了较好口碑。

以财富管理中心为依托,大力拓展高净值客户群体。一是完善财富中心制度。制定财富中心客户经理职责和考核管理办法,进一步规范财富中心运行机制。二是开展市场调研。财富中心对同业市场及本行产品进行摸底调研,完成绵商宝系列产品的研发。与个贷中心协调研讨提出了个贷产品需求。三是加强与分支行联动,协助做好高净值客户营销工作,结合实际提出指导意见和解决方案。四是搭建高净值客户权益。财富中心全面完成客户的贵宾出行、医疗服务、税务法律咨询、教育服务等权益体系搭建,力争为高净值客户提供有品质、有特点的增值服务。五是组织开展专享活动。举办"易学讲座·珠宝展览""秋收冬藏·养生有道"专题讲座和"缤纷六月·全家畅享""名医面对面专家问诊"等活动,协助支行承办"绵阳女企业家协会金融专题分享会",为分支行搭建与高净值客户沟通交流的平台。六是协同开展高净值客户服务。每月进行全行高净值客户数据分析,结合CRM系统数据进行分层管理,根据分支行需求协同分支行为高净值客户量身定制服务方案和提供产品支撑,实现优质客户财富与品质的同步提升，快速推动全行高端客户市场的占有率。经过制度建设、产品研发、客户权益定制、系统研发等一系列方面工作，财富中心工作成效逐步显现。

优化网点区域布局，打造一流精品网点。一是优化网点布局。在总行层面召开网点布局优化推进会，分析全行网点现状全面推进网点优化布局。二是加快星级网点创建。每个年度组织全行开展全国银行业文明规范服务星级网点创建工作，如2019年全行8个参与创建的网点被中国银行业协会命名为"星级网点"，其中5星级1个、4星级2个、3星级5个。

在个人贷款方面，完善制度、平台建设，逐步做好全行个人贷款的标准化、流程化、合规化建设，推动个人贷款市场占有率提升。

2018年，按照存量房交易监管系统要求，对存量房按揭贷款流程进行再造，确保新系统与信贷系统、核心系统数据的勾稽关系及业务的可操作性。为增强市场竞争能力，适时推出存量房贷款资金监管服务，与数十家存量房中介机构签订按揭贷款合作协议。

与此同时，在互联网贷款业务领域，推出"秒贷"产品，依托手机银行线上渠道，向进入银行白名单库的客户，提供信用贷款。白名单客户在手机App端发起贷款申请，通过审批后，在授信额度和额度有效期内，自主提款还款，随借随还，循环使用。秒贷是绵阳市商业银行自主开发的第一款在线个人贷款产品，自主建立个人信用贷款打分卡模型、个人征信报告解析模型，探索了合同在线存证等技术。秒贷的开发及成功上线也为更多在线产品的推出奠定了技术和制度基础，意义重大。

为增加手机银行活跃客户数，向个人客户提供"我的贷款"查询功能，在手机App完成贷款余额、利率、期限、还款方式、还款明细和还款计划的查询。

为提高个人客户体验度，2018年10月起，绵阳市商业银行正式向个人贷款客户提供手机银行自助提前还款服务。该业务的推出提高了客户的满意度。

为推进个人贷款标准化流程建设，绵阳市商业银行于2019年1月1日正式启用新版个人购房担保借款合同和该合同的在线打印。新版合同不管是在内容上，还是形式上均更加符合绵阳市商业银行内部风控要求及市场需求。本次实现在线打印的贷种包括个人住房按揭贷款、个人二手房屋贷款、个人商用房按揭贷款、个人二手商用房按揭贷款四类。同时个贷中心还向绵阳地区公积金住房委托贷款承办行提供公积金贷款合同打印模板，逐步规范公积金贷款合同的书写。

新版合同的启用及手机银行自助功能的落地，为绵阳市商业银行个人消费贷款实现自动化操作拉开序幕。随后，个人住房按揭贷款的在线自动审批、进件资料 OCR 识别、客户申请信息自动导入功能开发上线，大幅度缩减前台业务人员案头工作时间，提高客户体验，助力零售业务转型。

2020 年 6 月 1 日，绵阳市首家融合儿童财商教育体验式银行在绵阳市商业银行长兴支行落地。

绵阳市商业银行长兴支行位于绵阳市涪城区安昌路 66 号富临·时尚天街项目商业 1 楼和 2 楼，面积 1500 平方米，一楼为营业场所，二楼设置有玩具馆、图书馆、裸眼 3D 沉浸式科技体验馆、多功能厅。该支行以儿童财商教育为主题，以关爱孩子财商教育为宗旨，以孩子和家庭金融需求为切入点，为会员客户提供丰富多彩的亲子活动、寓教于乐的体验课程以及专属的金融产品和增值服务，让家长和孩子在生活场景中享受定制化的金融服务。

绵阳市商业银行将把长兴支行建设成为一个集创造、交流、合作的欢乐社交平台，为孩子们提供一个促进智能多元发展的教育平台。

这无疑是向零售银行转型的一次创新尝试。

中 篇
形而下之器

第六章 人力资源战略

激励约束，职级畅通，优化资源，增强内生发展动力。

本章导读：

◎绵阳市商业银行从"化解历史包袱"到"改革稳健发展"再到"转型升级建设区域最佳银行"的企业发展战略路径，决定了其人力资源战略重心亦从"基本的人事制度改革"到"人力资源优化管理"再到"战略人力资源管理"的发展路径。每一阶段的人力资源管理安排旨在支持银行战略目标的实现。

◎新成立的绵阳市商业银行总行内设人事教育处，负责全行人事管理。这是一种传统人事制度安排之下的机构设置，旨在解决体制过渡时期的人事遗留问题。不过，这种行政化的管理却制约了新体制下的人力资源管理水平的提高，存在诸多不利因素与管理风险。

◎围绕"竞争激励机制、人事分配制度及考核评价体系"的人事制度机制改革成为新成立的绵阳市商业银行人力资源战略重心。一系列的人力资源管理改革操作为绵阳市商业银行实施战略人力资源管理做好了准备。

◎大力实施人才兴行战略，通过人力资源

规划、政策及具体实践，获取具有竞争优势的人力资源配置。

◎确立"人力资源是决定银行成败的关键因素"思想；明确人力资源管理核心职能是参与企业战略决策，根据内外环境的需要倡导并推动变革，进行银行整体的人力资源规划和实践；要求人力资源管理与战略规划保持动态的多方面的持续的联系，直接融入企业战略形成和执行的过程中。

◎坚持遵循"五湖四海、任人唯贤"和"德才兼备、以德为先"原则，营造出选人、育人、用人、留人的良好环境，建立科学完善的激励及约束机制，充分调动和发挥人才的潜能，使人才真正成为银行的核心竞争力。

◎建设区域最佳银行战略所需的人力资源队伍是绵阳市商业银行战略性人力资源管理的目标，而其核心职能与任务就是包括人力资源配置、人力资源开发、人力资源评价和人力资源激励，从而构建科学有效的"选人、育人、用人和留人"人力资源管理机制。

◎绵阳市商业银行新时期要解决的问题是，如何从体制驱动转向制度驱动、人才驱动，如何实现从"人治"到"法治"的跨越，如何建立组织理性、制度性权威。

◎以职位价值定工资，以任职资格定晋升，以工作绩效定奖金；关键绩效考核指标与战略分解相一致，劳动态度评估与文化、价值观相一致。

第一节
人事制度改革

从"人事制度改革"到"人力资源优化"再到"战略人力资源管理"，绵阳市商业银行每一阶段的人力资源管理安排旨在支持银行战略目标的实现。

人力资源战略是指企业对所处的内、外部环境和条件以及各种相关因素进行全面系统分析的基础上,从企业全局利益和发展出发,就企业人力资源开发与管理所做出的总体规划。人力资源战略是企业总体发展战略的重要组成部分,是企业的一项重要的职能战略,企业总体发展战略是企业人力资源的前提和基础,企业人力资源战略为实现企业总体发展战略提供有力的人力资源支撑平台。

显然,对于中国城商行这个特殊的群体而言,人力资源战略并非一蹴而就。伴随内外环境与条件的不断变化,绵阳市商业银行从"化解历史包袱"到"改革稳健发展"再到"转型升级建设区域最佳银行"的企业发展战略路径,决定了其人力资源战略重心亦从"基本的人事制度改革"到"人力资源优化管理"再到"战略人力资源管理"的发展路径。每一阶段的人力资源管理安排旨在支持银行战略目标的实现。

人力资源风险

新成立的绵阳市商业银行总行内设人事教育处,负责全行人事管理。这是一种传统人事制度安排之下的机构设置,旨在解决体制过渡时期的人事遗留问题。不过,这种行政化的管理却制约了新体制下的人力资源管理水平的提高,存在诸多不利因素与管理风险。

资金、信息、人才是现代商业银行经营的三大核心要素,其中,人才是银行竞争优势的核心,完善、合理、科学的人力资源管理体系的构建是城商行吸引、留住、激励人才,提高核心竞争力的根本。但受历史原因的影响,成立之初的城商行人力资源管理却面临诸多风险。

2000 年,绵阳市商业银行成立之初在总行内设人事教育处,负责全行人事管理。

显然,从这个内设部门的名称就能体会到,这是一种传统人事制度安排之下的机构设置,沿用了机关事业单位的行政体系,旨在解决体制过渡时期的人事遗留问题。不过,这种行政化的管理却制约了新体制下的人力资源管理水平的提高，存在诸多不利因素与管理风险。

第一是体制风险。

首先，功能定位偏低。绵阳市商业银行从原来的信用社改革而来，其在人力资源管理方面基本上沿袭的是计划经济时代事业单位的人事管理方法，所以，其管理理念带有明显的计划经济色彩：把现代人力资源管理与传统的人事工作相等同，仅仅局限于诸如员工调出、调入、工资发放、档案管理等事务。由于未能参与到银行的战略、规划、目标等更高的层面，从而难以从根本上理解与支持绵阳市商业银行的战略发展规划，不能有效支撑银行战略发展的目标。

其次，体制回归风险较重。受传统环境的影响，人事管理存在诸多的非理性现象，"体制回归"也日益成为其人力资源管理面临的重大问题之一。其主要表现在：由于手握人事权，人力资源部门地位优越感浓厚，与其他职能部门联系不够，事难办、脸色难看的工作作风普遍存在；人力资源配置的"行政渗透"苗头有增长的趋势，关系、人情、面子及地方行政权力渗透等因素的影响使部分城市商业银行在人员引进伊始就把关不严，严重影响了其可持续发展。

第二是招聘风险。

首先，招聘规划方面，缺少整体性规划，往往是哪里缺人哪里补，招聘具有较大的随意性，政策缺乏连贯性和系统性，不能从全行的战略角度把握用人需求。

其次，中、高层管理人员的融合、发展方面，由于历史发展原因，新成立的绵阳市商业银行在业务发展过程中，中、高层管理人员的增加主要都是从其他行业，特别是国有商业银行引进。这在一定程度上满足了银行发展对人才的需求。但一方面，因用人机制不尽完善，大部分引进的中、高层管理人员集中在总行。另一方面，由于引进的中、高层人员在原工作单位工作时间一般都比较长，在拥有经验的同时，也积淀了原有企业浓厚的文化和工作作风。如何消除不同企业背景下的文化理念冲突，实现新环境下的企业文化融合，提高企业员工工作效率与凝聚力也成为摆在新成立的绵阳市商业银行面前的一个难题。

第三是培训风险。

首先,培训体制不健全。无论是在培训制度、机制还是评价体系方面都有待进一步完善。即使有培训,但往往也是为了应付业务工作的突击性培训,没有一套系统的培训计划与体系。培训不注重时效,只追求短期效应,培训的质量与效果往往得不到保证。

其次,新晋员工系统性培训不足。新晋员工入职后得不到系统培训,入行学习仍然是老式的"师傅带徒弟"的学习模式。一方面,由于这种学习模式人为因素占较大成分,"徒弟"不能得到系统、全面的学习,工作潜能不能被完全开发出来;另一方面,"师傅"的工作能力在很大程度上影响着"徒弟","师傅"工作中的弊病也很容易"传染"给"徒弟"。这不利于新员工系统、全面的发展,也不利于提升竞争力。

第四是规划风险。

首先,新员工的职业规划不健全。企业吸引、留住人才的关键在于是否能提供全面、系统、明确的职业发展道路,充分挖掘人才的职业潜能。

其次,岗位的设置与分配不科学。员工的调配由人事教育处统一管理,根据全行员工的流动情况,人事教育处统一负责全行各部门所需员工的招聘和分配任务。由于对各岗位所需人才了解不系统、不全面,这种由人事教育处统一调配的人力资源管理模式造成所招聘的人才不能做到人尽其职,从而严重制约了银行的发展。

显然,"人事教育处"这样一个机构设置并不能适应新体制下的绵阳市商业银行人事制度安排,极需对其按现代公司制度要求进行深化改革。

人事制度安排

围绕"竞争激励机制、人事分配制度及考核评价体系"的人事制度机制改革成为新成立的绵阳市商业银行的人力资源战略重心。

绵阳市商业银行和全国诸多城商行一样,由陷入重重困难的合作制信用社改制而来,从一开始就急需解决三大难题:完善公司治理、不良资产的处置及人事制度的改革。根据当时的外部环境与内部条件,"解除历史遗留包袱进而稳健发展"是成立之初绵阳市商业银行一个重要的阶段性战略目标,根据这个战略目标的要求,为适应银行生存和发展的需要,围绕"竞争激励机制、人事分配制度及考核评价体系"的人事制度安排成为当时人力资源战略重心。

2002年,绵阳市商业银行成立的第二年,内设部门更名、分设、调整为综合管理部,由综合管理部履行人力资源管理职能。

如果说体制改革为绵阳市商业银行改革发展明确了方向,提供了制度安排,那么新体制下的机制创新则是将绵阳市商业银行带入现代化公司管理的有效路径。机制创新将优化企业各组成部分之间、各生产经营要素之间的组合,提高效率,增强市场竞争力。

成立之初的绵阳市商业银行凤凰涅槃,急需浴火重生。改革推动者很清楚,所有的工作都待人来完成,需打造一支能打硬仗、善打胜仗的新团队。

引入竞争激励机制成为当时管理工作的首要任务。随即,绵阳市商业银行着手改革人事分配制度,签订全员聘用合同,建立起以效益为中心的考核评价体系。

这是一次矛盾丛生、对抗破立的艰苦改革。现在看来,似乎显得顺理成章、水到渠成,然而,当人们首次面对"打破铁饭碗"之时,就会表现出异常抵触的情绪,他们还没习惯新体制下的市场规则。所幸改革者顶住了压力，将此项改革创新坚强推进。

深入强化激励约束，不断充实人才队伍。加大全行机构、岗位和人员配置改革力度，合理调整柜面员工、客户经理比例。强化劳动合同用工管理，大力推进从业人员竞争上岗，加大违规违纪人员惩罚力度，建立和完善岗位能上能下、人员能进能出的用人机制。建立多层面、多方面的后备人才库，特别是中高级管理人员后备人才库、关键业务技术骨干后备人才库，并且有目的地进行培养和锻炼。

绵阳市商业银行二十年的发展历程证明，人事制度改革是必然，亦是必须，越早越有机会，越彻底越有利。

完成基本的人事制度安排后，绵阳市商业银行着手优化员工招聘及培训工作。2013年，完善新员工招聘渠道、招聘流程，实施新员工招聘标准化建设，完善了新员工培训课程体系，实现了新员工培训的模块化、标准化建设。同时，根据不同学历层次分别与普通工作岗位、柜员工作岗位签订新员工劳动合同，对进入其他工作岗位进行合同限制，为防止柜员工作岗位长期化、老化做出了长远安排准备，对新员工的学习、成长、成才形成了正向激励，同时形成了总行员工"凡进必考、竞争上岗"的氛围。

2014年拟定了绵阳市商业银行小微客户经理管理办法，对小微客户经理招聘、使用、考核、管理等进行了系统性优化。2015年，积极推进内训师队伍建设工作，开创性地采用全行招聘的方式搭建了内训师推动实施团队。

2015年，绵阳市商业银行引入用友公司绩效考核系统，建立起体现公平和保底的岗位绩效、体现存量业绩的经济利润、体现当年发展的条线业绩三位一体的新绩效考核方案。新绩效考核方案尽可能充分地考虑了绵阳市商业银行的各种可能，得到行内、行外的广泛认可。

一系列的人力资源管理改革操作为绵阳市商业银行实施战略人力资源管理做好了准备。

第二节
战略人力资源管理

大力实施人才兴行战略,通过人力资源规划、政策及具体实践,获取具有竞争优势的人力资源配置。

战略人力资源管理就是系统地将人与企业联系起来。将人力资源视为一种获取竞争优势的首要资源,强调通过人力资源规划、政策及具体实践,获取能与企业战略垂直匹配并能在企业内部活动间水平匹配的具有竞争优势的人力资源配置,并强调所有的人力资源活动都是为了达到企业目标。

进入新时期,绵阳市商业银行大力实施人才兴行战略,通过人力资源规划、政策及具体实践,获取具有竞争优势的人力资源配置。

在人力资源管理具体执行上,坚持公正、公平和公开,统一招录政策、统一管理办法、分级调配使用、分级考核评价,能进能出、能上能下。大力推进以人力资源优化、绩效薪酬、岗位职级为核心的重点改革,畅通员工职业发展通道,大胆选用想改革、谋事业、善经营的优秀人员。通过引进选拔一批年轻优秀管理人员、专业人才和大学生,充实人才队伍,提高专业化能力;通过完善、灵活、有效的绩效考核体系,充分调动全行上下的积极性。截至 2020 年 6 月末,全行在岗员工 1405 人,其中共产党员 622 名,本科学历 928 人,具有硕士研究生及以上学历学位员工 121 名,中级及以上专业技术人才 192 名。

战略管理思想

确立"人力资源是决定银行成败的关键因素"思想;明确人力资源管理核心职能是参与企业战略决策,根据内外环境的需要倡导并推动变革,进行银行整体的人力资源规划和实践;要求人力资源管理与战略规划保持动态的多方面的持续的联系,直接融入企业战略形成和执行的过程中。

2013年,绵阳市商业银行设立总行人力资源部,原综合管理部履行的人力资源管理职能划给人力资源部,董事会办公室与人力资源部合署办公。

2018年1月,单设董事会办公室,改变与人力资源部合署办公模式。2018年6月,总行在行党委下设党委办公室、党委组织部、党委宣传统战部,在纪委下设纪委办公室。党委办公室、党委宣传统战部与总行办公室合署办公,党委组织部与总行人力资源部合署办公。

在人力资源部门组织机构改革的进程之中,绵阳市商业银行逐步确立战略人力资源管理思想,建立先进的人力资源管理理念,提升人力资源管理定位。

确立"人力资源是决定银行成败的关键因素"思想;明确人力资源管理核心职能是参与企业战略决策,根据内外环境的需要倡导并推动变革,进行银行整体的人力资源规划和实践;要求人力资源管理与战略规划保持动态的多方面的持续的联系,直接融入企业战略形成和执行的过程中。

要求人力资源部从事人力资源管理的人员转变思想,从作业性、行政性事务中解放出来,更多地参与到战略人力资源管理工作上来,从局部的、辅助性的部门行政职能上升为全面的战略规划职能,将人才战略、规划、管理同全行的战略规划相结合,有效支撑全行战略发展的目标。

与此同时,绵阳市商业银行着力打造"以人为本"的企业文化。在注重全行总体快速发展的同时,依靠尊重员工、培养员工、开发员工、凝聚员工、激励员工、发展员工的发展内涵,建立起一个内部员工个人发展与全行总体战略发展相协调的运营机制,充分尊重员工自身发展的需求,加强对新、老员工的关心,培养属于自己的人才队伍,制定合理的员工晋升机制,把员工的个人发展纳入银行的战略发展规划当中,努力打造"待遇留人,感情留人,事业留人"的亲情化工作氛围,让员工在个人职业发展得到充分保障的前提下增强对银行的归属感与认同感,提高员工事业的成就感,让每一位员工都能从银行的发展中受益。

人力资源优化

坚持遵循"五湖四海、任人唯贤"和"德才兼备、以德为先"原则,营造出选人、育人、用人、留人的良好环境,建立科学完善的激励及约束机制,充分调动和发挥人才的潜能,使人才真正成为银行的核心竞争力。

2016年,绵阳市商业银行启动人力资源优化项目,从组织架构、岗位设置、薪酬管理、绩效管理四个方面对全行现有人力资源管理体系进行优化。

2017年,推进人力资源改革健全激励机制。董事会审议通过了全行人力资源优化项目改革方案,人力资源优化项目成功落地,新的内部组织架构、岗位职责、绩效体系改革顺利推进,进一步理顺了岗位职责,完善了以目标考核为中心的考核机制,强化激励约束,增强发展内生动力,全面推进客户经理和柜员职级建设,进一步畅通员工职业发展通道。

首先,建立科学的人才选拔机制。

人力资源开发与管理是一个系统工程,各个环节相辅相成。只有努力营造出"选人""育人""用人""留人"的好环境,建立一个良好的激励及约束机制,才能充分调动和发挥人才的潜能。

绵阳市商业银行创造良好的人力资源管理氛围,做好人才开发。在用人观念上,从注重专业技能和综合素质入手,大胆重用有独特技能的人才;人才选拔上,积极采用多种方式选拔人才,坚决打击用人腐败;在人才使用上，通过多途径提供实现个人价值的机会和优厚的待遇，留住人才，并发挥人才的作用。积极实施人才战略，建立健全各岗位职责及工作标准，做到人尽其才；在对个人做好激励工作的同时，通过多种途径来强化整体竞争意识，推崇团队精神，使人才真正成为银行的核心竞争力，推动银行的快速、健康、可持续发展。

严格把关，做好外部人才招聘引进工作。绵阳市商业银行在人才招聘工作中坚持遵循"五湖四海、任人唯贤"和"德才兼备、以德为先"原则，在绵阳市委市政府人才引进战略的指导下，结合银行的金融企业属性，根据经营管理及业务发展需要，制定了《员工招聘管理办法》，明确了引进、招聘工作流程及决策机制，规范了管理行为，并在具体实施中严格执行，取得了较好效果。

在基础的应届生招聘方面，执行严格的招聘录用程序，招聘总体方案和计划由行党委会决策确定，具体执行工作委托三方公司独立按标准完成。由三方公司经过招聘信息发布、简历筛选、笔试、初面、复面和体检等环节确定候选人选，并推荐至我行决策录用。2016年以来共招聘录用应届毕业生234人，体现了绵阳市商业银行和绵阳科技城对青年员工的吸引力，为本行的长期发展储备了人才。2018年，绵阳市商业银行参加了省委组织部组织的"招才引智"校园招聘会和四川省人才交流中心主办的知名高校"四川引才"校园招聘会，分别在清华大学、同济大学、重庆大学等高校开展了专场招聘会，吸引了一批高学历、高素质的应届毕业生。

在社会招聘方面，绵阳市商业银行采用多措并举、广开用人视野的工作方式，不断创新和探索对各类管理和专业人才引进工作机制，不断拓宽招聘渠道，建立了严格的工作标准和流程，包括对候选人的简历筛选与资料核实、初步面谈、面试评估组综合面试、甄别及党委会研究决定等工作。对行党委决策拟录用的人选，进一步核实候选人信息，聘请专业机构进行背景调查，同时要求提供个人征信报告、学历验证报告等材料，确保新录用的员工专业能力过硬，政治背景清白，无任何重大违规违纪行为。

在高端人才引进方面，引进了如首席信息官和公司业务部、个人金融部、运营管理部、高新科技支行等重要单位的主要负责人，让行业优秀人才集聚到绵阳市商业银行的改革发展事业中来。

公平公正，做好专业岗位和管理岗位公开竞聘工作。为建立有序的内部人才流动机制，给员工提供更多的职业发展机会，在做好外部人才引进工作的同时，绵阳市商业银行建立了对重要专业岗位和管理岗位的公开竞聘机制。

在总行部门层面，所有空缺岗位原则上都需通过全行公开竞聘选拔人选，选拔的条件公开透明，选拔的过程严格按流程执行。在具体过程中，对符合报名条件的候选人统一采用专业能力笔试与综合面试进行综合评估，并由评估小组将意见汇报至行党委会择优确定最终人选。

在分支机构层面，鼓励有较好人才储备、条件成熟的机构对客户经理、网点负责人等具有较高专业要求的岗位以竞聘方式选拔人选，给每位员工提供公平公正的成长机会，在各机构营造出良好的用人氛围。

严格把关，做好管理人员选拔工作。绵阳市商业银行高度重视对管理人员的选拔任用工作，根据中央、省、市关于干部选拔任用管理有关规定和要求，制定了《中层管理人员管理办法》，始终坚持党管干部原则不动摇，行党委全程参与管理人员选拔任用工作，不断强化党委在管理人员管理工作中的把关决策定向作用。始终坚持选人用人的工作标准，即：一是坚持"德才兼备、以德为先"的原则；二是坚持突出"重实干"；三是坚持突出"重公认"，确保被提拔使用的人员都是严守党风廉政规定，品行端正，工作能力和工作业绩突出，群众高度认可的优秀人员。

在选拔任用的具体工作中，绵阳市商业银行始终坚持规范化、科学化，不断加强选人用人体制机制建设，丰富和完善选任方式，利用组织提名、内部竞聘、外部招聘等方式，扩大选人用人的视野，规范选人用人工作程序，包括聘任条件、选拔方式、提拔流程、职务解除与辞职等环节，并在实际工作中严格执行。其中提拔流程包括酝酿、党委会动议、纪委前置审查、组织考察、党委会研究决定、全行公示、进行聘任程序。

绵阳市商业银行管理人员选拔任用工作各个环节措施有力，有机衔接,营造风清气正的选人用人工作环境,有效防范"带病提拔",保障了全行管理人员选拔质量。对于市场化公开招聘的管理人员,侧重行业监管机构信息公示、背景调查。对本行内部产生的人选,在人选酝酿阶段主要由董事长、行长、分管人力资源和条线工作的行领导及人力资源部讨论提出酝酿方案,党委会集体研究酝酿方案提出提拔动议;由纪委根据提拔动议对拟提拔人员是否存在"违法、违规、违纪行为,以及是否有廉洁从业方面的问题"进行前置审查,考察组通过民主测评、个别访谈等方式对其进行考察,并向行党委会提出审查意见;纪委前置审查后不存在影响提拔任用情节的,考察结果经行党委会研究后予以全行公示,公示结果无问题的正式发文任命。

绵阳市商业银行在防止干部带病提拔中坚持做到"四凡四必":干部档案"凡提必审",个人有关事项报告"凡提必核",纪检监察机关意见"凡提必听",反映违规违纪问题线索具体、有可查性的信访举报"凡提必查"。通过综合运用查阅资料、360°民主测评、个别谈话、业绩评估、调查核实等定量考核与定性评价方法,全面深入了解掌握拟用人员情况。2016年至今,共引进中层管理人员 27 人,内部选拔管理人员 66 名。

第二,拓宽员工职业发展路径。

双向拓展,做好人才发展通道建设工作。为更好地支持全行战略发展,强化正向激励,近年来积极改革和建立了多元的员工职业发展通道,制定了《员工岗位序列与职级体系管理办法》,在原有的管理序列单序列发展通道基础上,建立了包含管理序列、专业技术序列和运营支持序列的多序列发展通道。在此基础上,根据各岗位管理需求,细化完成全行各岗位的职位族划分工作,并相应将各职位族按照岗位序列的分类方法归纳到了各发展序列。除管理岗位外,全行共建立专业技术序列职位族 17 个,运营支持序列职位族 3 个。

为客观体现员工在各发展通道中的位置,落实员工的多通道发展目标,实现员工职业发展与薪酬发放的有机衔接,确定了不同职位族的纵向发展空间,包括专家、资深、高级、中级、初级共五级,每一级划分为三个等级。通过纵向的发展路径设计，让优秀的员工通过专业序列的发展通道能达到中层管理人员的职级，真正实现人尽其才。

分级分类，做好人才培训发展工作。人才培训工作是选拔用人工作的重要环节。在人才培训机制建设方面，绵阳市商业银行制定了《培训管理办法》《内训师管理办法》，搭建了以内训师为基础平台，以管理序列和专业序列为双主线，多层次、全覆盖的培训体系。

一是建立分级分类培训体系。管理序列的培训建立了由包括"雏鹰、飞鹰、雄鹰、金鹰、鲲鹏"的五鹰培训体系，培训对象分别包括青年骨干人才、基层管理、中层副职、中层正职、行领导五类人群；专业序列的培训，针对不同的岗位从初级、中级、高级、资深、专家进行与其岗位能力模型相匹配的上岗、在岗、提升的培训方案。

二是建立培训师资队伍体系。通过外部专家库建设和内部培养相结合方式，组建培训师资队伍。内部师资主要开展以专业类、文化类为主，通用类为辅的基础性课程授课。外部师资主要完成管理类、专业类及行业领先的相关课程授课，目前合作了近20位外部老师。

三是建立培训课程体系。逐步完善核心岗位的学习地图。以客户经理为例，首先针对各类客户经理进行了岗位梳理，归纳出初级到专家级别应该具备的能力及工作要求，然后参考行业的标准，根据能力、应知应会、工作要求等为客户经理搭建了知识架构模块。

为加快人才成长的速度，全行还建立了员工的双向交流机制，通过多岗位锻炼和总行、分支行的双向锻炼，以岗代训，使员工不断提升自己的业务能力。

第三，构建市场化激励与约束机制。

分配激励是人力资源管理与开发的重要环节。采取以岗位为参照、以绩效为导向的收入分配制度，通过区分岗位技术复杂程度并确定系数使每名员工的劳动成果被尽可能地量化，员工薪酬的多少、职务的升降全靠业绩说话，谁贡献大谁就收入高、升职快，充分体现平等竞争的原则，减少人为因素的制约。

为更好激励员工,特别是激励管理人员在新时代下的新担当新作为,近年来,绵阳市商业银行持续探索并不断优化完善激励与约束并重的考核体系,在国际知名人力资源咨询公司韦莱韬悦的咨询帮助下,制定了对分支行机构的考评办法,对总行部门的考评办法,对管理人员的考评办法和对其他员工的考评办法,形成了从总行到各分支机构的自上而下的分层级、分类别绩效考核体系,包括对单位的考核以及对员工的个人考核。考核办法的制定、考核目标确定、考核执行、结果运用的各环节工作中,都充分体现了行党委的决策作用,同时由稽核监察部负责监督管理考评工作的公平公正性。

绵阳市商业银行的激励与约束体系,重视了与同业市场的实时对标,强化市场化的契约精神,注重激励与约束并重,注重业绩考核与风险考核并重。建立了绩效等级实行强制分布的机制,绩效等级由高到低分为"A(优秀)""B(良好)""C(称职)""D(基本称职)""E(不称职)"。有效落实了员工考核结果个人收入与职业发展紧密挂钩的结果应用机制,较好地实现了职务能上能下、收入能增能减、人员能进能出的考核导向。2016年以来有4名中层管理人员因考核结果原因被降职,2名中层管理人员因考核原因被免职,30余名中层管理人员因为业绩优异获得提拔,同时员工的收入特别是管理人员收入也合理拉开了差距。

通过这套激励与约束并重的体系,绵阳市商业银行在不拘一格选拔人才,多种方式考核人才、用对人才的同时,也树立了干事创业的鲜明导向和企业氛围。

第四,营造风清气正氛围。

全面从严治党的实践证明,人才不仅是培养选拔出来的,也是严格管理监督出来的。为建设一支政治素质过硬,具有底线意识,在政治上和工作上都过得硬的高素质专业化人才队伍,绵阳市商业银行高度重视风险防控体系建设,高度重视对管理人员的监督管理工作。

针对银行业用人管理的特点,绵阳市商业银行制定了《个人重大事项报告管理细则》《关键岗位轮换和强制休假管理细则》《员工行为规范》等办法。其中在重岗管理方面，绵阳市商业银行在监管机构的指导下不断完善对重要岗位和风险岗位的定期轮换机制，每年年初确定年度轮岗计划，并严格执行到位。在业务操作风险防范方面，绵阳市商业银行建立了严格的会计检查制度和事后监督制度，避免因道德风险和操作原因导致风险事件。在员工日常行为管理工作方面，建立了员工违规行为积分制度，对员工的违规行为予以记录，作为人员处罚或岗位调整等的重要依据；建立了员工征信报告提交制度，防范员工存在个人经济安全隐患等问题；建立了员工日常行为排查制度，坚决禁止员工各类不良行为，坚决禁止员工经商办企业。在高级管理人员风险防控工作方面，严格落实个人重大事项报告制度和家庭财产报告制度。

在构建风险防控机制的同时，全行狠抓党风廉政建设工作，充分发挥纪委和稽核监察部门在党风廉政建设中的作用，各单位每年签订党风廉政责任书，落实一把手的自律和监管责任。在对中层管理人员的选拔任用时，坚持做好任前谈话和廉洁谈话制度、任职公示制度，严防带病提拔，把好党风廉政关口。

五大战略体系

以职位价值定工资，以任职资格定晋升，以工作绩效定奖金；关键绩效考核指标与战略分解相一致，劳动态度评估与文化、价值观相一致。

建设区域最佳银行战略所需的人力资源队伍是绵阳市商业银行战略性人力资源管理的目标，而其核心职能与任务就是包括人力资源配置、人力资源开发、人力资源评价和人力资源激励，从而构建科学有效的"招人、育人、用人和留人"人力资源管理机制。

近年来，绵阳市商业银行基于银行的战略目标来配置所需的人力资源，根据定员标准来对人力资源进行动态调整，引进满足战略要求的人力资源，对现有人员进行职位调整和职位优化，建立有效的人员退出机制以输出不满足公司需要的人员，通过人力资源配置实现人力资源的合理流动。

同时，对银行现有人力资源进行系统的开发和培养，从素质和质量上保证满足银行战略的需要。根据银行战略需要组织相应培训，并通过制定领导者与管理者继任计划和员工职业发展规划来保证员工和银行保持同步成长。对公司员工的素质能力和绩效表现进行客观的评价，一方面保证银行的战略目标与员工个人绩效得到有效结合，另一方面为银行对员工激励和职业发展提供可靠的决策依据。依据公司战略需要和员工的绩效表现对员工进行激励，通过制定科学的薪酬福利和长期激励措施来激发员工充分发挥潜能，在为银行创造价值的基础上实现自己的价值。

2019年12月，绵阳市商业银行迈进千亿元级城商行阵营，进入四川城商行一梯队。对于绵阳市商业银行而言，这是机会，亦是挑战。构建与之匹配的人力资源队伍，方能稳居一梯队，方能实现更长远的战略发展目标。为此，绵阳市商业银行要解决的问题是，如何从体制驱动转向制度驱动、人才驱动，如何实现从"人治"到"法治"的跨越，如何建立组织理性、制度性权威。

当前，绵阳市商业银行在新一届领导集体管理之下，正在努力建设人力资源管理五大战略体系。

第一步是把"坑"和"萝卜"分开，在职位上对这个"坑"进行评价；第二步是评价人，也就是"萝卜"，看看他适合放在哪个坑里，然后把合适的"萝卜"放在合适的坑里；第三步是看萝卜能长多大，就是评估绩效。

一言以蔽之：以职位价值定工资，以任职资格定晋升，以工作绩效定奖金；关键绩效考核指标与战略分解相一致，劳动态度评估与文化、价值观相一致。

职位薪酬体系：

在绵阳市商业银行的人力资源管理战略安排中，将对每个职位所要求的知识、技能、工作职责等相关维度的价值进行评估，根据评估结果将所有职位归入不同的薪酬等级，每个薪酬等级包含若干综合价值相近的一组职位。然后根据市场上同类职位的薪酬水平确定每个薪酬等级的工资率，并在此基础上设定每个薪酬等级的薪酬范围。要综合职位或岗位薪酬体系、技能薪酬体系以及能力薪酬体系三种薪酬体系因素，建立以工作及以人为基础的薪酬体系。

借助顶尖企业管理咨询机构的力量，制定科学化的薪酬体系，用以客观评价正常情况下每个岗位的能力要求、风险和责任度，建立起完善的薪酬架构体系，以实现银行内部价值分配的相对公平。

绩效管理体系：

要将业绩和行为两部分融合起来，业绩部分充分引用KPI的各项指标，强调绩效评估；行为部分主要指员工每个阶段所需要做的事和需要改进的内容，强调能力评估，形成绵阳市商业银行的价值评价体系。工资、奖金、股权等应该怎么分，都靠这个体系来提供依据。

KPI体系是与战略地图挂钩的，根据不同时期所制定的不同战略目标，对应的KPI指标也不一样。然后这套KPI指标会由上至下地分解到各个系统、各个岗位，从而成为考核的标准，每个岗位都有所不同。

任职资格体系：

实施能力主义工资，即职能工资制度。其考核工具是任职资格体系。每个职业都有相应的职业资格标准，且每个级别对应一套技能结构。未来绵阳市商业银行的任职资格体系就是要把最好的经验全部总结提炼，形成一套标准化的、可复制的模板，从经营人才的企业转向经营知识的企业。

素质模型体系：

显然，任职资格体系和素质模型是两个概念。任职资格体系更多的是一种对日常工作行为的要求，比如一个优秀的销售人员应该具备如何去收集信息、和客户的沟通交流、进行项目公关等各类技能素质。而素质模型更侧重人才的内在特质，譬如个体的成就感、影响力等，这些特质往往不是培养出来的，而是选择出来的。所以绵阳市商业银行在员工晋升的时候将更多地使用任职资格体系，而在招聘当中会更多地使用素质模型。

工作态度评估体系：

将工作态度的五个维度结合起来评估员工的工作态度，包括敬业负责、高效执行、开放合作、关注品质及主动学习。

是否敬业负责，是要看是否热爱自己的工作及岗位，对自己的工作行为及结果负责。是否高效执行，是要看能否准确理解并高效落实上级的决策意见和指导思想，快速将想法或计划转化为行动。开放合作，是要看是否心态开放、尊重他人，具有合作精神，在工作中主动为他人提供帮助与支持。关注品质就是是否严格按照工作流程及标准开展工作，努力保证工作结果和质量达成的稳定性。主动学习是利用各种机会加强学习，提高自身的业务能力和专业水平。

银行从业人员都是具备独立思考能力的知识型员工，而对知识型员工的管理是公认的世界性难题，绵阳市商业银行未来的人力资源管理方向是把员工工作态度"主人化"与工作行为"流程化"融合起来，打造具备超强战斗力的人力资源队伍。

第七章 金融创新

特色金融,差异服务,增强市场竞争力。

本章导读:

◎《商业银行金融创新指引》是中国银行业监管史上第一次专门针对商业银行的金融创新活动进行全面规范和引导颁布的文件,标志着中国银行业金融创新跨入一个新的发展阶段。其提出了对商业行实行"鼓励创新和防范风险"的监管思路,核心内容为:鼓励发展、强调规范、服务客户、教育公众。

◎鼓励和大力支持商业银行在审慎经营的基础上开展各种创新活动,鼓励商业银行在新产品立项、设计、投产、销售等各个环节加强与监管部门进行事前、事中和事后的沟通,避免创新的盲目性。

◎倡导商业银行在开展金融创新活动时遵循国际通行惯例和基本原则的同时,做到"认识你的业务""认识你的风险""认识你的客户""认识你的交易对手"。

◎通过鼓励和规范商业银行金融创新活动,使广大社会公众享受到更加安全、优质、便捷的金融服务。

◎一方面强调商业银行要切实维护金融消费者利益，另一方面也要积极推动广大金融投资者加强对"买者自负"这一市场经济原则的认识。

◎绵阳市商业银行将"稳健经营、改革创新"作为全行战略发展方向，制定了《绵阳市商业银行金融创新管理办法》，围绕"金融创新"进行了一系列制度安排与落地实践。

◎围绕"改变过时的、不利于发展的旧观念，提出科学有效、有利于发展的新结论、新观点、新建议，并能够得到认可和推广运用"的观念创新，围绕"管理活动适应市场发展和客户需求的变化，创造性地使用新方法、新手段、新流程、新措施等，从而提高管理质量、管理效能"的管理创新，围绕"金融产品、管理技术研究与应用方面的创造发明或改进"的产品、技术和服务创新。

◎通过打造"科技金融结合"的特色支行，建立"科技信贷主导"的专营机构，开创"科技链条服务"的发展模式；通过打造小企业信贷中心分行级事业部，建立以小微企业客户需求为导向、以丰富多样的产品为支撑、以快捷的审批机制为保障、以专业化经营团队为基础的小微企业贷款市场拓展模式。

◎高新科技支行实施独立化信贷管理机制，区别化激励约束机制，专业化风险防控机制，逐步形成一套科技金融特有的信贷文化和风险评价技术。而在小微金融方面，坚持服务机构专营化、服务流程高效化、服务产品专属化、服务团队精英化、信贷规模倾斜化、考核机制单独化，不断加强和改进金融服务水平。

◎深入了解科技型企业的发展规律和内在需求，针对科技型企业"轻资产、重技术"的特点，为解决常规信贷方式无法满足科技型企业融资需求的难题，开创了"金铀子"系列产品和"涌泉贷"系列产品。

◎向供应链金融模式转型，依托集中市场、园区、核心企业，开展批量化的信贷业务，对供应链上下游企业提供综合金融产品和服务。探索"互联网＋供应链金融"新模式，银行、核心企业、上下游中小微企业以及物流企业一起搭建一个开放的、交互的、信息共享的大网络，缓解小微企业融资难、融资慢的问题。

第一节
监管引导

《商业银行金融创新指引》是中国银行业监管史上第一次专门针对商业银行的金融创新活动进行全面规范和引导颁布的文件，标志着中国银行业金融创新跨入一个新的发展阶段。其提出了对商业银行实行"鼓励创新和防范风险"的监管思路，核心内容为：鼓励发展、强调规范、服务客户、教育公众。

在全面履行对WTO承诺的前夜，为创造中外资商业银行平等竞争与深入合作的良好环境，鼓励和支持中外资银行充分发挥各自的竞争优势，加快金融创新步伐，原中国银监会于2006年发布了《商业银行金融创新指引》（以下简称《指引》）。

按照国际通行原则，在评价一家银行或一国银行业的金融创新能力和水平时，主要是通过分析其收入结构来评判其金融创新水平。统计数据显示，国际大银行的非利息收入占总收入的比例普遍超过50%，有的银行甚至达到80%。但是在我国，商业银行的主要收入来源仍然是传统的利差收入，我国商业银行金融创新水平和能力与国际银行业相比，还存在着较大的差距，加快金融创新已经成为中国银行业的当务之急。正是在这样一个国际国内大背景之下，中国银行监管部门及时颁布《指引》。这是中国银行业监管史上第一次专门颁布文件对商业银行的金融创新活动进行全面规范和引导，标志着中国银行业金融创新跨入一个新的发展阶段。

《指引》提出了对商业行实行"鼓励创新和防范风险"的监管思路，即宽准入、严监管、多支持、管得住、快发展。按照《指引》要求，针对银行业金融创新活动，中国银行业监管层一方面将在控制好风险的前提下简化审批程序，减少审批环节，提高审批效率；另一方面将强化持续性监管，注重对新业务整个流程的风险控制。其核心内容可以概括为：鼓励发展、强调规范、服务客户、教育公众。

鼓励发展

鼓励和大力支持商业银行在审慎经营的基础上开展各种创新活动，鼓励商业银行在新产品立项、设计、投产、销售等各个环节加强与监管部门进行事前、事中和事后的沟通，避免创新的盲目性。

"鼓励与规范并重、培育与防险并举"的创新监管原则贯穿了《指引》的全部内容。银行监管部门将充分鼓励和大力支持商业银行在审慎经营的基础上开展各种创新活动，鼓励"资本充足率达标，公司治理结构运行良好，执行严格的内控制度，风险监管核心指标符合监管部门的审慎要求，近三年来没有发生重大违法行为"的商业银行开展创新活动。鼓励商业银行在新产品立项、设计、投产、销售等各个环节加强与监管部门进行事前、事中和事后的沟通，使监管部门尽早了解商业银行创新意愿，避免创新的盲目性。

与此同时，引导中外资商业银行在平等竞争和深度合作的基础上为广大企业和居民提供更广泛、更便利、更优质的金融服务。监管部门履行其社会服务职能，将积极创造有利于金融创新的制度和法律环境，推动金融创新产品市场的培育和发展，促进金融创新活动的公平交易规则的形成，营造公平竞争的市场环境。与此同时，将不断创新监管机制，更新监管理念，转变监管方式，一方面要在有效控制风险的前提下简化准入审批程序，减少审批环节，提高工作效率；另一方面强化持续性监管，注重对新业务整个流程的风险控制。在《指引》颁布的基础上，监管部门随后又研究推出系列监管举措，持续加大对金融创新的支持力度。

强调规范

倡导商业银行在开展金融创新活动时遵循国际通行惯例和基本原则的同时,做到"认识你的业务""认识你的风险""认识你的客户""认识你的交易对手"。

在积极鼓励创新的同时,银行监管部门也十分重视商业银行金融创新的规范性和对创新风险的管控能力。这是提高创新质量、强化创新生命力的重要保障。《指引》积极倡导商业银行在开展金融创新活动时遵循国际通行惯例和基本原则,如合法合规、公平竞争、知识产权保护、成本可算、风险可控、注重风险管理以及维护金融消费者和投资者利益等,尤其要做到"认识你的业务""认识你的风险""认识你的客户""认识你的交易对手"。这"四个认识"是商业银行进行合规管理和风险管理的基础,是商业银行开展任何一项金融业务时,尤其是开展较为复杂的创新业务时,应当认真解决的核心问题。做好"四个认识",可以帮助银行更加注重经营活动的审慎性,避免在市场竞争压力和市场利润诱惑之下盲目开展与自身发展战略和管理能力不相符合的创新业务。"四个认识"应当成为商业银行经营理念和管理文化的重要组成部分,董事会和高级管理层首先要认识其重要性,并将其纳入经营管理体系中,在全行上下培育起"四个认识"的良好观念。

认识你的业务,要求银行从发展战略角度明确创新业务的基本特征和预期的成本收益,确保新业务的拓展符合银行总体发展的需要;认识你的风险,要求银行全面、及时地识别、计量、监测、控制创新活动面临的各种风险,避免银行在创新活动中遭受重大损失;认识你的客户,要求银行做好客户评估和识别工作,针对不同目标客户群,提供不同的金融产品和服务,使所销售的产品适合客户的真实需求,同时尽可能避免利用创新业务欺诈银行的行为发生;认识你的交易对手,要求银行在创新活动中涉及投资、交易类业务时,务必认真分析和研究交易对手的信用风险和市场风险，做好交易对手风险的管理。

《指引》强调，金融创新与风险管理密不可分，风险管理是金融创新的内在要求。随着银行业务活动日益国际化和复杂化，除了传统的信用风险外，市场风险和操作风险正日益突出，商业银行必须加强自我约束，提高风险自我管控能力。商业银行的董事会和高级管理层要负责制定创新风险管理战略，将金融创新活动的风险管理纳入全行统一的风险管理体系之中，建立健全风险控制体系。

服务客户

通过鼓励和规范商业银行金融创新活动，使广大社会公众享受到更加安全、优质、便捷的金融服务。

"以客户为中心"是现代银行的基本经营原则，因此客户对金融服务的满意程度是评判商业银行金融创新效果的重要标准。针对银行业在创新活动中对客户利益保护不够的问题，《指引》第一次全面而系统地提出商业银行在充分维护金融消费者和投资者的利益方面应尽的责任和义务。创新业务的专业性较强，中国金融消费者金融知识普遍又比较缺乏，风险承受意识和承受能力比较低，因此对商业银行信息披露和尽职责任提出了更高的要求。商业银行要向客户准确、公平、没有误导地进行信息披露，充分揭示与创新产品和服务有关的权利、义务和风险；履行对客户的保密义务和尽职责任，为客户提供专业、客观和公平的意见，确保提供给客户的金融产品符合其真实的需求；产品销售以后还要建立有效的受理客户投诉渠道和处理机制，妥善解决与客户之间的纠纷，提高金融创新的服务质量和服务水平。

显然，《指引》的根本目的，是通过鼓励和规范商业银行金融创新活动，使广大社会公众享受到更加优质便捷的金融服务。《指引》倡导商业银行优化创新发展战略，构建高效的运行机制，拓宽业务领域，整合内部资源，释放创新能量，提高创新效果，更好地满足广大金融消费者与投资者日益增长的金融需求。通过创新，金融市场上将不断出现更丰富多样的、符合市场需要的、个性化的金融产品，广大金融消费者也将享受到更高水准、更加完备和便捷的现代金融服务。

教育公众

一方面强调商业银行要切实维护金融消费者利益，另一方面也要积极推动广大金融投资者加强对"买者自负"这一市场经济原则的认识。

在金融产品与服务种类不断推陈出新的同时，其复杂性也不断提高，金融机构与金融消费者、投资者之间开始出现这样一个问题：金融消费者、投资者的知识背景不足以充分理解复杂的金融产品、服务的利益与风险，或者退一步，他们有足够的知识背景但是没有从银行那里得到足够的产品信息披露，甚至得到误导性的信息。这个问题加剧了银行与消费者之间的不平等地位，危害了消费者的利益。在这种情况下，公众金融素质教育工作的必要性凸现出来。

在金融创新产品的市场服务中，商业银行与金融消费者和投资者共同参与市场活动，在共享创新产品带来收益的同时，也共同承担可能存在的风险和损失。因此，《指引》一方面强调商业银行要切实维护金融消费者利益，另一方面也要积极推动广大金融投资者加强对"买者自负"这一市场经济原则的认识。产品的购买者要从购买行为中获得利益，当然也要自己承担决策风险。所以金融投资者要加强自我教育，充分认识金融产品与市场中蕴含的风险，对自己的投资决策负责。

《指引》指出，商业银行应加强对金融消费者和投资者教育，帮助其提高对金融知识的理解能力、对金融产品的认知能力和对风险的承受能力。

一方面，商业银行作为金融产品的卖方，不仅应在销售产品时注意遵循"匹配客户"的原则，诚实尽职地履行信息披露等义务，还应从对社会负责、对广大客户负责、对银行自身发展负责的角度出发，主动配合监管机构大力开展公众教育服务工作，要为消费者、投资者提供相关信息和培训，使他们具备理解各类金融产品和服务的知识。

另一方面，商业银行也要使公众接受和遵循"买者自负"这一市场经济基本原则。要求产品提供方对产品的已知缺陷和风险做适当的披露，尽可能避免客户对所购买的产品存在很大误解。所以《指引》中特别强调了商业银行在创新活动中承担的信息披露责任和对客户的尽职责任，这也是监管部门对商业银行金融创新进行监管的一个重要内容。

第二节
制度安排

绵阳市商业银行将"稳健经营、改革创新"作为全行战略发展方向，制定了《绵阳市商业银行金融创新管理办法》，围绕"金融创新"进行了一系列制度安排与落地实践。

金融创新是金融发展的内在动力，商业银行的金融创新是为适应经济发展的要求，通过引入新技术，采用新策略，构建新组织，开拓新市场，在战略决策、制度安排、机构设置、人员准备、管理模式、业务流程和金融产品等方面开展的各项新活动，以此实现银行的风险管理能力的提高，以及为客户创造和更新服务产品和方式。银行金融创新将有效拓宽业务领域，拓展业务范围，创造出更多、更新的金融产品与服务，更好地满足金融消费者和投资者日益增长的需求以及实现银行自身利益最大化，提升竞争力，推动商业银行更快发展。

根据监管部门《指引》要求，绵阳市商业银行将"稳健经营、改革创新"作为全行战略发展方向，围绕"金融创新"进行了一系列制度安排与落地实践。制定了《绵阳市商业银行金融创新管理办法》，以此规范全行创新管理，充分调动全行各部门、各分支行及广大职工开展创新工作的积极性，建立起内部创新工作机制。通过科学的制度安排与严格的落地管理，实现了围绕"改变过时的、不利于发展的旧观念，提出科学有效、有利于发展的新结论、新观点、新建议，并能够得到认可和推广运用"的观念创新，围绕"管理活动适应市场发展和客户需求的变化，创造性地使用新方法、新手段、新流程、新措施等，从而提高管理质量、管理效能"的管理创新，围绕"金融产品、管理技术研究与应用方面的创造发明或改进"的产品、技术和服务创新。

 加强创新工作的管理

首先是成立创新工作领导机构。总行设立创新工作领导小组（以下简称"领导小组"）作为全行创新工作的规划、决策、审议、协调和监督机构，负责对创新工作进行认定、审批。领导小组组长由董事长担任，副组长由行长担任，成员由监事长、各副行长、互联网金融事业部首席运营官、首席信息官等组成。

其次是设立创新管理评审小组。在总行领导小组下设立创新管理评审小组，评审小组成员主要由相关行领导、相关部门负责人以及业务骨干组成。评审小组在领导小组领导下开展工作，评审小组组长由行长担任，成员组成由行长指定。评审小组主要负责对申报的创新事项进行审议、评定和最终确认,对有关创新工作管理办法、机制进行完善和改进。

再次是设立创新工作协调机构。总行创新工作领导小组下设办公室,办公室主任由分管创新工作的行领导担任,成员由各部门负责人组成。领导小组办公室根据领导小组的工作安排,主要负责全行创新工作的组织协调、信息收集、沟通联系、组织评审考核牵头工作等日常事务。

创新的原则与政策

第一,坚持提高管理和服务效率原则。通过创新,有利于提升中后台服务前台、前台服务一线、一线服务客户的服务和管理效率,有利于提升本行的核心竞争力。

第二,坚持合法合规和风险可控原则。明确要求创新工作应遵守法律、行政法规和规章的规定。应能够有效实行风险管理,及时识别、计量、监测和控制创新带来的各类风险。

第三,坚持成本可算、风险可控、有利可图和信息披露原则。明确创新成本和风险应控制在可控范围,应能够为银行发展带来较大的效益,相关信息应向全行和社会进行及时披露。

第四,坚持事前论证、事中审核、事后评估原则。明确在创新工作提出或发起阶段,应广泛进行市场调研和可行性论证;对创新实施对象提出的创新事项,领导小组应组织进行认真审核、认定工作,未经过审核、认定的,不得纳入创新事项管理。创新工作推广运用后,应定期组织评估、评审和后评价。

第五,坚持制度先行、规范管理的原则。创新实施对象应及时制定出与创新工作相适应的配套管理制度、流程和风险控制等办法,条件成熟的应制定产品与服务手册，以做到管理的规范化、科学化。

第六，坚持动态管理和动态考评原则。本着客观公正、实事求是的要求，对创新事项实行动态管理和考评，对当年纳入并推广的创新事项实行一年一申报，一年一考评、奖励。

 **创新工作流程安排**

绵阳市商业银行对于创新工作有着严谨科学的流程安排，包括需求发起、初审立项、研发、审批、推广、后评价等不同阶段。

第一步是需求发起。总行部门、各分支行以及员工均可作为创新需求的发起人。所发起的创新事项基于广泛市场调研、借鉴，提出创新工作设想方案和创新立项申请书。方案内容包括：明确创新的种类，创新的理由，创新的突出特色或亮点，创新将会带来的市场前景、效益及可能面临的风险，可行性操作规范和实现路径，需要的IT技术等配套支持。由员工发起的创新需求，经本部门或分支行初审同意后，向总行创新工作领导小组办公室提出。以部门或分支行名义发起的创新需求，经过本单位认真研究、分析审定后向总行创新工作领导小组办公室提出。

第二步是初审立项。由总行创新管理评审小组组织初评。经初评，认为符合创新要求，具有推广可行性和较大推广价值，则予通过准许立项。

第三步是研发。创新工作主体对总行初评通过立项的创新事项，按程序积极启动研发工作。包括但不限于：制度和操作规程建设，流程建设；编制操作说明或操作手册；需要进行IT技术开发的，则应按IT开发流程进行；涉及会计核算科目、资金定价、服务收费等事项的，按本行有关规定落实。同时要求，在研发过程中涉及需要多部门配合完成的，相关部门应积极配合支持。

第四步是审批。研发工作完成后,及时向创新工作领导小组办公室提出审查申请。经总行创新工作评审小组、领导小组层层审核或集中审核后,认为达到推广条件的,则予审查通过。

第五步是推广。由总行相关职能部门,对经审查通过、准予推广的创新工作事项,符合向监管部门备案要求的,及时向监管部门备案。备案工作完成后,及时在全行组织创新工作推广事宜,包括召开启动会、组织培训、印发相关推广文件、现场指导等事宜。

第六步是后评价。创新工作正式推广满6个月,由创新工作领导小组办公室组织相关部门参加的后评价工作组,对创新工作开展后评价。评价的主要内容包括但不限于:创新工作组织实施及推广情况;创新工作对全行经营管理等达到的促进作用或效果,实际效果与预期效果是否一致;创新工作的制度体系、执行机制是否健全、有效,风险管理是否到位;下一步工作建议等。同时,后评价报告报总行创新工作领导小组审定后,作为创新奖励评比的重要参考依据。

 创新工作激励机制

绵阳市商业银行对创新工作建立了奖励激励机制,鼓励广大员工、各单位推动创新,积极营造创新工作氛围,推进全行改革发展。

每个年度,总行创新工作领导小组办公室组织相关人员对创新申报材料进行初审,符合基本要求与条件的提交创新管理评审小组评审。总行创新评审小组采用专题会议等形式组织评审,评审结果提交总行创新领导小组或董事会薪酬委员会审核确认。通过内部公示后,由总行发文公布年度创新评审结果,按获奖者给予精神及物质奖励。

第三节
创新实践

通过打造"科技金融结合"的特色支行,建立"科技信贷主导"的专营机构,开创"科技链条服务"的发展模式;通过打造小企业信贷中心分行级事业部,形成以小微企业客户需求为导向、以丰富多样的产品为支撑、以快捷的审批机制为保障、以专业化经营团队为基础的小微企业贷款市场拓展模式。

银行提高核心竞争能力的最好利器便是金融产品与服务的创新,想要在市场上抢占先机就必须在新产品开发上抢占先机。然而,传统银行架构并不能适应创新的需求,所以,围绕产品与服务创新的银行基础架构进入到新的变革期,在保障安全稳固的需求之外,银行也期待有新的架构可以带来更大的灵活性和开放性,支持新技术的快速采用,以便快速开发新产品、拓展新兴业务,启用新渠道。

绵阳市商业银行的创新实践中,依托本地经济特点实现特色化、差异化、精品化业务转型的切入点,打造聚焦特定产品和行业及客户维度的事业部制,围绕部分高端客户、新兴市场和特色业务,构建相对独立的专业化业务单元。通过打造"科技金融结合"的特色支行,建立"科技信贷主导"的专营机构,开创"科技链条服务"的发展模式;通过打造小企业信贷中心分行级事业部,建立以小微企业客户需求为导向、以丰富多样的产品为支撑、以快捷的审批机制为保障、以专业化经营团队为基础的小微企业贷款市场拓展模式,使全行小微企业融资服务专营工作得到了快速发展。

特色机构创新

创新打造"科技金融结合"的特色支行、建立"科技信贷主导"的专营机构;创新打造小企业信贷中心分行级事业部,形成专营小微金融条线事业部制组织机构。

2011年10月,绵阳市被科技部和"一行三会"确定为全国首批16个开展促进科技和金融结合试点地区之一。

正寻求特色化经营以推动转型的绵阳市商业银行此次迎来前所未有的机会,作为中国(绵阳)科技城唯一市级法人银行,"科技金融"产品条线化业务管理成为绵阳市商业银行依托本地经济特点实现特色化、差异化、精品化业务转型的切入点,以此打造聚焦特定产品或行业及客户维度的事业部制,围绕部分高端客户、新兴市场和特色业务,构建相对独立的专业化业务单元,打造前中后台定位明确、责权利统一、纵向垂直管理、横向协同高效,具有较强盈利能力和创新能力的事业部制管理架构和经营模式。

机会稍纵即逝,在科技部和"一行三会"确定绵阳市为全国首批16个开展促进科技和金融结合试点地区之时,绵阳市商业银行管理层以敏锐的目光捕捉到此次国家政策指引对于地方银行改革发展带来的机会。

显然,如果根据传统的业务发展方式,仅仅在部门层面对科技金融业务的倾斜与重视已很难在竞争中取胜,亦难以打造出特色的产品与服务。绵阳市商业银行管理者认识到,针对科技金融业务唯有按照事业部制打造全新的专营机构方可建立起核心竞争力。于是"科技金融专营支行"应运而生,2012年6月28日,绵阳市商业银行科技支行正式挂牌开业。随着业务发展需要,2019年8月更名为高新科技支行。

业务未动,战略先行。绵阳市商业银行科技支行在筹备期便确立了以打造"科技金融结合"的特色支行、建立"科技信贷主导"的专营机构和开创"科技链条服务"的发展模式为指引的"三大战略目标"。

随之而行的是与三大战略目标契合的战略人力资源管理。三大战略目标明确了科技支行的目标客户及如何经营好目标客户，实现客户满意和忠诚，从而实现科技专营支行的可持续发展。但是如何让客户满意，需要科技专营支行有优良的产品与服务给客户创造价值，能够带来利益。而高质量的产品和服务需要员工的努力，需要高素质的人力资源作支撑。

为确保科技专营支行的产品研发能力、服务与营销能力及运营管理能力，绵阳市商业银行以总行事业部制条线管理方式针对成立之初的科技支行实施战略人力资源管理。通过内部调整、外部引进，加强院校合作等方式，不断提升科技支行人员业务素质，科技支行负责人、管理人员及业务人员都具有较高的业务能力。目前，高新科技支行员工68人，大学本科学历以上人员达63.24%，其中党员占比33.78%。2016年以来通过外部引进和内部调整等方式引进的专业人员16人，都具有金融与科技学科或相关专业的特别技能，成为支行战略性人力资源。

为强化对高新科技支行的规范化管理，确保支行科学、高效、有序的运行，成立了高新科技支行业务部，以专注服务于科技型企业，有效实现了业务的专业化管理。目前高新科技支行业务部成员13人，均为大学本科以上学历。

在业务模式上，兼顾传统和科技金融业务的基础，以创新驱动为纽带，以服务中小微科技型企业为使命，根据众多科技企业的金融服务需求，在符合监管政策的前提下为科技企业量身定制金融产品与服务，在融资方式、贷款期限、贷款用途等方面深度创新以实现科技金融的精准服务，逐步建立并完善对科技型企业特色金融服务体系，银行自身得到发展的同时，有效助推中国（绵阳）科技城科技型企业发展。

多年来，高新科技支行积极借助"中国科技城"的平台优势，建立了较为完善的"六大创新管理机制"和"四大营销模式"，开创了科技金融深度整合良好实践。

截至2020年6月末，高新科技支行贷款户数452户，各类存款余额61.69亿元，各项贷款余额23.53亿元，支行存贷比38.14%。其中，科技型企业贷款户数 25 户，科技型企业贷款户数占全部企业贷款户数的 78.13%，科技型企业贷款余额 11.49 亿元，科技型企业贷款余额占全部企业贷款余额的 80.74%。

2017 年 7 月 11 日晚中央电视台《新闻联播》和 2019 年 3 月 1 日晚中央电视台《中国新闻》，就绵阳市全面创新改革、绵阳金融服务实体经济发展做了报道，其中绵阳市商业银行高新科技支行创新金融服务支持全面创新改革成为亮点。

在打造科技金融专营机构的同时，绵阳市商业银行围绕小微金融，创新打造小企业信贷中心分行级事业部，形成专营小微金融条线事业部制组织机构。

2007 年，于全国首批设立新型农村金融机构。绵阳市商业银行与国家开发银行等机构合作在全国第一批组建成立北川富民村镇银行，并在员工培训、贷款技术和 IT 系统上引入了国际金融公司技术，初步建立起小微企业信贷工厂模式。北川富民村镇银行的快速发展，为全面提升北川、涪城两地的小微企业、个体工商户及农户的金融服务水平奠定了扎实的基础。

2007 年，出资 100 万元独资设立绵阳市平武富民贷款公司，提供面向全县微小企业、"三农"经济、个体工商户、种植养殖户及个人经营消费等项目的小额贷款发放。主营贷款业务包括农业小额贷款、个体工商户贷款、小微企业贷款、个人消费贷款、创业贷款等。解决小微企业流动资金短缺的燃眉之急，提供与种植、养殖业以及高效农技农业生产经营相关的贷款服务。

2009 年 6 月，绵阳市商业银行在总行设立小企业贷款专营机构——绵阳市商业银行小企业金融部。2015 年 1 月 29 日，经监管机构批准，将小企业金融部升格为分行级事业部——绵阳市商业银行小企业信贷中心。

2015 年 11 月 22 日，绵阳市商业银行设立的第一家小微支行——绵阳毅德商贸城小微支行正式营业。绵阳毅德商贸城是绵阳市的主要商圈之一，以经营建材、百货、五金、汽配的中小微企业为主，规划商户 3000

余户。

2017年8月8日,绵阳市商业银行绵阳石桥铺小微支行开业。

对于小微支行,绵阳市商业银行制定内部绩效考核办法,对小微业务设立专门指标,强化绩效考核倾斜,充分利用绩效考核导向功能,调动员工工作积极性。在金融服务上,不断加强金融产品创新、提升优质服务质量、畅通消费者权益沟通渠道,提升金融服务能力。在监管激励约束方面,明确适用小微企业金融服务相关激励政策应以实现"三个不低于""两增两控"为前提,加强对小微支行落实情况的监督检查力度。

至此,绵阳市商业银行形成以小企业信贷中心分行级事业部,辖两家新型农村金融机构、多家小微支行的小微金融条线事业部制组织机构,建立以小微企业客户需求为导向、以丰富多样的产品为支撑、以快捷的审批机制为保障、以专业化经营团队为基础的小微企业贷款市场拓展模式,使全行小微企业融资服务专营工作得到了快速发展。

运营机制创新

高新科技支行实施独立化信贷管理机制、区别化激励约束机制、专业化风险防控机制,逐步形成一套科技金融特有的信贷文化和风险评价技术。而在小微金融方面,坚持服务机构专营化、服务流程高效化、服务产品专属化、服务团队精英化、信贷规模倾斜化、考核机制单独化,不断加强和改进金融服务水平。

高新科技支行的建设发展之意义远不止于特色金融的突破,对于绵阳市商业银行而言,更深层次的战略意义在于借助专营支行运营机制的改革创新试验,推动全行组织架构的事业部制条线化局部改革及业务的转型升级。

第一,高新科技支行在费用支配、财务核算上享有一定的独立性。高新科技支行作为绵阳市商业银行一级支行,受绵阳市商业银行总行直接管理,同时为确保高新科技支行科学、高效和有序运行,总行根据高新科技支行实际情况，在财务资源、人力资源、不良贷款容忍度、信贷审批权限、激励考核等方面均给予了高新科技支行特殊政策支持，为高新科技支行的发展营造良好的内外部环境。总行全力支持高新科技支行发展，对高新科技支行为打造特色专营支行所需的专项费用，给予重点保证，必要时可先报先批、先用后算，对高新科技支行所获得的地方政府的奖励或补助资金，总行全部划拨给高新科技支行按规定使用，使高新科技支行在费用支配、财务核算上享有一定的独立性。

第二，实施独立化信贷管理机制。在认真落实银保监会各项政策的基础上，积极探索并建立符合科技型企业融资特点的信贷管理机制：首先，根据高新科技支行实际业务发展状况、管理能力和风控水平，给予一定的信贷审批权限。其次，建立高新科技支行服务科技型中小企业信贷审批"绿色通道"。针对科技型中小企业，在开展基于风险评估的信贷业务，对达到标准的企业在优化审贷程序、缩短审贷时间等方面采取以下措施：500万元（含）以下科技型小微企业贷款从上报到发放不超过3个工作日（办理抵押、担保手续时间除外）；500万元以上科技型企业贷款通过总行专门设立的科技型中小企业信贷审批"绿色通道"进行办理，优先受审、及时上会。

第三，区别化激励约束机制。对高新科技支行建立了区别化的绩效考核机制：一是总行对高新科技支行的科技型中小企业贷款客户数、贷款增长额和贷款质量等指标进行考核，并区别于其他支行利润或利差一定比例进行挂钩考核。二是适当提高高新科技支行科技型中小企业不良贷款率的容忍度，科技型中小企业贷款不良率控制在4%以内，在授信业务尽职的前提下，强化对科技型企业提供金融服务的正向激励。三是加大考核奖励力度，将针对科技型企业实际创新研发的金融产品数量纳入考核，并根据产品营销效果，按创新产品专项收益的一定比例给予奖励。同时，高新科技支行在总行绩效考核的总体框架下，对科技型中小企业贷款客户经理的收入与其业务量、效益和贷款质量等综合绩效指标挂钩，更好地发挥绩效考核的激励作用。

第四，专业化风险防控机制。高新科技支行专门建立符合科技型企业贷款特点的风险防控机制，包括：引入外部专家评审，通过专家评审识别客户潜在风险，提高风险把控能力；持续加强与政策性担保公司的业务合作，接受专业担保机构的第三方担保，缓释信贷风险；积极探索和开展多种形式的担保方式，除开展常规的抵、质押贷款业务外，对拥有自主知识产权并经国家有权部门评估的科技型企业开办了知识产权质押贷款、股权质押贷款等；通过市财政局、市科技局设立的风险资金池分担贷款坏账风险；定期召开风险分析会议，制定贷后管理方案和措施，制定风险预警预案。

针对众多初创型或中小科技企业具有"轻资产、高成长、高风险"的特性，绵阳市商业银行逐步形成一套科技金融特有的信贷文化和风险评价技术，重点加大对企业未来现金流的把握，并在此基础上关注创始人品行、团队完整性、持续经营能力等方面，从而精准把握企业的未来"高成长"性，有效规避"高风险"。

在小微金融服务方面，绵阳市商业银行利用作为地方城商行的决策链条短的优势，不断创新更适合小微金融的服务机制。坚持服务机构专营化、服务流程高效化、服务产品专属化、服务团队精英化、信贷规模倾斜化、考核机制单独化，不断加强和改进金融服务水平。

创新服务流程。绵阳市商业银行大力推进中小微企业信贷业务的专业化分工和标准化作业，在前中后台分别建立了拥有专业营销技能的客户经理队伍、能准确把握中小微企业风险点的风险经理队伍和总分行专门的经营管理队伍，并不断提高专职中小微企业客户经理在从业队伍中的比重。在全行积极推广标准化的信贷调查审查模板，统一前中后台的风险偏好，大力推进"评级、授信、押品评估和业务审批"流程的"四合一"。在信贷业务集中审批的基础上，还建立起专职的中小微企业信贷审批队伍。凭借专业化和标准化，既控制了风险，又显著提高了效率、降低了运行成本，保障了中小微企业金融业务可持续发展。

变革审批模式。总行对单户授信500万元以内的小微企业，设独立审批人，实行前中后台业务专业化、标准化处理，建立了高效的授信审批机制。同时，根据不同分支机构的经营水平和风险控制水平，实行差别化授权。

创新服务考评机制。将中小微企业金融业务纳入分支机构经营绩效考核，把中小微企业开户数量列入重点激励计划，并通过进一步降低中小微企业贷款的经济资本占用、提高风险容忍度等措施，督促和引导分支机构加快发展中小微企业金融业务，把"要我做"转变为"我要做"。

建立独立化的利率风险定价机制。根据中小微企业的行业特点，将预期收益率、风险成本率与我行自身的资金、运营成本率相结合，按照收益覆盖成本和风险的原则，2012年推出了利率风险定价管理办法和风险定价模型，对不同行业、不同客户、不同产品实行差别化利率。

建立企业体检管理咨询服务制度。在服务中小微企业过程中，发现大多数企业在战略管理、人力资源管理、生产运作管理和财务管理方面存在一定的不足。为此，绵阳市商业银行在为这些中小微企业发放贷款之后，会从银行的角度为企业提供免费的企业体检管理咨询服务。一方面有利于完善企业的体制建设，另一方面也降低了贷款的经营风险。

建立全行"四分位"联动营销模式。积极推进与政府、创投机构、担保机构以及各大商会的合作，建立新型的联合机制和营销模式，每年为中小微企业配置专项信贷规模，保障业务发展需要。

创新抵质押担保方式。做好小微金融，不能停留在原有的模式和思维里，需要思考更多可行的方式，突破传统局限，而担保形式也是如此。近年来，针对科创小微企业越来越大的融资需求及其特殊性，绵阳市商业银行将抵质押方式扩展到商标权、专利权、未来收益权、未来货权等，扩大抵质押物和保证的范畴。除了信息不对称之外，有效抵押或担保不足导致第二还款来源保障不足，也是制约小微企业从银行获取贷款的一个因素。寻求合作是突破口，也是多年成熟经验探索出的有效方式。为此，绵阳市形成了银政、银保、银担合作等创新担保方式。

产品服务创新

深入了解科技型企业的发展规律和内在需求,针对科技型企业"轻资产、重技术"的特点,为解决常规信贷方式无法满足科技型企业融资需求的难题,开创了"金铀子"系列产品和"涌泉贷"系列产品。

多样化金融产品创新。

高新科技支行通过调研和座谈等形式,深入了解科技型企业的发展规律和内在需求后,结合实际情况研发并报总行审批了一系列创新产品,切实解决科技型企业融资难的问题。

比如订单贷业务。四川九洲光电股份有限公司成立于2007年,是中国电子信息百强企业,是中国光电子协会首批会员单位、半导体照明产业发展促进会首批理事单位,是高新技术企业。公司于2014年8月在新三板挂牌上市。公司下辖深圳九洲光电、四川九洲半导体照明工程公司、天津九洲光电三家公司,参股武汉迪源。四川九洲光电科技有限公司致力于发展高新技术产业,顺应产业结构调整和升级的发展趋势,符合国家推广绿色环保、节能减排产业的宏观政策要求。根据该公司实际经营情况及资金需求情况,同意新增短期流动资金贷款1000万元(属订单贷),期限12个月。

多方位金融模式创新。

比如融单业务,高新科技支行已为四川长虹电器股份有限公司量身打造供应链融资产品——融单业务。融单业务区别于传统的保理业务,新的融单产品可以支撑上游多级供应商融资,同时依托人民银行征信系统,采用"互联网+"的模式,可以做到一点对全国,解决异地提款问题,当日申请当日提款,效率卓越。高新科技支行与远信融资租赁公司合作的"融单业务"持续健康发展。截至2020年6月末,已累计投放1347笔,投放金额4.3亿元,使长虹公司供应链上128家中小企业受益,切实改善核心企业整个供应链体系的融资环境。

高新科技支行针对科技型企业"轻资产、重技术"的特点,为解决常规信贷方式无法满足科技型企业融资需求的难题,开创了"金铀子"系列产品和"涌泉贷"系列产品。

(1)专利权质押贷:对注册地在绵阳市范围内,且连续盈利两年以上的企业,对其持有的国家依法授予的发明专利、外观设计专利等财产权做质押,为科技型企业提供一定金额的信贷资金。

产品特色:盘活科技型企业的特有资产,满足企业生产经营中的流动资金周转所需。

(2)股权质押贷:指借款人以自有或第三人合法持有的股权作为债权的担保,向金融机构申请获得贷款的融资活动。

产品特色:企业以自身或第三方合法股权作为质押担保,灵活高效。

(3)勿等贷:主要依托于绵阳市商业银行与绵阳市财政局、绵阳市科技局所签订的三方协议,针对已经获得国家或地区补助资金的科技型企业,在等待补助资金到位前,满足其流动资金需求而超前发放的贷款。

产品特色:满足由市科技局认定的获得各项国家或地区资金补助的科技型企业正常生产经营周转或临时的资金需求。

(4)科技宝:主要满足技术研发较为成熟、产品市场转化较为成功且取得订单后的科技型企业或其法定代表人的短期融资需求,在规定额度内发放的流动资金贷款。

产品特色:信用、抵押、质押结合,单户(企业或个人)信用贷款额度最高可达50万元;抵押、质押担保贷款额度最高可达200万元。

(5)科创多多贷:主要针对正常经营一年以上、年营业毛利润率不低于30%、用信后的资产负债率在60%(含)以下、技术研发成熟、市场前景较好并经国家、省、市级科技部门认定的科技型企业,企业能够提供一定的抵押物但不能完全覆盖需求的,执行"抵押+信用"的混合担保方式,最高可达到抵押物评估价值的120%。

产品特色:放大传统的抵押率,充分释放抵押物价值;"抵押+信用"的混合担保,信用额度参考抵押物价值大大提高;抵押担保部分的贷款采用按月付息、到期归还贷款本息的还款方式，信用担保部分的贷款实行等额本息的还款方式。

（6）科创精英贷：针对在四川省境内的两院院士以及国家、省、市级学科带头人为法定代表人或主要参股股东的公司或科研类机构，在技术研发已经成熟并取得相应专利认证时，为满足其产品市场转化而发放的短期流动资金贷款。

产品特色：针对科技型特色人才发放的贷款，可灵活采取"信用、抵押、质押"等担保方式。单户（企业或个人）最高额度可高达300万元。

（7）高新技术企业贷：支持绵阳市范围内取得省级及以上高新技术企业认定的科技型企业，为促进成果转化，以真实交易的订单为短期融资依据，在规定额度内为企业发放的流动资金贷款。

产品特色：多种担保方式组合，降低对高新技术企业抵质押物要求，充分尊重和发挥高新技术企业资产特性。

（8）科税贷：为技术研发较为成熟、产品市场转化较为成功且诚信纳税的科技型企业或其法定代表人提供的短期融资需求，在规定额度内发放的流动资金贷款。

产品特色：每缴纳1元人民币税金可匹配1元人民币的信用贷款，最高可贷100万元。结合抵押、质押方式，融资额可高达200万元。

在绵阳市涌泉计划实施方案的基础上开创了针对列入涌泉计划金苗工程、拔萃工程、卓越工程的科技型中小企业融资需求的创新产品。

（1）金苗贷：为支持符合本市"涌泉计划"中金苗工程认定标准，并纳入科技金融扶持项目库的科技型中小企业，为满足其技术研发、产品市场转化等所需短期融资需求，在规定额度内发放的流动资金贷款。

产品特色：担保方式灵活，可采用信用、抵押、质押的担保方式。最高贷款额度不超过100万元，其中信用贷款额度不超过10万元。

（2）拔萃贷：为支持符合本市"涌泉计划"中拔萃工程认定标准，并纳入科技金融扶持项目库的科技型中小企业，为满足其技术研发、产品市场转化等所需短期融资需求，在规定额度内发放的流动资金贷款。

产品特色：担保方式灵活，可采用信用、抵押、质押的担保方式，最高贷款额度不超过 200 万元，其中信用贷款额度不超过 30 万元。

（3）卓越贷：为支持符合绵阳市"涌泉计划"中卓越工程认定标准，并纳入科技金融扶持项目库的科技型中小企业，为满足其技术研发、产品市场转化等所需短期融资需求，在规定额度内发放的流动资金贷款。

产品特色：担保方式灵活，可采用信用、抵押、质押的担保方式。最高贷款额度不超过 300 万元，其中信用贷款额度不超过 50 万元。

向供应链金融模式转型，依托集中市场、园区、核心企业，开展批量化的信贷业务，对供应链上下游企业提供综合金融产品和服务。探索"互联网＋供应链金融"新模式，银行、核心企业、上下游中小微企业以及物流企业，搭建一个开放的、交互的、信息共享的大网络，缓解小微企业融资难、融资慢。

绵阳市商业银行立足于更好地提升对小微企业金融服务水平，先后研发推出"特约商户贷"和"循环通"。"特约商户贷"，以安装 POS 商户及安装他行 POS 机具并符合贷款条件的特约 POS 商户的企业及个体工商户、私营业主为贷款发放对象而发放的信用贷贷款品种，贷款期限 1 年，采取等额本息、等额本金或按月支付利息到期一次性还本的还款方式。其优点在于手续简、审批快、无抵押担保，较好地解决了传统小微企业融资模式手续复杂、信息不对称、成本高的问题，提升了小微企业融资体验，是绵阳市商业银行对小微贷款新领域的探索。"循环通"，以有效解决小微企业在贷款到期去民间拆借搭桥资金造成融资成本高的问题。该产品主要是针对借款人经营正常、市场前景较好，但应收账款较大、流动资金较为紧张的小微企业客户，经调查后，符合本行的贷款条件，只需提交相关资料及落实担保条件而不用归还到期贷款，并重新办理贷款用于归还应该归还的流动资金贷款。于 2014 年 9 月开始办理第一笔"循环通"贷款。

二十年来，绵阳市商业银行先后推出"农贷通""成长贷""货运通""仓储通""好运通""好易融""客运通""个人联保贷款""批零贷""养殖通""循环通""农担直通贷""科创多多贷""高新技术企业信用贷"

"科税贷""涌泉贷""科创订单贷"等30余款新产品,其中"货运通""仓储通""循环通"3个产品获四川银监局表彰。"养殖通"获中国银行业协会"2015年服务三农五十佳金融产品"称号。"农担直通贷"产品2018年初被中央金融团工委、全国金融青联主办的第五届金融青年"双提升"活动评为金点子方案优秀奖。

先后开办企业股权质押贷款、企业存货质押贷款、企业应收账款质押等多款特色产品。

与此同时,推进业务模式转型。一是开发专用的配套技术和工具。加大对小微企业业务的相关数据与IT技术的开发力度,运用一定的分析手段预先规划和调整小微企业授信的行业、地区、客户结构。二是优化小微信贷业务操作流程,实现自动打分,自动审查,快速审批。三是向供应链金融模式转型,依托集中市场、园区、核心企业,开展批量化的信贷业务,对供应链上下游企业提供综合金融产品和服务。四是转向"互联网+供应链金融"新阶段。银行、核心企业、上下游中小微企业以及物流企业一起搭建一个开放的、交互的、信息共享的大网络,缓解小微企业融资难、融资慢。

案例1:"长虹融单"供应链融资业务。

远信租赁作为保理服务商,线上受让供应商因融资需要而转让的"融单";远信租赁因线上受让"融单"而产生资金需求时,我行为其发放流动资金贷款,定向支付给转让"融单"的供应商;长虹股份公司对于融单业务平台上的所有融单到期时承担无条件付款责任。①核心企业:四川长虹电器股份有限公司。②保理服务商:远信融资租赁有限公司。③借款企业:长虹股份公司的一级、二级至N级供应商。④长虹融单:基于长虹股份公司对其供应商合法有效的应付账款,长虹股份公司依据融单业务平台的规则,对其供应商开具合法有效的应付账款的记账凭证,该凭证可在长虹股份公司的一级、二级至N级供应商间拆分和转让,应付账款到期时,长虹股份公司承担无条件付款责任。⑤融单业务平台:指绵阳市商业银行为长虹股份公司设立并提供记账、融资服务的线上交易平台。

该业务具有风险可控、全电子化、融资简便等特点。从2017年9月18日发放第一笔融单业务以来，已累计为远信融资租赁发放融单1347笔4.3亿元，期限均在1年以内，为1个月至12个月不等，让供应链上的128家中小企业获益。据统计，目前有70余家供应链上企业用此方式获得融资，切实解决了中小企业贷款时间长、担保方式单一的问题。

案例2：支持农业养殖业发展。

绵阳市商业银行与三台新希望农牧融资担保有限公司（以下简称"公司"）合作，通过优势资源的整合，对信贷模式进行了创新，并根据农村金融市场的实际需要调整产品模式，将我行的融资、融智优势和新希望集团农业产业链、技术优势相结合，研发设计出"农业产业链养殖户小额担保贷款模式"，解决了乡村企业、农户的融资难题。该模式大大地解决了广大养殖户，尤其是农村贫困户的启动资金瓶颈问题，提高了农户的扩大再生产能力，促进了农村养殖规模化的发展。

2011年9月，养殖生猪客户贾某成为第一批合作客户，首笔贷款12万元，客户将该笔贷款分别用于购买自繁母猪和饲料，一定程度上扩大了养殖规模，同时加入了集养殖户、农牧龙头企业、政府、银行、担保公司、保险公司多位一体的农业产业链模式，解决了客户养殖过程中养殖品的防疫、回收、屠宰和销售等问题，实现圈舍、品种、投入品、防控、饲养、监督、保险、销售的多方面统一，提升了农业养殖户的信心，也能起到带动示范作用，让更多的农户甚至贫困户参与进来，能够在金融服务和金融支持下，用双手提高生活水平，勤劳脱贫、增收致富。

截至2020年6月底，绵阳市商业银行已累计为符合条件和要求的养殖户等发放贷款6.13亿元，受益于农业产业链养殖户的农户高达1000多户。

第八章 战投资源协同

资源协同,优势互补,持续创造生产力。

本章导读:

◎依托央企资源,全面融入中国五矿集团,开展集团化产融协同及全牌照融融协作,分享中国五矿集团"千亿内部市场"资源的同时,收获全方位为客户提供综合性金融服务解决方案的成果。

◎中国五矿集团战投绵阳市商业银行,继证券、信托、期货、财务、金融租赁、保险、基金之后,将银行牌照收入旗下,从此开启金融全牌照产融协作、融融协作之路。而对于绵阳市商业银行来说,更是一次脱胎换骨的进化,引资进而实现引智,中国五矿集团的引入,为绵阳市商业银行资本、管理、客户资源方面提供了支持,使其股权结构得到根本性优化,公司治理得到进一步完善,进而组织体系架构亦得到优化。同时,借鉴和引进吸收先进经营理念,弥补在管理、科技、人才方面的短板。

◎绵阳市商业银行作为中国五矿集团唯一的银行牌照,在中国五矿集团内部市场中享有开户、资金结算及贷款融资等银行类金融服务的便利性优势，打造"千亿内部市场"战略给绵阳市商业银行的规模壮大带来前所未有的机遇，绵阳市商业银行深度参与"千亿内部市场"战略，借此机会大力推动协同业务营销，拓宽业务覆盖面。

◎中国五矿集团公司西部资金结算中心在绵阳市商业银行成都分行挂牌，中国五矿集团金融全牌照开启以绵阳市商业银行为基础的业务协同新模式，通过不断提升金融综合化经营服务水平，推动区域一体化运作。与此同时，绵阳市商业银行将充分发挥银行牌照优势，加大中国五矿集团内部融融合作，协同中国五矿集团旗下证券、期货、信托、保险等公司，创新银证、银保、银信合作模式，全方位为客户提供综合性金融服务解决方案。

◎中国五矿集团以金融业独有的"融通资金"战术、以绵阳市商业银行为根据地，攻克作为西部桥头堡的成都。中国五矿集团将以金融全牌照"多兵种、集团化"协同作战，全面推进产融结合、推动西部开发战略。

◎选择在绵阳市商业银行成都分行挂牌中国五矿集团公司西部资金结算中心，是中国五矿集团面对当前经济形势，科学审视国内产业发展格局做出的战略性选择，可以进一步整合各类资源，发挥互补优势，促进各区域共同发展，对中国五矿集团的长远发展将产生重要而深远的影响。

◎绵阳市商业银行将以中国五矿集团公司西部资金结算中心挂牌为契机，抢抓机遇，锐意改革，开拓创新，转型发展，秉承"助增价值，服务成长"的发展理念，建设"发展战略明确、公司治理完善、机构网络健全、经营管理先进、金融服务优质、财务状况良好"的区域性最佳银行。

◎如果说中国五矿集团打造"千亿内部市场"是为集团化产融协同与融融协作作了战略安排，那么西部资金结算中心在绵阳市商业银行成都分行的成立就是为产融协同、融融合作构建了一个畅通的平台。

◎在中国五矿集团打造"千亿内部市场"战略指引下，绵阳市商业银行于2019年4月29日在总行单设协同业务部，全面融入集团协同战略，以此为银行创价值，带动银行的转型发展。

第一节
战投的央企资源

 依托央企资源,全面融入中国五矿集团,开展集团化产融协同及全牌照融融协作,分享中国五矿集团"千亿内部市场"资源的同时,收获全方位为自身客户提供综合性金融服务解决方案的成果。

2014年,世界500强、中央企业——中国五矿集团子公司五矿资本成功受让绵阳市财政转让股份6990万股,正式战略入股绵阳市商业银行,成为绵阳市商业银行第一大股东。

这是一次多方受益、皆大欢喜的"握手"。中国五矿集团战投绵阳市商业银行,继证券、信托、期货、财务、金融租赁、保险、基金之后,将银行牌照收入麾下,从此开启金融全牌照产融协作、融融协作之路。而对于绵阳市商业银行来说,更是一次脱胎换骨的进化,引资进而实现引智,中国五矿集团的引入,为绵阳市商业银行资本、管理、客户资源方面提供了支持,使其股权结构得到根本性优化,公司治理得到进一步完善,进而组织体系架构亦得到优化。同时,借鉴和引进吸收先进经营理念,弥补在管理、科技、人才方面的短板。在业务领域,更是依托央企资源,全面融入中国五矿集团,开展集团化产融协同及全牌照融融协作,分享中国五矿集团"千亿内部市场"资源的同时,收获全方位为自身客户提供综合性金融服务解决方案的成果。这为绵阳市商业银行注入了新的发展活力,增强了核心竞争力。

分享"千亿内部市场"

绵阳市商业银行作为中国五矿集团唯一的银行牌照,在中国五矿集团内部市场中享有开户、资金结算及贷款融资等银行类金融服务的专属性、便利性优势,打造"千亿内部市场"战略给绵阳市商业银行的规模壮大带来前所未有的机遇,绵阳市商业银行深度参与"千亿内部市场"战略,借此机会大力推动协同业务营销,拓宽业务覆盖面。

2014年,基于双方的价值认同,绵阳市商业银行引入战略投资者——中国五矿集团子公司五矿资本。中国五矿集团是由中央管理的44家国有重要骨干企业之一,引入五矿资本之后,绵阳市商业银行正式成为具有央企背景的地方城市商业银行。

引入五矿资本战投仅仅过去一年,中国五矿集团迎来重大战略利好。2015年,经国务院批准,中冶集团与中国五矿集团实施战略重组。按照重组方案,中冶集团整体并入中国五矿集团成为下属上市公司。这是继中国南车、中国北车合并为中国中车后,国内第二个央企的战略重组。显然,这是一次优势资源的互补的战略性重组,以此推动行业升级。作为中国五矿集团辐射的下游企业,绵阳市商业银行亦将从此次央企重大重组中间接获益。

2016年12月21日,中国五矿集团在京举行打造"千亿内部市场"专题推进会,正式提出打造千亿内部市场。这是战略重组后的中国五矿集团继总部职能改革后,在整合融合方面迈出的又一实质性步伐。

重组的央企怎样推进到业务融合阶段,最大程度释放重组红利,是市场关注的重点。相关人士分析,打造千亿内部市场这样一个颇有破局意味和抓手性质的创新举措,显示两大世界500强企业的融合工作推进到实际操作层面。中国五矿集团总经理国文清在推进会上表示:打造千亿内部市场是中国五矿集团站在重组后的新起点上,审时度势、综合研判,并经过反复研究测算,推出的一项重大创新性经营举措,最能体现两大企业的重组逻辑。战略重组打通了从勘查、矿山、冶炼加工到贸易的整条金属矿业产业链，中国五矿集团发挥产业链优势，就要通过打造千亿内部市场来带动整合融合，消除产业链各环节之间断缝，向产业链的连接处发力寻求效益、再造优势。

中国五矿集团重组后整合工作十分复杂，推进协同和整合，一直致力于寻找一个强有力的抓手和合理的步骤。国文清介绍，中国五矿集团在深入研究和充分调研的基础上，勾画出了打造千亿内部市场这样一个业务协同的大平台和载体。打造千亿内部市场能够带来实实在在的利益，是眼下最直接的、操作性最强的、最能见到实效的业务协同举措。他同时表示，打造千亿内部市场，能够有效促进各个业务相互增进了解。内部市场具有强大的带动作用，也是全面业务协同、深入整合融合的基础，这一步如果迈不好、迈不实，其他关于协同整合的设想和规划都将成为空中楼阁。

据了解，中国五矿集团方面对此次专题推进会的安排下了一番功夫。在这次推进会上，中国五矿集团方面就内部市场的机会、空间、规模进行了分析，明确了开展内部市场建设的各类规则、政策，正式发布了内部协同手册。推进会还专门设立了一个签约环节，来自中国五矿集团的多家单位签署了包括物资采购类、工程建设类、地产开发类、产融服务类、生产维保类、冶金服务类、管理服务类等7大类示范性协同业务的合作框架协议。国文清总经理表示，希望签约的单位能够加快推进，尽早产生实效，做好内部市场建设的标杆和带头作用。

对于1000亿元内部市场这个数量级是如何确定的问题，中国五矿集团方面表示，千亿市场的概念和提法是基于大量调研和内部反复测算得出的。2011—2015年，原中国五矿集团与中冶集团两家企业各自内部以及两家企业之间实际发生的交易规模，五年累计有1250亿元。而根据计算，中国五矿集团内部市场2017年就有望达到千亿元级规模，2017—2020年的全口径内部市场达3742亿元，累计可创造增量效益100多亿元。

国文清总经理表示：打造千亿内部市场，是推进企业内部供给侧结构性改革的重要安排，能够把以往分散的、低层次的、可替代性强的服务和产能，变成集产业、技术、服务、资金于一身的高端供给，形成不可替代的、全产业链贯通的比较优势，提高运行质量和效益，提升新中国五矿集团的核心竞争力。

中国五矿集团对于内部市场是否会降低业务合作标准等疑虑，提前做了针对性的安排。中国五矿集团特别强调，打造内部市场要坚持市场标准，坚持合法合规的底线要求，遵守有关法律法规，满足各项监管要求；强调权责对等，亲兄弟也要明算账，不能因为是内部就扭曲了市场准则，就制定一些不公平、损失单方利益的条款。强调杜绝内部寄生虫，内部市场是为了创造更多的效益，不是以强带弱、变相"输血"。

中国五矿集团方面表示，将及时修订完善业务协同的制度规则，以制度保障内部市场的可持续性。后续将尽快推出业务协同信息发布平台，定期召开推进会跟踪内部市场建设落实情况，不定期召开专项业务对接会。并特别强调，将明确业务协同的奖励机制，对建设内部市场做出突出贡献的单位、团队和个人给予奖励。

有业内人士分析，两家企业的业务分布在产业链上下游，重叠性较小，属于"互补式重组"。两家变成一家，最直接的体现就是重新优化连接产业链各个环节，天然创造产生了巨大的内部市场。该人士同时表示，如果内部市场开拓有力，效果明显，实现"$1+1 \geq 2$"的效果，将为大型中央企业的重组开辟整合融合的道路提供样本。

绵阳市商业银行作为中国五矿集团唯一的银行牌照，在中国五矿集团内部市场中享有开户、资金结算及贷款融资等银行类金融服务的便利性优势，打造"千亿内部市场"战略给绵阳市商业银行的规模壮大带来前所未有的机遇，绵阳市商业银行深度参与"千亿内部市场"战略，借此机会大力推动协同业务营销，拓宽业务覆盖面。

放大金融服务功能

中国五矿集团公司西部资金结算中心在绵阳市商业银行成都分行的挂牌成立,中国五矿集团全牌照金融开启以绵阳市商业银行为基础的业务协同新模式,通过不断提升金融综合化经营服务水平,推动区域一体化运作。与此同时,绵阳市商业银行将充分发挥银行牌照优势,加大中国五矿集团内部融融合作,协同中国五矿集团旗下证券、期货、信托、保险等公司,创新银证、银保、银信合作模式,全方位为客户提供综合性金融服务解决方案。

引入五矿战投第三年,2017年5月18日,中国五矿集团金融版块子公司五矿资本A股上市,给中国五矿集团产融协同带来新机遇。

五矿资本是中国五矿的重要子企业,承担着打造国内领先产业综合金融服务商的重要使命,是支撑中国五矿集团成为国有资本投资公司的重要支柱,此次重组上市意义重大。第一,上市为五矿资本打开新的空间,带来新的机遇,将显著放大五矿资本金融全牌照的优势,推动企业发展进入快车道;第二,通过建立五矿资本"金融控股+产业直投"的全新架构,形成金融实体相互促进的良性循环,为助推中国实体经济稳健发展探索出一条新路;第三,这是中国五矿集团深化国企改革、推进混改的重要举措,将大幅提升中国五矿集团整体资产证券化水平,显著优化企业的公司治理结构和管理模式。

2017年11月27日,中国五矿集团公司西部资金结算中心正式在绵阳市商业银行成都分行挂牌成立。

中国五矿集团公司西部资金结算中心的挂牌及各项金融服务的陆续开展,将充分发挥金融支撑带动作用,放大金融服务功能,把成都打造成为中国五矿集团金融板块的又一总部基地,助推成都建设西部经济高地和西部金融中心,助力成都达成"建设全面体现新发展理念的国家中心城市"的总体目标,在"东进、南拓、西控、北改、中优"的城市可持续发展建设中作出不懈努力。同时宣示中国五矿集团以金融业独有的"融通资金"

战术、以绵阳市商业银行为根据地，攻克作为西部桥头堡的成都。中国五矿集团将以金融全牌照"多兵种、集团化"协同作战，全面推进产融结合、推动西部开发战略。

至此，中国五矿集团金融全牌照开启以绵阳市商业银行为基础的业务协同新模式，通过不断提升金融综合化经营服务水平，推动区域一体化运作。与此同时，绵阳市商业银行将充分发挥银行牌照优势，加大中国五矿集团内部融融合作，协同中国五矿集团旗下证券、期货、信托、保险等公司，创新银证、银保、银信合作模式，全方位为客户提供综合性金融服务。

绵阳市商业银行也将以中国五矿集团公司西部资金结算中心挂牌为契机，抢抓机遇，锐意改革，开拓创新，转型发展，秉承"助增价值，服务成长"的发展理念，建设"发展战略明确、公司治理完善、机构网络健全、经营管理先进、金融服务优质、财务状况良好"的区域性最佳银行。

中国五矿集团公司西部资金结算中心挂牌当日，绵阳市商业银行政银企深化合作推进会议在成都召开。会议现场，绵阳市商业银行与四川省旅游投资集团有限责任公司、四川发展融资担保股份有限公司等企业达成战略合作，对进一步加强银企双方的沟通与交流，实现银企共同发展，促进双方转型升级将起到积极的推动作用。

第二节
集团化协同战略

"开放、共享、不断创新"三大协同理念。

如果说中国五矿集团打造"千亿内部市场"是为集团化产融协同与融融协作作了战略安排，那么中国五矿集团公司西部资金结算中心在绵阳市商业银行成都分行的成立就是为产融协同、融融合作构建了一个畅通的平台。

接下来便是对战略的贯彻与落实推进。

强势协同推进

时任中国五矿集团总经理助理、五矿资本董事长、绵阳市商业银行党委书记的任珠峰表示,希望通过内部协同,充分发挥重组优势,形成新的合力,抓住互联网时代契机,贯彻"开放、共享、不断创新"三大协同理念,推进业务欣欣向荣,共同实现打造"千亿内部市场"的目标。

2018年4月25日,中国五矿集团业务协同西南区域推进会在成都召开。来自中国五矿集团、中冶集团、五矿资本、有色控股、五矿发展、五矿地产、中钨高新、五矿勘查、长沙矿冶院等40多家企业负责人和业务骨干近150名代表参加了会议。

时任中国五矿集团总经理助理、五矿资本董事长、绵阳市商业银行党委书记的任珠峰表示,希望通过内部协同,充分发挥重组优势,形成新的合力,抓住互联网时代契机,贯彻"开放、共享、不断创新"三大协同理念,推进西南地区业务欣欣向荣,共同实现打造"千亿内部市场"的目标。

会上,中国五矿集团企业管理部、采购管理中心以及中冶赛迪、中冶建工、中国五冶、自贡硬质合金、中国十九冶、绵阳市商业银行等单位就业务协同有关问题进行了现场宣讲。同时,参会人分别进行面对面、零距离的座谈讨论和交流接洽,为促进业务交流、深化业务协同提供了更好的平台和机会。

本次会议主要以打造"千亿内部市场"为目标,就如何加强内部单位业务协同提出了包括产融结合、融融结合、业务推介及平台应用等多个方面的多项举措。在集团公司的带领下,绵阳市商业银行将与各内部单位进一步加强协同合作，为真正实现打造"千亿内部市场"的目标做出贡献。

2019年11月27日，中国五矿集团有限公司粤港澳大湾区千亿内部市场协同推进会在深圳召开。中国五矿集团总经理、党组副书记国文清，副总经理、总会计师、党组成员刘才明，副总经理、党组成员兼五矿资本董事长、绵阳市商业银行党委书记任珠峰出席会议。

五矿资本相关领导指出，打造"千亿内部市场"战略给五矿资本开展产融协同指明了方向，让五矿资本享受到中国五矿集团与中国中冶集团重组的红利。过去三年，是五矿资本落实集团战略、重塑协同机制的三年，也是五矿资本重组上市后快速发展、能力再造的三年，更是五矿资本与集团兄弟单位深度融合、加深互信的三年。经过三年产融协同的实践，五矿资本发自内心地认识到，内部市场就是五矿资本展业的根据地，五矿资本最天然、最核心、最亲密的客户资源是集团内部的兄弟单位，产业集团的基因是五矿资本最鲜明的气质，集团公司的支持是五矿资本发展壮大最坚实的后盾。

五矿资本从上到下都致力于把产融协同落到实处，始终把顶层设计作为开展业务协同、服务各兄弟单位的根本保障，把坚决落实作为开展业务协同、建立信任纽带的主要抓手，把专业运营作为开展业务协同、提升服务质量的现实路径。

在未来的业务协同工作中，五矿资本要做到三个不动摇：一是坚持"服务集团主业"不动摇，二是坚持"创造增量收入和利润"不动摇，三是坚持"高质量发展"不动摇。五矿资本将通过做好产融协同，为集团公司打造中国第一、世界一流的金属矿产集团的战略目标多做贡献。

会上，五矿证券和五矿信托分别做业务推介，介绍了自身综合竞争优势和特色金融服务。五矿信托、五矿证券、绵阳市商业银行分别与兄弟单位上海宝冶、二十冶、五冶签订战略合作协议，将携手在粤港澳大湾区进行业务开拓。

2019年12月26日，为贯彻落实集团公司粤港澳大湾区千亿内部市场协同推进会的会议精神和工作要求，五矿资本"使命担当·协同共进"产融协同推进会在北京召开。

五矿资本总经理赵立功指出，在贯彻集团公司打造"千亿内部市场"战略、推动产融协同的具体实践中，五矿资本与兄弟产业单位既共生又共长，在合作中涌现了一个又一个产融协同的典型。五矿资本服务集团产业单位的优势在于对集团战略的理解力和执行力、金融全牌照的综合服务优势以及自身协同体系、机制的不断优化。五矿资本将与兄弟单位并肩开拓关键区域和市场，真正落实好集团公司协同聚焦核心区域、核心市场的要求，共同服务于集团公司打造"中国第一、世界一流"的金属矿产企业集团战略目标。

在此次会议的"产融对话"环节，二十二冶、中冶置业、五矿信托、五矿证券、绵阳市商业银行参会领导围绕"使命担当，产融共进"这一主题从专业化人才建设、产融信息对接、产融协同创新等领域进行了探讨。

会上，五矿资本正式成立"金融智库"，金融智库成员覆盖五矿资本各业务条线，将更好地为兄弟单位开展产融协同工作提供专家智慧。五矿资本综合金融服务手册和五矿资本专属卡（绵阳市商业银行联合五矿证券推出）同时在会上发布。

在参会各单位的业务对接环节，五矿资本各经营单位与产业单位代表围绕融资需求及创新模式、产融信息沟通对接、合作模式及后续安排、个人金融服务如何促进协同等主题进行了深入探讨。

五矿资本财务部、协同发展部及所属五矿信托、外贸租赁、五矿证券、五矿经易期货、绵阳市商业银行、工银安盛人寿业务协同条线的主要领导和业务骨干参加此次会议。五矿资本将继续在集团公司统一部署和指导下，继续深耕好内部市场，切实增强金融服务实体经济的能力，为打造世界一流的金属矿产企业集团这一战略目标贡献力量。

协同创造价值

在中国五矿集团打造"千亿内部市场"战略指引下,绵阳市商业银行于 2019 年 6 月 12 日在总行单设协同业务部,全面融入集团协同战略,以此为银行创造价值,带动银行的转型发展。

战略引领,协同创造价值。

在中国五矿集团打造"千亿内部市场"战略指引下,绵阳市商业银行于 2019 年 6 月 12 日在总行单设协同业务部,全面融入集团协同战略,以此为银行创造价值,带动银行的转型发展。

截至 2020 年 6 月 30 日,协同客户在绵阳市商业银行时点存款余额 71.65 亿元。

协同业务部切实践行绵阳市商业银行双轮驱动战略,协同业务发展多点开花。

深度参与中国五矿集团"千亿内部市场"战略,大力推动协同业务营销,拓宽业务覆盖面。通过前期与协同企业的密切联系,积极推进重点区域协同项目落地。

以业务协同推动公私联动,落实五矿资本专属卡发行工作。以五矿资本成立 20 周年庆为契机,批量制发五矿员工专属卡两千余张。这针对异地优质个人客户的创新服务,在提升银行形象、深化内部协同、后续业务牵引上都具有重要意义。目前已与五矿信托、五矿证券、五矿经易期货等公司达成部分薪资代发协议。同时,专属卡在五矿资本内部单位的成功发行,为专属卡在中国五矿集团其他兄弟单位中推广奠定了坚实基础。目前已与中国五冶、中国十九冶初步建立专属卡发行意向,切实践行了"创新服务,提质增效"的服务理念,助推绵阳市商业银行多元化优质服务迈上新台阶。

持续创新业务协同模式,切实优化业务协同效率。针对业务协同的天然属性和业务协同客户需求的多样性,绵阳市商业银行持续创新业务协同产品,在项目融资、项目前端融资、建设期融资、运营期融资、项目招投标、项目谈判议价等方面推出多种创新服务,为实体企业的业务发展贡献较大协同力量。同时,持续优化内部沟通协调机制,自上而下统一思想,业务协同的推进效率得到了较大的优化和提升。

抓住契机,持续推进重点项目。西部结算中心项目已经完成基础建设,下一步将促使绵阳市商业银行成为财务公司在西部最主要的结算签约银行,推动各西部成员单位尽快开立账户,开展结算业务,做实结算中心,亦为兄弟企业相关业务提供更完善的金融服务。另外,绵阳市商业银行积极协助中冶建工对分子公司进行现金管理,参与其财务共享平台建设,协力打造资金共享平台。

中 篇

形而下之器

第九章 筑牢风控体系

审慎经营，坚守底线，稳健高质量发展。

本章导读：

◎从定位于"化解金融风险，维护地方金融稳定"的全省落后城商行到各项监管指标全面达标、挺进优质银行序列，二十年时间里，绵阳市商业银行在风险管理的道路上披荆斩棘、努力前行。二十年，摆脱阴霾，有效化解历史遗留风险；二十年，坚持审慎经营原则，坚守风险底线；二十年，不断提升风险管理水平，走出了一条可持续发展的城商行特色风险管理之路，向优质银行挺进。

◎到2009年末，计划10年完成的政府置换4.8亿元不良贷款回购任务，提前6年完成。成立时承接的6.5亿元的历史包袱得到彻底消化。同时消化国有企业破产或清算等形式各类损失1.56亿元。

◎形成了以"动态查找风险点、预警管控风险点、全方位化解风险点"为内容的"三位一体"风险防控机制，建立起绵阳市商业银行风险管理体系。

◎资本约束理念的引入，使绵阳市商业银

行把防范风险和提高资本收益作为经营工作的核心，使全行业务发展模式和资金配置模式由资金制约开始向资本制约的转变，经营行为更加理性和更加审慎。

◎将风险管理融入公司治理、企业文化、战略管理、科技创新各环节。

◎在确立"以稳健为根"的风险管理核心价值观后，绵阳市商业银行着手从顶层设计和基层文化建设两个维度双管齐下，营造"人人都是风险官"的浓厚风险管理文化氛围。

◎开展科技创新和大数据分析，引入流程诊断和优化的精细化管理工具，实现"人防"与"技防"相结合。

◎坚守风险管理"三道防线"理念，把持"五个要素"，从"孤岛式"风险管理向全面风险管理转变。

◎与同业、监管部门和地方政府、科技企业开展合作，发挥好"几家抬"的合力，切实增强本行风险管理效能。

◎始终坚持风险底线毫不懈怠，持续完善全面风险管理体系。高度重视各类风险的识别、评估、计量和监测工作，并采取切实有效的措施，加强对各类风险管理，使各项指标控制在监管要求的范围内。

银行经营货币，同时也在经营风险，利润与风险如影随形，风险控制是商业银行的生命线，亦是安身立命之本，对于脱胎于风险丛生的合作金融的城商行而言更是如此。

现代商业银行风险管理包含度量、监测和控制风险所必需的技术和管理工具，目的是通过设计一整套风险管理流程和模型，使银行能够实施以风险为本的管理战略和经营活动。《商业银行法》首次引进国际通行的审慎经营理念，在中国第一次以法律形式提出"商业银行应当按照有关规定，制定本行业的业务规则，建立、健全本行的风险管理和内部控制制度"，要求商业银行应当增加"内部压力"，进行更加彻底的改革。显然，风险管理是新时期中国商业银行改革的核心内容之一，亦是改革的重要突破口。

从定位于"化解金融风险,维护地方金融稳定"的全省落后城商行到各项监管指标全面达标、挺进优质银行序列,二十年时间里,绵阳市商业银行在风险管理的道路上披荆斩棘、努力前行。二十年,摆脱阴霾,有效化解历史遗留风险;二十年,坚持审慎经营原则,坚守风险底线;二十年,不断提升风险管理水平,走出了一条可持续发展的城商行特色风险管理之路,向优质银行挺进。

第一节

历史赋予的使命

城商行从一诞生起就肩负了化解地方金融风险的历史使命。

1979年我国第一家城市信用社成立,成立之初主要为城市集体企业、个体工商户以及城市居民提供金融服务。然而城市信用社的迅猛扩张带来了乱集资与随意放贷的问题,进而演变成区域金融风险,于是监管层的集中整顿也紧随而至。

1995年国务院决定在大中城市组建地方股份制性质的城市商业银行。

1995年6月22日,中国第一家城市商业银行在中国体制改革的热土深圳诞生,深圳市商业银行的成立其实更多是形势所迫。从历史上看,城商行是化解地方金融风险的产物,这算是为城商行的诞生做了历史定位。城商行一诞生就肩负了化解地方金融风险的使命,承接了信用社的大量不良资产。2001年末,城商行账面不良率超过30%,之后的几年里,城商行累计处置了近千亿元不良资产,同时不断扩张信贷资产规模增大分母,才逐渐将不良率降至2007年的3%以下。

和全国城商行一样，成立绵阳市商业银行的一个重要目的与诉求就是要有效化解合作金融遗留下来的风险，维护地方金融稳定。

化解历史风险

到2009年末，计划10年完成的政府置换4.8亿元不良贷款回购任务，提前6年完成。成立时承接的6.5亿元的历史包袱得到彻底消化。同时消化国有企业破产或清算等形式各类损失1.56亿元。

20世纪90年代，绵阳金融秩序混乱，甚至成为金融"重灾区"。各类合作基金会、股金办风行于市，高息揽资、高利放贷，2001年全市金融机构不良贷款率高达68%。金融机构被迫收缩机构、限制放贷，导致企业资金供应不足，经济大幅滑坡。

由于参与组建的信用社长期以来形成的历史遗留问题和弊端一夜之间全部带入绵阳市商业银行，从开业时绵阳市商业银行就背上沉重的历史包袱，面临着严重的经营风险。

根据当时的城商行监管要求，绵阳市商业银行各项指标达到六类行标准，这意味着绵阳市商业银行已被列入全国高风险行，其风险状况倍受监管部门关注。同时，与全省已经成立的城商行横向比较，绵阳市商业银行是全省风险度最高的城商行。

支付风险随时有可能发生。这是对于所有商业银行最为可怕的事情，这是流动性风险、信用风险、操作风险、法律风险、信誉风险、市场风险的综合反映，这种不幸却降临到新成立的绵阳市商业银行身上。

2000年9月，成立之初的绵阳市商业银行全行各项存款余额仅15.5亿元（其中高息存款占12.7亿元），存款准备金和备付率接近为零，为保支付借有各类外债资金2.8亿元，参与组的9家信用社中有6家靠再贷款保开门。贷款质量非常低，全行各项贷款余额15.63亿元，不良贷款实际占比56%。信贷、投资、财务亏损等各类损失6.5亿元。资本充足率严重不足，根据当时初步测算，资本充足率为负数。

现在看来，这组数据对于任何商业银行都是一个可怕的事情，绵阳市商业银行能够挺过来，算是一个奇迹。

信则立，不信则废。

要化解支付风险，首先要解除信用风险。

绵阳市商业银行一直以来要求"诚信为本"从每个员工做起，树立商业银行诚实、守信的人格形象；要求"稳健经营"从各营业机构、各业务环节做起，树立商业银行规范经营、严格管理的良好企业形象；既要追求规模发展，更要向绩效优秀的目标奋斗，给股东好的回报。

回首走过的那段坚苦岁月，我们都很清楚，绵阳市商业银行摆脱困境，与改革创业者的努力分不开，更得益于地方党委政府及人民银行的正确领导和鼎力支持。

成立之初，在绵阳市委市政府的正确领导下，在各级监管部门的大力支持下，绵阳市商业银行开始进行大规模的资产转换，全面引入战略投资者，使处于高风险状态的城商行初步摆脱困难局面。

截至2001年末，绵阳市商业银行成立1年多时间，全行新吸收存款15亿元，消化高成本资金10.7亿元，还清原信用社借的各类外债资金2.18亿元，累计盘活清收不良贷款2.3亿元，备付率较开业时增加17.22%，存款较开业时增长24.3%，资产总额较2000年同比增长21.5%，不良贷款率较2000年同比下降7个百分点，全行实现经营效益2858.4万元。

至此，绵阳市商业银行支付风险顺利化解。

到2009年末，计划10年完成的政府置换4.8亿元不良贷款回购任务，提前6年完成。成立时承接的6.5亿元的历史包袱得到彻底消化。同时消化国有企业破产或清算等形式各类损失1.56亿元。

建立风控体系

形成了以"动态查找风险点、预警管控风险点、全方位化解风险点"为内容的"三位一体"风险防控机制,建立起绵阳市商业银行风险管理体系。

国内外商业银行的长期实践证明,没有良好的内部约束和激励机制,就不可能有效防范经营风险和推动各项业务的长期、持久和健康发展。

然而,绵阳市商业银行是在不同类型的旧体制金融机构基础上组建而成的,文化背景、风险认知、风控手段、操作习惯诸多差异,而且落后。特别是因多家法人机构统一为单一法人后,此前旧体制下的惯性思维根深蒂固,不仅危及公司化法人的严肃性,而且严重阻碍风险管控能力的提升。为此,我们在对市场环境、管理体制、业务流程、人员素质、技术手段等内外部因素评估后,统一风险控制文化,探索并初步形成以"动态查找风险点、预警管控风险点、全方位化解风险点"为内容的"三位一体"风险防控机制。2009年12月23日,为增强防范和控制风险的能力,加强风险管理的组织建设、机制建设和制度建设,促进可持续发展,根据有关法律法规规章、监管政策和绵阳市商业银行章程规定,行董事会制定了《绵阳市商业银行风险管理意见》,建立了本行的风险管理体系,在这个体系中,内控建设被浓墨重彩。

强化责任,内化意识。一是建立绩效考核机制。将风险防控机制建设纳入总行各部门和各支行绩效考核体系,不仅定性定量考核单位,而且同步考核领导班子成员和部门负责人、支行行长,考核结果直接与单位争先、个人创优、岗位晋升和绩效工资挂钩。二是建立监督评价机制。将机关效能建设、行业作风建设、干部队伍建设中广泛使用的服务对象测评、岗位监督考察、群众公开评议、举报投诉、责任追究等手段引入风险防控评价机制。三是建立督导推动机制。坚持推行"周督查、月通报、季考核、年交账"工作机制,对工作推进过程中出现的难点、亮点、节点等问题，通过督查通报、信息交流等形式，进行全方位交流、提示，促进工作环节落实到位、防范处置措施到位，将问题消除在萌芽状态。

突出重点，预警防控。按照监管要求和建设流程银行的总体思路，借助咨询公司，对现行组织架构和各项管理制度进行了科学梳理，进一步厘清了前中后台各自职责、工作流程和制约关系，明确了各个岗位、各个操作环节的各类风险点，完善了各项内控制度，从组织架构和制度建设层面重新构筑起风险控制的"三道防线"，即业务经营条线、风险控制条线、内部审计条线。第一，做好风险排查，把握防控风险点。对防控风险点采取"动态查找、动态管理"的办法，通过"内部交叉查找、外部监督反馈、实践补充修正"三条途径，构筑立体"排查网"。一是内部通过"自己找、互相查、组织审"的方式，纵横交叉查找防控风险点；二是对外采取走访、座谈等开放式途径，开门纳谏，完善防控风险点；三是针对专项检查、稽核审计、信访举报等渠道掌握的动态信息，实时修正，增补防控风险点。第二，做好预警防控，前移监督关口。重点从三个方面入手：一是风险排序、分级防控。根据风险点的表现、危害程度和发生概率，进行评估排序，分成若干等级，进行分级防控。二是快速反应、预警防控。利用本行预警网络体系的信息搜集、分析、处置机制，对触及风险点的各种苗头性、倾向性行为及时预警响应。三是主动介入、积极防控。对各单位风险防控措施落实情况，通过各种形成进行定期监督，通过岗位调整、强制休假、离任审计，专项检查等手段进行日常监督，发现问题及时预警防控。

健全制度，完善机制。在开展风险防范管理工作中，从四个方面加强风险防控机制建设：一是以流程再造为抓手，建立合理的风险管理制度体系。2008年12月绵阳商业银行开始启动ISO 9001标准体系建设，2009年8月顺利通过ISO 9001：2008质量管理体系认证。根据《商业银行内部控制评价试行办法》和ISO 9001：2008质量管理体系，梳理了270个业务和管理流程，发布了80多项内控政策、质量标准，形成了涵盖经营管理活动全过程风险控制点的《内部控制质量手册》和44个程序文件、251个管理规定、600多个规范记录表格，使全行每个岗位都能清晰地看到业务流程和各业务间的关系以及主要风险点、出现风险的后果和预防措施。二是建立岗位风险防范机制，加强权力运行内控制度建设。按照"工作有流程、程序有控制、控制有标准"的要求，在流程设计上，坚持前中后台职责明细并相互制约。如贷款业务流程，要求贷款不能由一个部门、一个分管领导单独完成，应分为贷款营销部门和风险控制部门。贷款营销部门和分管领导只负责贷款尽职调查，无权决定贷款发放；风险控制部门和审贷委员会决定贷款发放，但禁止接触贷款客户。同时，在岗位设置和人员配置上，做到不相容业务相分离。对贷款调查、重控管理、金库守护、上门收款、固定资产出租、大宗实物采购等易发风险的重要业务活动和主要风险环节，坚持做到岗位制约，以保证有效的监督和制约。三是加强对高管人员履职监督，对重要岗位人员的重点把控和对全行人员的动态管理，认真落实重要岗位人员定期轮岗、强制休假和离任审计等制度，及时准确把握员工的思想动态和日常行为，防止和减少违规违纪行为。四是按照"岗位职责明确、工作流程清晰、防范措施得力、预警处罚到位"的要求，建立风险预警处罚机制和动态纠错制度。首先是按风险大小，确定风险等级，明确各级管理者风险管理责任和对各类风险点可能出现的问题进行控制处理、对触犯风险点、发生违规违纪行为实施处罚的权限，把风险降至最低点。其次是定期或不定期地对防控风险点进行动态纠错检查，及早发现问题，及时纠错补救。再次是加强日常考核，逐步完善风险管理工作考核制度，并根据工作职能的调整及时完善风险管理内容和防控措施。与此同时，根据监管要求，绵阳市商业银行完善了信息披露运行机制，制定了《信息披露管理办法》，明确了信息披露工作的要求、程序和责任，主动按新《金融企业会计制度》编制财务报表，使信息披露更充分、审慎和规范。2006年以来，每年在《金融时报》上披露经营情况，搭建投资者信息交流平台，提高经营管理透明度，维护本行"公开、透明"的良好公共形象。

审慎经营原则

资本约束理念的引入,使绵阳市商业银行把防范风险和提高资本收益作为经营工作的核心,使全行业务发展模式和资金配置模式由资金制约开始向资本制约的转变,经营行为更加理性和更加审慎。

作为股份制银行,坚持"审慎经营、持续发展"就是要用科学思维和金融规律指导和规范各项经营管理活动,确立资本、效益和风险综合平衡的经营理念,促进商业银行质量安全、高效经营和健康发展的有机统一。

"审慎经营"的本质就是要在依法合规的基础上,将资本、效益和风险综合平衡的经营理念落实到各项经营管理活动中,实现从粗放式经营向集约化经营的根本转变。

对于经营货币及风险的商业银行而言,要实现"审慎经营、持续发展",除了要有完善的风险控制体系外,还要有合理的资金运行机制及信贷运行机制。集中调控、统一调度全行营运资金,亦是法人体制的基本特征和要求。

绵阳市商业银行成立后随即设置了总行资金调度中心,统一全行资金管理、全行资金清算、全行库箱押运。建立起调控准备、上缴上存和规模与资金相匹配的资金营运管理体制,对内部资金实行差别管理,利用利率杠杆有效调节不同类别、不同期限和不同档次的上存下借资金,消除系统内部资金调剂的各种障碍。这不仅从利益的格局上抑制了支行的信贷扩张冲动,还规避了个别支行资金相对积压或头寸临时不足等现象,从体制上和机制上解决了超负荷的经营矛盾。全行营运资金的机制问题、价格管理和约束问题的有效解决,增强了总行对资金的调控和调度能力,提高了资金整体运行效率,加快了全行资金运转,压缩了人力、物力费用开支,使集约化的规模优势得以发挥。

此外,绵阳市商业银行还建立起了集中管理、权责明确的信贷运行机制。集中信贷管理是城市商业银行构建统一法人体制下经营管理体制的重要内容之一。因此，在信贷运行机制的构架上，绵阳市商业银行着重处理好机制建立、结构调整、资产质量、责任落实等四个方面的问题，逐步实现了信贷结构的合理调整和资产质量的有效提升。研究制定并有效实施了适应现代商业银行规则和一级法人体制下的信贷经营管理制度，做到既坚持审贷分离原则，又实现责权利益相对统一。在信贷结构调整上，建立起退出机制，逐步压缩传统产业和行业贷款，采取增量与存款挂钩，把资金重点投向中小微企业和优质贷款项目。对过去形成的不良贷款，认真界定类别和性质，明确落实专人或原有责任人进行重点专项清收。对新增贷款完全按市场原则和信贷制度进行管理，严防形成不良贷款。总行还成立了资产风险管理中心，专门负责全行不良贷款的管理和经济案件、诉讼维权等工作。

与此同时，绵阳市商业银行还引进了资本约束管理理念。

资本管理要求银行不论是调整资产结构还是收入结构，都要考虑资本约束和资本占用，只有大力发展消耗经济资本少的资产和业务，追求以相同的资本支撑更大的资产规模，才能获得更多的经济利润。基于以上认识，绵阳市商业银行自成立以来，就积极探索，不断强化资本约束管理理念，坚持审慎经营法则，不断深化银行规模扩张有限性和资本覆盖风险的认识，加强对发展的预测，控制风险资产总量，做到资本与资产相匹配，有效配置信贷资源和财务资源，把更多的资源配置在风险可控以及占用资本少、收益高的业务上，走资产业务发展与资本规模相匹配的发展之路。资本约束理念的引入，使绵阳市商业银行把防范风险和提高资本收益作为经营工作的核心，使全行业务发展模式和资金配置模式由资金制约开始向资本制约的转变，经营行为更加理性和更加科学。同时，还加大拨备提取和呆账核销力度，风险抵补能力不断得到加强。

实践证明，绵阳市商业银行综合运用风险管理安全绳，坚持审慎经营原则，对银行资金的安全做了强有力的保障，从而走出了一条规范、稳健、持续、健康的发展之路。至2015年8月末，全行不良贷款率较开业时下降五十多个百分点，资本充足率、拨备覆盖率、贷款损失准备充足率均远远超过监管标准。2015年6月中国银行业协会首次发布中国商业银行稳健发展能力"陀螺"评价体系排名,绵阳市商业银行获1500亿元以下资产规模地方性法人银行风险管理能力第五名。

第二节
重塑风险管理架构

将风险管理融入公司治理、企业文化、战略管理、科技创新各环节。

金融活,经济活;金融稳,经济稳。经济兴,金融兴;经济强,金融强。经济是肌体,金融是血脉,两者共生共荣。2019年2月,习近平总书记在主持中共中央政治局第十三次集体学习时强调构建多层次、广覆盖、有差异的银行体系更好服务实体经济的同时,也再次强调了防范化解金融风险的重要性。因此,对于每家金融机构而言,做好风险管控,是更好服务实体经济,做好金融工作的根本性任务。尤其是对于银行业来讲,经营风险是银行业机构最本质的特征。风险管得好不好,是检验银行经营管理能力的"试金石"。

2019年9月底,国务院金融稳定发展委员会第八次会议对中小银行稳健发展做出重要阐述,指出要加快构建商业银行资本补充长效机制,重点支持中小银行补充资本,将资本补充与改进公司治理、完善内部管理结合起来,有效引导中小银行下沉重心、服务当地,支持民营和中小微企业。这为中小银行高质量发展指明道路。

显然,城商行只有将风险管理融入公司治理、企业文化、战略管理、科技创新等各环节,结合自身优势,重塑风险管理架构,才能全面提升价值创造能力,真正成为金融体系的中坚力量。

树立风险管理文化

在确立"以稳健为根"的风险管理核心价值观后,绵阳市商业银行着手从顶层设计和文化建设两个维度双管齐下,营造"人人都是风险官"的浓厚风险管理文化氛围。

风险文化是商业银行在经营管理活动中逐步形成的风险管理理念、哲学和价值观,由风险管理理念、风险管理知识和风险管理制度三个层面组成。其中,风险管理理念是风险文化的核心,相对于知识和制度而言,它对员工的行为具有更长效的影响力。从城商行过去的实践来看,往往并不欠缺风险管理的知识和制度,最大的问题在于"有制度不执行",对风险管理缺乏敬畏之心,为短期业务发展忽视中长期风险。

进入新时期,绵阳市商业银行管理者深刻认识到从业务文化向风险文化转变的重要性,着力树立全行共同遵守的风险管理文化。

在确立"以客户为中心、以稳健为根、以勤奋者为本、智慧众筹、快乐工作"核心价值观体系中,对于风险管理方面的描述中,明确"以稳健为根",这是绵阳市商业银行是非标准的依据、全体成员遵循的行为准则,亦是绵阳市商业银行的风险管理核心价值观,成为指导企业经营的规律和原则。要求在企业经营管理中坚持"以稳健为根、审慎经营、持续发展",就是要用科学思维和金融规律指导和规范各项经营管理活动,确立资本、效益和风险综合平衡的经营理念,促进绵阳市商业银行质量安全、高效经营和健康发展的有机统一。

"以稳健为根、审慎经营、持续发展"的本质就是要在依法合规的基础上,将资本、效益和风险综合平衡的经营理念落实到各项经营管理活动中,实现从粗放式经营向集约化经营的根本转变。而要实现"审慎经营、持续发展",除了要有完善的风险控制体系外,还要有合理的资金运行机制及信贷运行机制。集中调控、统一调度全行营运资金,追求企业持续有效增长,为员工搭建长期可持续的发展平台,为股东谋取长期可持续的价值回报，并以此实现长久稳定而良性健康的发展。

在确立"以稳健为根"的风险管理核心价值观后，绵阳市商业银行着手从顶层设计和基层文化建设两个维度双管齐下：一方面，"自上而下"地健全公司治理架构和风险管理战略。在董事会层面，进一步突出风险管理在全行战略中的重要地位，充实风险管理委员会的职能，发挥履职担当作用；在经营管理层面，进一步加强业务管理、风险合规、审计监督等"三道防线"建设。另一方面，"自下而上"地倡导风险管理理念，营造"人人都是风险官"的浓厚风险管理文化氛围，让每一名干部员工都自觉将防范和控制风险视为发展前提和第一生命线，将合规意识、风险管理文化深深植入干部员工头脑中，推动从"重贷轻管"向全流程风险管理转变。

运用风险管理技术
开展科技创新和大数据分析，引入流程诊断和优化的精细化管理工具，实现"人防"与"技防"相结合。

面对互联网和金融科技的异军突起，城商行最大的危险在于失去客户接触和数据，即熟悉本地客户的传统优势正在逐步丧失。

当然，城商行也可以借助金融科技来加强风险管理，以摆脱单一的"人防"依赖。

近年来，绵阳市商业银行风险管理逐步从经验管理为主向科学管理为主转变。

一是深入开展科技创新和大数据分析。在传承城商行风险管理"充分了解客户"（KYC）传统优势的基础上，实现"人防"与"技防"相结合，强化以数据架构设计、数据挖掘管理、数据分析运用、数据价值创造为核心的数字化风险管理能力建设，以适应客户基础不断扩大的新形势。

二是积极引入流程诊断和优化的精细化管理工具。通过对信贷风险管理流程进行测量和分析，找出风险管理中存在的低效环节并进行优化，从而提升风险管理质效。

三是完善风险定价和绩效考核机制。通过深化应用管理会计系统，强化成本控制及风险定价，提高资源配置的有效性，从而提升综合盈利能力。与此同时，进一步完善内部的绩效考核体系，强化风险调整后的综合效益指标考核。

实施全面风险管理

坚守风险管理"三道防线"理念，把持"五个要素"，从"孤岛式"风险管理向全面风险管理转变。

为提升银行业金融机构全面风险管理水平，引导银行业金融机构更好服务实体经济，银监会于2016年正式发布《银行业金融机构全面风险管理指引》（以下简称《指引》），规定全面风险管理体系包括风险治理架构等五个主要因素，并采用了风险管理"三道防线"理念，规定董事会承担全面风险管理的最终责任。

《指引》提出了银行业金融机构全面风险管理体系的五个主要因素，包括风险治理架构，风险管理策略、风险偏好和风险限额，风险管理政策和程序，管理信息系统和数据质量控制，内部控制和审计体系等。

《指引》正推动银行业从"孤岛式"风险管理向全面风险管理转变。

绵阳市商业银行认真学习贯彻文件精神，根据本行实际情况分步骤分阶段的开展全面风险管理工作。

一是建立健全多层次、相互衔接、有效制衡的风险治理架构。明确董事会、监事会、高级管理层、业务部门、风险管理部门和内审部门在风险管理中的职责分工，建立多层次、相互衔接、有效制衡的运行机制。

二是完善本行风险制度。修订《全面风险管理政策》《风险经理管理办法》《风险偏好管理办法》《市场风险管理办法》《风险限额管理办法》《风险报告管理办法》等全面风险管理类制度。补齐风险预警、研判、协同和责任等机制短板，确保风险管理覆盖各个业务条线，包括本外币、表内外、境内外业务，覆盖所有分支机构、部门、岗位和人员，覆盖所有风险种类和交叉风险影响。同时，还要将全面风险管理纳入内部审计范畴，定期审查和评估全面风险管理的完备性和有效性。

三是切实发挥首席风险官的专业引领作用，系统规划全行风险战略和组织职能，调动内外科技资源为城商行量身定制风险管理方案，统筹推进全面风险管理战略落地。同时，立足银行实际，计划择机在一些重点风险领域派驻独立风险监控人员，如市场风险官、风险经理等。

与此同时，绵阳市商业银行风险管理部对风险限额及风险容忍度进行实时监控，监测指标包括资本充足指标、信用风险指标中不良贷款率、拨备覆盖率、单一集团客户授信集中度、单一最大客户授信集中度、最大十家贷款集中度指标、全部关联率指标、流动性风险指标、市场风险指标、盈利性指标、大额风险暴露指标等，并将指标监控情况向高级管理层汇报。绵阳市商业银行金融市场部设有风险管理岗，归口风险管理部门条线，专职负责监控市场风险限额日常执行情况；并根据实际情况设置了限额预警值，对于触发预警或异常价格波动的交易进行重点关注并上报，获批后方予以放行。

当风险限额临近监管指标限额时，风险管理部、计划财务部、金融市场部、信贷管理部等部门会通过停止新发放贷款、调整信贷结构、收回高风险贷款以及金融市场业务操作等，确保风险限额控制在额度之内。

建立群防群治机制

与同业、监管部门和地方党委政府、科技企业开展合作,发挥好"几家抬"的合力,切实增强本行风险管理效能。

时至今日,银行风险管理已日益演进为一个复杂庞大的系统工程,不但涉及银行自身,同时还涉及整个行业、监管部门和地方政府、科技企业等,需要发挥好"几家抬"的合力,切实增强银行风险管理的效能。

为此,绵阳市商业银行多措并举,开展风险防控群防群治。

一是与监管部门保持密切的指导协作关系。监管部门对于风险的判断不但更具全局性,而且客观公正。通过监管部门的把脉问诊和信息沟通,帮助绵阳市商业银行更好地认清形势和方向,保持冷静头脑,获取更充分的风险管理信息。

二是争取地方党委政府及相关职能部门的大力支持。党委政府和职能部门可以在推动建立区域性公共信用大数据平台、提升地方担保等增信机制、优化地方信用法治环境等方面发挥积极的牵头引领作用。近年来,绵阳市商业银行引入司法、工商、税收、公积金等外部大数据用于批量式甄别客户的信用风险,取得了不错效果。

三是在金融科技领域开展广泛合作。除与知名科技企业开展务实合作外,绵阳市商业银行今后还将与初创科技企业、专业咨询机构、国内外先进银行的金融科技实验室等围绕风险管理技术和数据应用探索创新合作,待时机成熟,计划设立自己的创新实验室或加速器,重点孵化适合本行实际的风险管理技术。

四是继续发挥城商行抱团发展的优势。除继续深化流动性风险互助合作外,在市场风险、"多头授信"治理、风险管理技术和场景应用研发等一些具有共同紧迫需求的领域,与兄弟城商行互通有无、携手共进,探索各种形式的合作。

第三节
构筑风险管理体系

始终坚持风险底线毫不懈怠,持续完善全面风险管理体系。

在强监管的背景之下,绵阳市商业银行始终坚持深化改革与跨越式发展并举,始终坚持风险底线毫不懈怠,持续完善全面风险管理体系,不断增强防范和化解风险能力,努力打好重点风险化解的攻坚战。在信用风险方面,坚持严控增量,多措并举清收化解存量。在操作和案件风险防范方面,扎实抓好安全生产管理,组织开展"三年合规文化建设"、案件(风险)专项治理,加强排查和监督检查,强化监督审计等。

管理的木桶理论,风险管理是最短的一块板,而安全生产是最下面的底板。安全生产出问题,将一失万无。加强安全生产,任重而道远。

绵阳市商业银行坚持用"身边的事教育身边的人"开展警示教育,全行的合规意识得到强化。认真做好消费者权益保护工作,深入开展"优质服务提升年"专项活动,不断强化声誉风险、流动性风险、信息科技风险管理,为绵阳市商业银行行稳致远奠定了好基础。

总行风险管理部,切实承担起全面风险管理牵头职责,建章立制,强化督促协调。资产保全部、法律合规部等部门,积极沟通协调,加大对风险资产处置力度。金融市场部切实做好金融市场风险管理。信息科技部、计划财务部、法律合规部、运营管理部、安全保卫部、办公室等部门,认真履行各自风险管理职责,加强对重点风险的管控,确保持续改革创新发展、持续无重大风险事故。

近年来,绵阳市商业银行高度重视各类风险的识别、评估、计量和监测工作,并采取切实有效的措施,加强对各类风险管理,使各项指标控制在监管要求的范围内。

信用风险管理

一是每年定期开展贷款"三查"尽职情况专项评估工作，并确保一定比例的机构覆盖面、行业覆盖面及各类形态贷款的覆盖面，使评估更准确、科学。

二是定期开展常规贷后检查工作，形成贷后抽检台账，并随时跟踪整改情况。

三是开展信贷业务检查工作。组织开展全流程信贷业务检查，要求各分支行加强资金用途管理，确保贷款资金用途的真实性。

四是进一步强化不良贷款处置。实行总行领导挂钩分支行问题贷款清收化解责任制；认真查找本行不良贷款的成因，总结贷款管理中的经验教训；逐户梳理，一户一策，制定差异化的化解方案；强制考核，制定并执行特殊时期的不良贷款考核方法，推行不良贷款清收奖励政策；严格责任认定和责任追究；依法清收，加大核销贷款清收力度；对转化无望的贷款采取逐步调整划入不良贷款。

 流动性风险管理

根据银监会发布的流动性风险管理新规，绵阳市商业银行修订了流动性风险管理制度，明确了各部门在流动性风险管理中的相关职责，更新了指标计算公式，进一步完善了本行流动性风险管理体系。

2018年12月，制定了《绵阳市商业银行股份有限公司流动性风险应急预案——防挤兑专项应急预案》，通过制定有效且操作性强的防挤兑应急预案能避免危机时候的混乱或缺乏明确的责任定位，避免事件不必要的扩大或恶化。

 市场风险管理

首先是对成交价格的监控。每日对成交的质押式回购、买断式回购以及现券交易进行成交价格监控。按本行制度规定，为回购交易设定了预警值，对触发预警的交易进行调查，查明原因确认无违规交易后方可放行。

其次是对账户投资比例和监控。按照本行《债券交易业务限额管理细则》的规定，每月底对债券投资账户、券种的比例进行监控。如遇账户比例超出限额，则需通知交易员在下月对账户投资比例进行调整。

再次是对投资账户进行压力测试。每月金融市场部会对所有债券投资账户进行压力测试。测试采用久期法，预评估在债券市场收益率曲线整体上移或下移的情况下，投资组合的损益变动情况，以便结合对市场的预判及时调整投资组合构成。

为防范市场风险，绵阳市商业银行金融市场部专门建立了风险监控机制，除每日进行价格盯市外，还运用风控系统的风险评估模型定期对投资组合的收益风险进行评估，利用久期法测算方式每月对投资组合进行压力测试，对资产组合比例进行监控，确保投资组合安全性和盈利性的平衡。

操作风险管理

近年来,绵阳市商业银行以防范重大操作风险事件为目标,强化从业人员的操作风险管理,加强关键环节、重要岗位的风险管控,健全和完善案件防控长效机制,确保全行无案件和重大责任事故。

首先,开展制度建设,规范业务操作。

2018年,绵阳市商业银行通过公开招标方式引入北京普信管理咨询公司对本行制度体系进行全面的构建与设计,通过制度清理和整体评估,结合部门职责、业务实际,对原有的制度框架进行了调整,并依据法律法规和监管规定,对部分缺失、不适合业务发展的制度进行了全面的修订和完善。

其次,加强信贷制度建设和业务流程优化,防范信贷业务操作风险。

绵阳市商业银行积极推进信贷系统优化改造,对信贷业务流程、控制节点进行逐步完善,改进了系统授信模式,对融资担保公司实行线上管理,实行信贷合同线上打印,对影像管理、担保变更操作等进行进一步优化,有效防范信贷业务操作风险。

与此同时,加强重点环节的业务管理,优化信贷管理中的薄弱环节。一是对保函、贷款承诺业务的流程进行了规范,明确了申请、出具、保管、注销等环节的管理要求,保函格式文本由总行统一出具与管理,不得未经总行批准对外出具任何形式贷款承诺函;二是针对在担保管理中存在的薄弱环节,就组合担保、在建工程抵押、存货与专利权抵(质)押等方面提出了规范性要求,有效防范抵质押担保风险;三是为确保信贷业务合规有效申报和审查,印发了《关于再次明确规范2017年以来部分信贷管理制度执行流程的通知》,对2017年来部分信贷管理制度执行流程进行再次明确和强调；四是根据银承提前填仓补足保证金存在的法律瑕疵，下发《关于银承汇票提前填仓补充签订协议的通知》，要求各机构办理银承填仓时同时签订补充协议，确保对填仓保证金享有优先受偿权；五是进一步加强信贷合同管理，规范信贷合同线下使用，制定"信贷合同使用特殊事项线上流程"，明确信贷合同特殊申请的要求，有效避免线下合同的滥用。

强化放款环节风险把控，继授信类业务进行集中审查后，2019年先后将小企业和个人经营性信贷业务纳入总行放款中心进行统一放款审查。建立放款环节的差错管理制，对放款审查发现的问题进行按季通报，并根据问题的性质进行问责处理，有效防范了信贷业务操作风险。

持续完善信贷系统功能，继续平衡风险控制和业务发展之间的关系。2019年，完成了多个重要模块上线和流程的系统改造工作，实现了在信贷产品、业务流程、授用信模式一体化等方面的优化。一是实现了在非专业担保公司保证人限额管控、保函文本线上打印、按揭贷款线上进件与面签、供应链金融平台对接、LPR模块功能新增等系统多方面的优化。二是对接四川支付结算综合服务系统开展银政通不动产业务，实现成都地区不动产登记信息的线上查询、抵押登记线上预约、抵押注销登记线上直办等功能。三是启动信用风险缓释系统（押品及权证系统）以及信贷档案管理系统的建设工作，已完成信贷档案与押品权证管理系统POC测试工作。

强化内部操作风险控制，加强重要业务核算风险管控。突出风险为本的管理原则，调整事后监督范围，先后将存量房交易、超级柜台、移动展业等业务纳入事后监督范围，并制定了监督范围及监督标准。将到事后监督逐步向事中监督转变，采取"重要事项及时报，常规事项按周报"的监督方式，使风险事项得到了及时处理，风险隐患得到有效控制。

再次，突出重点领域风险防控，狠抓柜面业务操作风险。

按照流程银行的规划，在川内城商行第二家实现了领先的前中后台业务分离。总行建立集中作业中心，将前台业务的关键风险点和账户开立的主要环节，后移至中心处理。集中作业中心的建立，将前台主要风险事项关键环节纳入后台全程把控，既是防范前台操作风险的强效措施，也较大地减轻前台事后性工作,更好地为客户提供优质的服务。

严格执行监管要求,加强客户身份识别。严把客户开户准入关,对客户异常资金交易行为加强监测、提高警惕。按季开展运营管理情况通报。对支付清算、现金管理、客服服务等方面存在的问题进行通报,强调对存在问题的发现与整改、操作标准的统一。加强事后监督管理。对存在的突出问题,及时下发风险提示;对不规范行为,进行差错管理,并根据问题性质给予责任人经济处罚。

加强员工行为管理,防范重点岗位、重点人员操作风险。绵阳市商业银行制定了《员工行为规范》《员工从业禁止性规定》等管理办法,明确员工工作行为和服务规范。严禁员工经商办企业、参与民间借贷、私售产品、充当资金掮客等违规行为;组织多层次、多形式的员工培训,开展各类警示教育学习,提升员工的合规经营意识;按季开展员工行为排查,对日常异常行为进行重点监督。

 信息科技风险管理

落实信息安全建设,提高技防水平。积极推进信息安全体系建设,制定了信息安全管理制度,建立了从信息安全基本政策、管理办法、细则到表单等一套完整的信息安全体系,对网络安全、系统安全、数据安全和终端安全等领域进行重点监控与管理。

强化系统安全建设,对现有系统划分了不同的风险等级,并设置相应的安全和风险防控措施。同时,调整了业务监控系统和基础设施监控系统的预警方式,分别通过电话、短信、微信、邮件等多种渠道进行告警通知。在系统维护方面,均通过堡垒机系统在规定区域进行操作,控制用户权限,并能对用户的操作进行审计。

 国别风险管理

切实加强外汇从业人员上岗前外汇政策学习、业务培训,提升外汇政策理论水平,提升外汇专业技能与素质,增强外汇业务风险防范能力。

加强客户储备,扩大出口收汇业务,切实增加本行外汇头寸补充来源。一是扩大本行同业渠道,增强同业拆借等流动资金补充能力。二是向外汇局申请购买一定金额外汇运营资金,补充本行流动性储备。三是做好分支行外汇头寸预报工作,切实有效防范外汇流动性风险。

为确保客户资金安全,绵阳市商业银行在国际结算业务中通过行内黑名单系统、SWIFT系统,以及道琼斯反洗钱筛查系统等对联合国等制裁国家业务进行拦截;帮助客户排查国别风险,并及时建议客户谨慎开展与外汇管制或战争国家外汇收支业务,为本行的涉外企业客户规避国别风险。

 声誉风险管理

在舆情管控机制建设上,一是提高信息披露频率和透明度。落实专人负责收集行内动态新闻,及时在门户网站信息更新,向社会公布本行近期实时动态、业务产品、服务收费等按要求应公开的信息；按年公布年报、社会责任等报告；实时于本行微信公众号上公布本行最新新闻；做到信息公开，努力提升信息透明度。二是主动适应新媒体环境下舆情管理新常态。近年来，积极适应新媒体时代发展趋势，面对突发的网络舆情问题，坚持早发现、早报告、早预警、早核查、早化解的"五早"原则。三是重视网评跟帖工作，强化网络舆情监督，做好舆情应对工作。落实专人对网络舆情实时监督；组建总行和各级分支机构的网络评论员队伍，加强舆论正面引导；通过网络平台发布本行正能量信息，树立企业良好形象。四是及时报送重大事项的报告。对全行的重大事件及时形成重大事项报告并向当地人民银行、银保监、金融工作局等部门报送。五是排查风险隐患，定期排查可能出现的风险隐患，制定应对预案，全面提升应对处置能力。

在舆情管理工作上，首先加强自身建设，构筑良好的经营基础。在严守各类监管规定的基础上，加强自身内部管理和市场纪律约束，提高自身的抗风险能力。其次，完善法人治理结构和内部制衡机制。加强声誉风险管理，提升本行声誉资产价值。对内，完善内部风险管理体系，将声誉风险管理融入全行战略管理体系，将声誉风险控制在最小值；对本行的商标管理、文化管理、产品管理实施系统化的规划；构建早期预警系统，建立全行危机处理结构体系，加强危机公关管理，提升化解危机的能力；建立良好的企业价值和道德风气，强化声誉意识。对外，建立品牌知名度，提高品牌的附加值和可信度，不断提高服务质量。

完善客户投诉机制，提高投诉处理时效。一是明确规定了客户投诉管理机构、受理部门及职责、客户投诉受理及处理流程、客户投诉的责任认定、客户投诉处理检查与考核，明确投诉处理流程各环节各部门的职责。二是增加客服热线座席人员，缓减业务量大幅增长与客服人员数量不足的矛盾，切实提高客服热线电话接通率，及时妥善解决客户的诉求。三是加强投诉分析，组织汇编《门柜服务案例100篇》并全行推广学习，变诉后被动处理为诉前主动预防。四是进一步完善服务专项考评办法，从组织领导、管理推动、网点服务、服务成效、投诉处理、社会评价等维度进行考核,并将考核结果纳入行长经营绩效考评。五是对服务质量方面存在的问题加大通报及整改力度,确保服务质量有效提升。

强化队伍建设,提高舆情监测与处理能力。本行落实专人利用科技手段对网络舆情实时监督;同时加强员工培训,提高舆情监测与处理能力,强化舆情监测、识别、预警和引导的全过程管理。

妥善处理各种关系,形成防控联动效应。处理好与新闻媒体和网络媒体的关系:及时沟通、澄清事实,尽可能确保媒体对声誉事件进行客观的报道,减少猜疑、减小事件的危害;加强与党委政府和监管部门的沟通,充分承担第一责任主体的职责,及时向党委政府和监管部门报告事件真相,依靠各级党委政府和监管部门的力量,及时采取疏导为主、正面宣传引导的方式,共同应对声誉风险。

战略风险管理

2018年,为完善风险防范体系,加强战略风险管理,制定了《战略风险管理办法》,明确了战略风险管理的职责划分、控制管理方法、相应模型、管理制度等内容。

一是针对未来不确定的经济、政治因素,在有利、正常和不利的市场条件下,利用情景分析法,将本行战略规划和实施方案可能对本行产生的影响分别进行评估。

二是在战略管理的基础上,进一步考虑本行战略规划和战略实施方案中潜藏的风险,准确预测这些风险可能造成的影响并提前做好准备,将风险损失降到最低。

三是采用定期进行战略风险评估的方式，来检验战略风险管理是否有效实施，并及时提交战略风险评估报告给董事会和高级管理层，以便对未来战略规划和实施方案进行调整。

第十章 探索智慧银行

科技赋能，IT探路，走"互联网＋"之路。

本章导读：

◎实施金融科技战略，借助互联网大数据、智能风控推进零售业务战略转型。

◎形成了以项目建设为重点、以风险管控为主线、以运行维护为基础、以开拓创新为动力的信息科技管理模式。

◎全面升级改造新一代银行核心系统，基本实现了从"以账户为中心"向"以客户为中心"的转变，支持更加灵活的业务流程设计，持续增强服务能力，不断改善客户体验。

◎做到风险管控安排与产品服务创新同步规划、同步实施、同步推进，切实完善数据系统网络运行安全、个人隐私信息保护、运行监控、态势感知、灾难恢复等安全保障措施，使金融科技创新可能带来的各类风险处于可管、可控、可承受范围内。

◎采用"引进、挖掘、招聘"等方式，积极引进科技人才，同时做好职级规划和薪酬规划，让所有员工能够清晰看到自己的发展方向和成长空间。

◎以直销银行为核心的个人综合金融服务、以交易银行为核心的企业综合金融服务、以金融电子商务平台为核心的商务场景服务，通过三个板块实现面向"场景＋生态"的新型互联网银行业务。

◎2017年中国银行业协会公布全国银行业直销银行排名中，绵阳市商业银行取得了第九名的优秀排名。

◎借助线上平台及先进IT技术，在解决供应链融资问题的同时，将金融服务延伸至长虹产业链条的所有供应商。

◎把全行的金融业务运营能力和金融风控业务能力与FinTech的互联网金融风控、营销、运营和数据集成及应用能力结合起来，充分利用系统能力优势和银行的资源优势，扩大业务视野、放大业务能力。

◎有效把握住各类零售业务中的关联性，把手机银行作为连接整个产品体系的综合性纽带，将取款、贷款、结算、汇兑、投资理财等不同产品及业务汇集在一起，形成手机银行客户端零售业务的产品体系。

◎移动支付收单增强了客户黏性，带来大量高质量新客户，对持续发展客户价值的效果明显。

◎借助互联网在线提供一揽子的金融服务解决方案，绵阳市商业银行已具备建设好场景输出生态的能力。

第一节
信息化建设

实施金融科技战略，借助互联网大数据、智能风控推进零售业务战略转型。

当前，全球正迎来新一轮科技革命和产业变革，金融与科技深度融合发展已是大势所趋。金融科技已经成为推动中小商业银行数字化转型发展的决定因素。根据埃森哲调研，高达 48% 的中国消费者为愿意承担风险、数字化高、期待创新的"先驱者"，此比例远高于全球 23% 的平均水平。中国消费者正处于对金融服务需求不断变化、期待创新的阶段。

在此趋势之下，绵阳市商业银行转变自身观点和理念，开始将金融科技上升到战略高度，在战略规划、组织架构、资源布局等方面进行了适应性调整，积极拥抱金融科技，并借助互联网大数据、智能风控等方式推进零售业务战略转型，推动手机银行、直销银行、微信银行等互联网平台和渠道建设，加速推进银行的数字化、智能化。坚持以"以科技带动业务，为业务交付价值"为目标，以"简单、易用、快捷、体验第一"为科技建设原则，提倡"科技多想一步"的服务理念，以提供端到端的服务站在科技层面强化各业务部门之间的协同能力，统一调配科技资源，不断努力从交付能力向交付价值迈进。

信息科技管理
形成了以项目建设为重点、以风险管控为主线、以运行维护为基础、以开拓创新为动力的信息科技管理模式。

自 2016 年以来，绵阳市商业银行进一步加大了信息科技建设。经过努力，目前已拥有较为先进的信息科技管理体系、较为完善的信息科技管理制度，逐步形成了以项目建设为重点、以风险管控为主线、以运行维护为基础、以开拓创新为动力的管理模式。

项目建设管理流程化：明确项目管理职责，规范项目管理流程，提高项目决策与建设的科学性，2017 年 2 月制定了新的信息科技项目管理办法、实施细则和配套模板，项目首先从目标、范围和内容上分为信息系统项目、基础设施项目和咨询服务项目。再从金额和重要程度分为 ABCD 四类，对不同类型的项目采用不同的管理和控制措施。自此，项目建设阶段划分明确，项目组职责分明；业务部门参与度大大加强，从项目初期就进入项目组；项目过程文档齐全，完全符合内外部审计和监管部门对项目建设的要求；利用TAPD、TechExcel等工具实现线上管控项目；提高员工项目管理意识，使项目成果能有效地沉淀。

IT服务标准化：针对运维团队人员缺乏，服务内容多，覆盖面广，业务稳定性要求高，设备种类多，沟通渠道复杂等问题，2017年6月引入优智汇管理咨询公司实施IT服务标准化项目，项目开始即指定事件、问题、变更、发布、配置五个核心流程的负责人，让其在实施过程中真正参与流程制度的制定，并在落地过程中利用TechExcel管理软件实现全流程线上申请和审批。通过IT服务标准化建设，减少重复工作和冗余工作，有效利用人力资源配置；提高IT员工的专业素质，提高员工的服务能力和工作效率；规范IT部门的服务水平、可靠性和安全性，为业务用户提供高质量的服务；规范IT服务管理流程，提高审批效率的同时，也降低了IT运营风险；通过IT部门实施的最佳服务管理实践，形成了一套行之有效的变更管理时间表，并在变更过程中实现多点监控，有效控制风险。

2018年建立科技人力外包新模式。通过招标、价格谈判等环节，形成人力外包公司资源池，用人时向资源池内人力外包公司发起人力外包需求，外包公司进行需求响应，最终经过面试、试用完成外包人力购买的方式，避免了以往立项流程长的不足，实现了全行开发、运维对人力需求的快速响应。

目前，绵阳市商业银行科技管理水平管理维度和精细化程度不断提升，通过优化和新增管理流程，并配合线上化手段，对包括立项、采购、需求、开发、投产、运维、外包等在内的科技管理重点领域提升精细化管理程度，确保全行信息科技健康发展。

系统开发建设

全面升级改造新一代银行核心系统，基本实现了从"以账户为中心"向"以客户为中心"的转变，支持更加灵活的业务流程设计，持续增强服务能力，不断改善客户体验。

绵阳市商业银行紧跟信息技术演变，不断在发展过程中建设大量专业化的信息系统。人们日常生活中经常面对的银行业务，诸如现金存取、网络转账、刷卡消费、移动支付、理财投资等金融活动，在信息技术发展的支撑下，取得了长足的进步。全面升级改造新一代银行核心系统，基本实现了从"以账户为中心"向"以客户为中心"的转变，支持更加灵活的业务流程设计，提升业务运营能力。形成了覆盖银行网点、手机银行、网上银行、电话银行、短信银行等立体式的服务渠道，持续增强服务能力，不断改善客户体验。

2017年：

网银集群的建设。2017年6月16日，在全行共同努力下，新一代网银、手机银行系统顺利完成上线切换及历时数据迁移。新一代网银集群由个人网银、手机银行、企业网银、微信银行、内部管理系统、渠道整合系统等部分组成。在建设过程中，绵阳市商业银行借助同行业的先进理念对网银系统进行了重构，同时结合本行业务现状不断进行调整创新，新增了理财类业务、生活缴费类业务、电子票据业务等，尤其是手机银行的建设完成，实现了绵阳市商业银行移动金融服务能力从无到有的一个跨越。

数据仓库的建设。2017年10月7日，绵阳市商业银行的数据仓库成功上线。通过对数据标准体系的建立，数据仓库完成了从贴源数据层、基础模型层、共性加工层、数据接口层的全部建设和投产，建成了全行标准化的基础数据池。"手中有粮，心中不慌"，数据仓库的建设，除了让全行数据质量得到大幅提升外，还让建设全行报表展现平台有了基础，业务部门的所有报表需求，几乎都能满足，能够将"表哥""表姐"们从繁重的手工报表中解放出来。同时开展了手机银行客户群体等3个专题的精准营销类数据分析,有力地支撑了业务部门日常经营决策和客户营销活动。

新信贷系统的建设。2017年10月7日,新一代信贷管理系统顺利完成上线切换及历时数据迁移。新信贷管理系统是信贷业务全生命周期管理和全流程管理系统,由信贷管理、押品管理、核算管理三大部分组成。在流程合理的基础上做好风险把控,实现风险与效率的平衡,包含从客户采集、客户评级、客户授信到贷款发放、贷后变更等所有信贷功能,并将贷款核算和押品管理独立管理,优化了现有应用及业务架构,实现了集中放款的运营模式。

监管报送系统建设。重构了EAST、MAST的程序,新开发了大集中应用,绵阳市商业银行在全省第一个通过EAST3.0验收,EAST、MAST数据质量大幅提升。

进行全行数据治理工作,发布数据治理管理办法和数据标准,完成数据质量管理、标准、元数据管理平台的建设,完成信贷条线的数据质量整改工作并支持新老信贷的平稳移植,配合完成数据治理监管评级项目,得到监管部门肯定。

ECIF(企业级客户信息系统)是以客户为中心的基础系统,保障客户信息一致性、维护的高效性,客户新增、维护等每笔交易平均响应时间为0.06秒,为全面提升客户信息质量奠定了基础。

集中作业系统通过流程化的后台集中作业模式实现运营操作风险的集中管控,通过集中作业、集中授权,提升原有业务流程处理效率,防范业务风险性,实现运营模式的转变,为全面业务集中奠定了基础。

新短信平台极大地提高了本行短信业务的实时性及准确性,提高了短信的到达时间和到达率,平台日均发送数达到2.8万条。

理财系统提升了理财业务管理水平,强化了风险控制,推动产品创新,为业务部门理财产品创新提供了技术支撑。

2018年:

完成现金管理系统开发并成功投产上线。该系统的上线弥补了现金管理短板，增加了服务手段，为中国五矿集团公司西部结算中心业务开展提供技术支持和保障，提高了资金归行率，达到带动存款增长的目的。

上海票据交易所直连系统、纸电融合上线顺利上线。上海票据交易所直连系统的上线，使得本行可直接通过行内票交所直连系统进行登记，无须人工做表在中国票据交易系统客户端导出导入。同时场内托管票据可通过票交所直连系统进行到期账务处理，纸票转贴现可通过票交所直连系统进行对话报价、再贴现等交易。纸电融合上线使得本行电票可直接在行内票交所直连系统进行对话报价、再贴现等交易。

完成存量房上线工作。该系统的顺利上线使得绵阳市商业银行可通过信息系统从源头记录和监管房屋买卖过程中的存量房交易资金账户的资金来源和划账装款，以防范金融风险，保障预购人的合法权益。

完成支付宝、财付通业务的接入工作。该项工作的顺利实施，实现了绵阳市商业银行IC卡与支付宝、财付通的绑定，为绵阳市商业银行在快捷支付业务方面翻开了新的篇章。

完成网联系统开发建设并成功投产上线。该项目的成功上线，极大限度地减少了第三方组织与银行渠道拓展与维护成本投入，进一步提升了客户资金业务办理效率与安全性，实现了线上资金监管，降低了相关方面的风险。

秒贷业务顺利上线。秒贷功能的上线标志着信息科技正为绵阳市商业银行产品创新、业务模式创新方面提供有力的支持与保障。该业务的推出，让客户无须提供担保或抵押物，只需轻轻点击借款即可完成放款。为客户实现了申请便捷、高效预批、高额度、随借随还的业务功能。

完成线上合同打印业务需求。该需求的实现将线下合同的签订放置于线上，包括审批与打印，降低了合同打印成本费用，为业务线上化、电子化提供了有力的支持。

完成回单批量打印需求建设。该需求的实现，让回单批量打印从核心转移至信贷系统，降低了业务员的操作压力特别是一线柜员的工作量，也节省了一线柜员的操作时间。

完成人脸识别系统建设。该项目的完成，将主要应用于自助渠道智能服务平台机具开卡开户、客户信息维护等业务，实现客户在线上自动完成客户认证审核工作，避免客户去柜面办理业务的流程，简化了操作手续，节省了用户时间，提高了客户体验。同时，人脸识别系统的投产上线，为绵阳市商业银行在人工智能建设方面跨出了历史的第一步。

完成超级柜台项目建设工作。该项目的顺利上线，使超级柜台STM实现自助发卡，客户只需通过人脸识别技术验证，即可完成开卡及签约业务。2018年7月3日，以总行营业部为试运行网点，超级柜台完成第一张卡片的发放，该项业务的上线，节省了客户排队取号的时间，提升了客户的便利性。

学校缴费系统投产上线。可为学校提供在线报名、在线缴费等功能，极大地解决了学校缴费难、报名难的问题，加快了学校办事效率，提高了用户体验。

2019年：

完成新一代柜面系统开发并成功投产上线。建设过程中通过交易整合，同时运用设备，配合电子签名、电子印章等先进技术，实现了柜员凭证和客户回单无纸化，大幅提升业务办理效率。新一代柜面系统的成功上线，在满足客户新需求、提升客户体验、加快网点转型、简化柜面操作、开展新业务等方面起到了积极的作用。

完成外部产品定价系统的上线。外部产品定价系统的上线，能够让绵阳市商业银行在和不同客户议价过程中，充分利用差异化价格手段，提升服务感受，增加交叉销售机会，提升客户黏性。

完成统一身份认证系统的上线。统一身份认证平台的投产上线，实现了用户信息统一存放和管理，为各分散系统提供了统一登录门户，为员工访问系统提供统一身份管理，解决了柜面众多系统浏览器不兼容的问题。

综合柜面系统，实现以"客户为中心"的理念，满足客户对网点的服务能力和效率的要求，提高运营管理水平，提高业务处理效率，优化柜面及厅堂功能。在建设期间充分考虑到前台操作的便利性，整合交易完成了统一支付交易，继续建设统一签约、统一查询、统一打印等交易。

统一门户系统上线。统一门户用以实现全行所有系统同一入口一次登录，已陆续接入财务管理系统、营改增系统、验印系统、网银后管、综合柜面等20个系统。

完成人力资源系统的上线。人力资源系统的上线，从根本上改变了绵阳市商业银行从成立以来线下台账式的人力资源管理模式。系统实现了包括组织架构、人事管理、薪酬管理、培训管理、干部任职管理等多个维度的管理功能。同时，通过自动生成多维度的数据统计分析报告，可为领导决策提供数据支持。

完成统一监管报送平台的上线。统一监管报送平台系统以总行参与监管统计报送工作的各业务部门为基本使用部门，并在条件允许的情况下延伸到基层网点使用。实现源业务数据的采集、转化、加工、查询、报文、报告等功能，并将统一监管报送平台的各项数据集中存放总行，实现集中式管理。

完成消费者投诉系统的上线。消费者投诉系统实现了绵阳市商业银行各类业务的投诉受理与处理过程的全程留痕、信息实时更新等功能，与人行的投诉统计监测系统进行对接，实现数据实时报送。

完成二代征信系统的上线。二代征信是根据监管要求，实现征信数据的报送、查询、异议处理、统计、预警监测、考试、费用管理等功能，做到可追溯、可扩展（接入第三方征信）且与本行相关系统进行对接，同时减小后续的软硬件投资和优化作业流程，集中管理的系统。

完成住建局资金清算平台的上线。该资金清算平台的上线进一步提升了绵阳市住建委住房专项维修资金收取业务的客户体验，同时也为住建委提供了可视化的高效管理方式，使资金在最大程度上获取效益，满足了监管部门对房屋维修资金收取、清算和管理等业务的要求。

完成新收单系统的上线。新收单系统的上线实现一个平台上不同类型、型号终端设备的统一接入，各种支付方式和支付通道的兼容及统一管理。通过接入支付宝、微信等，支持目前市面上主流二维码支付，进一步拓宽了绵阳市商业银行支付业务渠道的丰富度。

信息安全管理

做到风险管控安排与产品服务创新同步规划、同步实施、同步推进，切实完善数据系统网络运行安全、个人隐私信息保护、运行监控、态势感知、灾难恢复等安全保障措施，使金融科技创新可能带来的各类风险处于可管、可控、可承受范围内。

在银行业借力金融科技的发展和创新中，一方面，新技术、新理念的发展有着典型的多样性、创新性、动态性、复杂性等特征。另一方面，金融业务也有着典型的业务、管理、监管等体系化的要求，特别是风险管控和合规性要求，业务模式、管理模式、监管模式都需要与新的创新应用进行互动转变和有效融合，在业务、技术、管理的全方位融合发展中，需要形成一个良性互动的生态环境，才能有助于金融科技在风险可控的前提下实现健康、可持续的发展。

绵阳市商业银行在发展金融科技过程中，将风险管控作为重中之重，做到风险管控安排与产品服务创新同步规划、同步实施、同步推进，主动建立健全借贷风险、财务风险管理、合规管理、应急处置、内部控制等业务管理制度，切实完善数据、系统及网络运行安全、个人隐私信息保护、运行监控、态势感知、灾难恢复等安全保障措施，使金融科技创新可能带来的各类风险处于可管、可控、可承受范围内。同时，通过信息披露、风险提示等方式，避免金融创新的风险和成本向金融消费者不合理转嫁，切实履行金融消费者保护职责。

实现信息安全体系化。信息安全是全行信息系统稳定运行的基础，为加强信息安全管控的范围和措施，同时也响应国家对信息安全工作的方针，绵阳市商业银行于2017年开展了信息安全咨询，针对信息安全方针、安全组织、资产管理、人员安全、物理与环境安全、通信与操作安全、访问控制、系统与维护、安全事件等方面进行了信息安全测评和分析，并根据测评结果形成一套全新的信息安全管理制度、信息安全建设规划和信息安全工作实施计划，使绵阳市商业银行信息安全管理达到了新的高度，达到了预期目标：落实安全管理组织及安全管理人员，明确角色与职责，指定安全规划；制定安全管理体系制度、策略；与风险管理进行有效结合，形成风险安全一体化管控措施；制订业务连续性计划和灾难恢复计划；对全行进行安全意识培训；逐步进行相关安全措施的落地，有效防范已知安全风险；监控、检查和处理相关安全事件，形成安全事件处理及汇报标准流程。在统一规划，分步实施的基础上，完善了各项规章制度和优化各项管理流程；提高了信息化应用水平和服务水平，充分发挥了信息科技的"服务、支撑、保障"作用，为全行工作的顺利开展提供了良好的信息技术服务和支撑环境，保障了各项业务系统安全、稳定的运行。

2018年，进一步完善了信息科技安全、风险管理体系，从被动管理向主动管理转变。通过渗透性测试、安全测评等有效手段，对全行软硬件层面存在的脆弱环节予以发现并制定整改方案。通过开展系统上线前风险评估、外包商风险评估、外包管理风险评估、全面风险评估等各项类专项风险评估活动，及时发现信息科技相关风险并加以遏制。每月定期开展安全风险管理例会，对安全及风险发现进行汇总并在会议上形成整改行动项定期进行整改情况的跟踪。

2019年，全力确保各类信息系统平稳运行。

完成集中备份系统建设投产工作。实现了120套系统、5套数据库的数据备份，提高了全行信息系统的高可用性。

完成了开发环境桌面云部署和推广工作。提供300个虚拟桌面，满足研发180人同时在线开发的需求，且进一步保障研发的数据和代码安全性。

完成了基础设施、应用两个监控系统的部署。实现了200余套系统、100多台服务器、4台存储、62台网络设备、19套重要信息系统的实时监控，为信息系统的持续稳定运行提供了可靠保障。

完成数据库单节点改造。分别新搭建了1套Oracle 12c数据库RAC环境和2套Oracle 11g数据库RAC环境，完成了6套Oracle 12c数据库、

9套Oracle 11g数据库的迁移工作,确保了数据库的高可用性。

切实做好系统安全加固工作,完成数据脱敏系统建设。完成OA网络、生产网络的改造和加固工作,从安全性和易用性方面获更高的提升。同时完成测试环境数据脱敏工作,实现了开发测试环境核心、信贷、ECIF、信贷、财务、营改增等重要信息的系统在测试环境可以使用脱敏数据,且保证了开发测试的有效性。

完成核心主备切换演练工作。成功开展了核心主备切换演练工作,在技术水平、关键基础设施软硬件等多个方面,检验了核心系统的应急处置能力,极大地提升了核心系统对外服务的可持续水平。

完成了统一运维平台投产工作。统一运维平台将全行20个重要信息系统、10套重要数据库纳入统一管理。日常简单的运维操作由机器自动完成,运维人员工作重心转移到具体操作内容的审核、审批中,提升执行的效率的同时,降低了人为误操作风险。同时还很好地将运维相关知识沉淀到平台中,形成知识库。

不断加强信息科技安全风险管理,严守合规底线。对于L2及以上等级的生产事件,通过召开生产事件分析会对事件的原因、处置手段、风险影响、整改行动项进行分析、明确,有效地避免了共性问题的反复出现;在信息系统的安全检测方面,重要信息系统上线前及时组织安全测评,有效避免系统带病投产。对互联网类信息系统、生产运行环境常态化开展安全测评,保证相关其健壮性。积极配合信息科技监管,确保监管达标。

科技队伍建设

采用"引进、挖掘、招聘"等方式,积极引进科技人才,同时做好职级规划和薪酬规划,让所有员工能够清晰看到自己的发展方向和成长空间。

当前,信息技术的发展日新月异,尤其是"大数据""云计算"时代的来临,"互联网+"的行业应用,要求绵阳市商业银行的信息技术必须要与时俱进。而要具备同业竞争的能力,人才队伍是关键。因此,针对目前信息技术的飞速发展和互联网金融的挑战,绵阳市商业银行多措并举加强科技人才队伍建设,不断提高核心竞争力。一是加强以"客户、价值、快乐、成长"为核心的科技文化建设,大力营造学习新知识,钻研新技术的学习氛围,加强技术培训和交流,参加监管机构、城商协会和专业培训机构组织的各种培训,提高员工的基本素质。二是多方邀请专业公司的工程师到行进行技术交流,了解目前信息科技领域新的技术的应用,以提升科技人员适应新技术的能力。三是鼓励部门科技人员参加与自己岗位相关的资质认证培训,提高科技人员专业知识水平,为全行人才的培养做出努力,目前已有员工获取了CISP、PMP等资格认证。四是为增强科技队伍的业务支撑、开发和运维保障能力,采用"引进、挖掘、招聘"等方式,积极引进人才。同时建立了细致的职场职级规划和薪酬规划,让所有员工能够清晰看到自己的发展方向和成长空间,让所有员工都能看到绵阳市商业银行是他们能施展自己才华的良好的舞台,努力做到能够引进人才,也能留住人才。五是建立全行科技协管工作机制,进一步强化了科技协管组织架构、工作目标、工作职责、工作机制,努力形成全行大科技工作格局。

在积极加强科技队伍建设中,采取"引进来、走出去"两种方式,一方面通过不断引进优秀技术人才扩充科技队伍,不断提升科技队伍技术实力;另一方面通过定期组织开展内部或外部专业培训,不断提升科技人员技术水平,不断加强科技人员对各类系统开发、运维的自主把控能力,降低对外包的依赖度。

第二节
互联网金融

以直销银行为核心的个人综合金融服务、以交易银行为核心的企业综合金融服务、以金融电子商务平台为核心的商务场景服务,通过上述三个板块实现面向"场景+生态"的新型互联网银行业务。

2016年,绵阳市商业银行将电子银行部改为互联网金融部。在这之前,已经完成了以后台业务系统为基础,以个人网银、企业网银等渠道业务系统为平台的互联网化的功能体系建设。在绵阳市商业银行的互联网金融战略规划中,将提供以直销银行为核心的个人综合金融服务、以交易银行为核心的企业综合金融服务、以金融电子商务平台为核心的商务场景服务,通过三个板块实现面向"场景+生态"的新型互联网银行业务。

2016年以来,面对金融科技在移动支付、互联网理财、消费金融等多领域快速发展带来的挑战,绵阳市商业银行积极探索数字化转型的突破口,将"以客户为中心"和"特色化产品与服务"作为"差异性、精细化"发展战略下的两翼,利用金融科技转变发展思维,利用互联网新技术手段拓展客户,积极快速响应客户需求,丰富产品,在实践中找到一条适合自身发展的数字化转型之路。

在互联网金融战略实施过程中,作为区域性中小银行,绵阳市商业银行的数字化转型之路并没有沿着"高投放、系统性、全覆盖"的方式前行,根据其自身"差异性、精细化"的战略定位,有效融合金融科技,深耕区域、细针密缕才是转型发展的方向,积跬步,以至千里。

直销银行建设

2017年中国银行业协会公布全国银行业直销银行排名，绵阳市商业银行取得了第九名的优秀排名。

绵阳市商业银行的直销银行建设始于2017年，当年主要完善系统工具和业务功能模块，"富乐e家"7次版本升级，有效修复解决运营管理平台问题，优化开户人工审核，新增直销银行代发工资等业务功能。当年，绵阳市商业银行和平安共同发起富盈5号"满万送十"的活动，实现购买金额8414万元，大大提高了绵阳市商业银行直销银行的知名度，增加直销银行注册开户数。

后来，直销银行"富乐e家"开发测试出三款存款产品上线，如"月月富""智存宝""聚存宝"。

2017年中国银行业协会公布全国银行业直销银行排名，绵阳市商业银行取得了第九名的优秀排名。

供应链金融开发

借助线上平台及先进IT技术，在解决供应链融资问题的同时，将金融服务延伸至长虹产业链条的所有供应商。

一般而言，一个特定商品的供应链从原材料采购，到制成中间及最终产品，最后由销售网络把产品送到消费者手中，将供应商、制造商、分销商、零售商直到最终用户连成一个整体。在这个供应链中，竞争力较强、规模较大的核心企业因其强势地位，往往在交货、价格、账期等贸易条件方面对上下游配套企业要求苛刻，从而给这些企业造成了巨大的压力。而上下游配套企业恰恰大多是中小企业，难以从银行融资，结果最后造成资金链十分紧张，整个供应链出现失衡。

为此，绵阳市商业银行于2017年开发了首单供应链金融业务，将核心企业和上下游企业联系在一起提供灵活运用的金融产品和服务。联合长虹集团及前海泽金金服，共同打造产业金融平台，借助线上平台及先进IT技术，在解决供应链融资问题的同时，将金融服务延伸至长虹产业链条的所有供应商，有效实现多级穿透，同时降低产业链条上小微企业融资成本。

互联网金融服务平台开发

把全行的金融业务运营能力和金融风控业务能力与FinTech的互联网金融风控、营销、运营和数据集成及应用能力结合起来，充分利用系统能力优势和银行的资源优势，扩大业务视野、放大业务能力。

为适应互联网金融的快速发展，增强互联网金融产品竞争力，更好地利用线上渠道为个人或经营单位提供优质快捷的信贷服务，2017年11月，绵阳市商业银行与中信网络科技公司合作开始建设互联网金融智能服务平台，该平台包括风控、营销、运营和数据集成及应用在内的全方位一站式互联网金融业务创新与精细化运营支撑体系，把全行的金融业务运营能力和金融风控业务能力与FinTech的互联网金融风控、营销、运营和数据集成及应用能力结合起来，充分利用系统能力优势和银行的资源优势，扩大业务视野，拓展服务链条，促进全行互联网信贷领域的业务拓展。

2018年6月完成互联网金融平台开发建设，7月完成监管报备，8月2日上线运行，并在全行开展了上线前专题培训。为了保证互联网金融平台在生产环境的准确性，特进行了为期一个月的验收测试，就获取额度、借款、还款、账务核算等重要环节进行了测试，并在运行过程中逐渐优化和丰富平台功能。该平台的开发，实现了智能渠道系统、智能实时风控系统、业务运行处理系统全方位监管，以及白名单类个人消费贷款产品系列的设计与开发，同时上线四款白名单类信贷产品的研发。

不断完善互联网金融平台系统基础架构建设，持续开展互联网金融平台功能优化。截至 2019 年 12 月 31 日，共完成 58 项功能上线。

绵阳市商业银行互联网金融平台获人民银行旗下《金融电子化》杂志"2019 金融科技及服务优胜奖"。

网上银行及手机银行

有效把握各类零售业务中的关联性，把手机银行作为连接整个产品体系的综合性纽带，将取款、贷款、结算、汇兑、投资理财等不同产品及业务汇集在一起，形成手机银行客户端零售业务的产品体系。

以客户为中心打造特色化手机银行。对于绵阳市商业银行而言，因为"立足区域、服务地方"的定位，业务发展深耕区域多年，对本地客户及区域内金融消费者深度了解。在"以客户为中心"的经营理念指导下，借助金融科技赋能，对金融产品和服务流程进行互联网式解读和重构，研发上线了适合本地客户喜好的特色化手机银行，满足了客户线上金融服务的需求。

在研发手机银行的过程中，绵阳市商业银行有效把握住各类零售业务中的关联性，把手机银行作为连接整个产品体系的综合性纽带，将取款、贷款、结算、汇兑、投资理财等不同产品及业务汇集在一起，形成手机银行客户端零售业务的产品体系。突出数字化、智能化转型，在手机银行的界面设计、业务流程梳理、操作交互体验以及在线互动等方面进行了全面的改造升级。2018 年，新增"落地规则""我的贷款""房屋维修基金""社保支付""蓝牙 UK 验证""二类账户体系""批量转账业务优化"等新功能，有效提升客户体验度。目前，手机银行进一步优化了线上经营的主要渠道，给用户带来了更加丰富的产品、服务以及全新的体验，在用户最需要的时候，为其提供更恰当、更专业的产品和更智慧、更便捷的金融服务，增强了零售客户的黏性，有效带动存款、理财、贷款、支付结算、科技城卡等各产品的交叉营销，促进了各业务条线的协同发展。

在银行的客群中，有部分中老年客户以前对线上金融服务的接触较少，如果让他们一蹴而就地立即使用完整的线上金融服务，他们会产生较强的不适应性，会给手机银行推广带来阻力。针对客群的这一特点，绵阳市商业银行为其定制开发了简版手机银行，无须下载App，直接利用微信公众号作为触达用户的纽带，降低线上金融的使用门槛，只需关注公众号，便可享受本行较为全面的金融服务。当客群感受到简版手机银行的便利后，再根据他们更深层次的线上金融需求，将其有效转化为手机银行用户端客户，促进手机银行客户规模和交易规模的双提升。

除了线上金融服务的发展，绵阳市商业银行还充分利用网点分支机构在当地人熟、地熟、情况熟的线下优势，抓住智能银行建设，做好厅堂及外拓营销，引导客户开通并使用手机银行。同时，通过加强业务交叉营销，逐步实现手机银行对新客户、价值客户的高度覆盖，进一步提高手机银行对全行贷款、理财客户的覆盖率。

截至2020年6月末，绵阳市商业银行网银业务累计交易金额4709.8亿元，手机银行注册用户累计交易金额158.4亿元。

移动支付收单

移动支付收单有效增强了客户黏性，为绵阳市商业银行带来大量高质量新客户，持续发展客户价值的效果明显。

在金融账户经营中，绵阳市商业银行有效避开与各大型商业银行及互联网金融巨头的正面竞争，利用自身的地缘优势，将移动支付收单作为获取新客户及账户综合经营的利器。

移动支付收单作为客户与银行交互的高频业务，是业务交叉营销、拓展综合金融服务的有效切入点。在实际的业务发展中，移动支付收单对商户综合开发、提供综合金融服务的作用显著。绵阳市商业银行对移动支付收单的商户，采取深耕细作的策略，根据商户情况制定分层定价策略，以灵活的优惠政策吸引更多的商户使用，同时加大存款留存的引导。对每月使用量大且资金留存好的商户，及时关注其使用情况，深入挖掘融资业务及其他业务需求。

移动支付收单有效增强了客户黏性，为绵阳市商业银行带来大量高质量新客户，对持续发展客户价值的效果非常明显。各分支机构依托移动支付收单，有效开展交叉营销。通过业务推广带动账户及手机银行的开立，通过扫码支付沉淀交易资金，通过资金沉淀增加派生存款，通过掌握客户经营实况带动小额贷款营销，逐渐打造"移动支付＋手机银行＋信贷投放＋综合服务"的闭环金融服务生态圈。

2017年，绵阳市商业银行开始推进聚合支付收单业务系统建设及运营推广，组织人员参与对聚合支付运营系统、商户管理系统、App移动端、交易等2000余案例进行测试与验收工作，并提出完善优化需求。2017年9月顺利完成清算业务规则修改及测试验证工作，并顺利上线试运行。

2018年，绵阳市商业银行引入外部资源，创新支付及收单业务管理。首次开展与第三方持牌机构联合运营的模式开展收单业务。与此同时，尝试新型支付业务，围绕"衣、行、食、游、娱"，积极开展业务营销，实现主要对接商户类型为餐饮、商超、加油站、大型企业类等优质客户，逐步提升客户对绵阳市商业银行互联网金融业务系列产品的依赖度，进而提高互联网金融业务产品的活动率，规范了商户入网准则，提高了市场占有率。

注重将线上收单业务植入行业纵深，在教育行业做出了大胆的尝试，先后落地了为教投集团几所中学定制的线上学费收缴系统，为南山双语定制的微信端学费收缴系统，与银联四川分公司联合运营的"稚荟生活"微信端幼教缴费平台等多个业务产品，有效提高了教育机构缴费效率，减轻学校财务人员工作压力,产品得到学校的高度赞誉。

2018年,绵阳市被纳入全国移动支付示范城市建设规划,而绵阳市商业银行作为地方法人机构,按照绵阳市政府和省市两级人民银行部署,主动承担移动支付示范工程的主要工作责任,全面落实《绵阳市移动支付便民示范工程建设实施方案》工作要求与任务,积极部署,专人推进,主动参与,大力推进包括市区公交、连锁医药商户、公共事业缴费、三甲医院、农贸菜市场、综合商圈等场景建设,实现包括银联云闪付、手机闪付、银行卡非接支付、微信支付、支付宝支付等的受理环境改造;完成与中国银联云闪付系统对接及相关功能开发建设,实现在银联云闪付App上开立绵阳市商业银行Ⅲ类账户工作;实现云闪付绑定本行卡支付功能;组织开展云闪付培训、宣传推广工作,较好地促进了此项工作的落实。

2019年8月,绵阳市商业银行正式启动"新一代综合收单业务系统"项目建设,一期项目于11月27日正式上线。此系统的上线,改变了绵阳市商业银行收单业务以往受制于第三方的被动局面,有助优质客户的拓展。

为加强与重要客户的业务合作,绵阳市商业银行主动加强与市住建委对接沟通,为其代建了绵阳市住建委房屋维修资金统一清算平台,并于2019年11月30日正式上线,相关应用获得客户高度认可,同时也为拓展其他地区的金融资源提供了又一有力竞争武器。

截至2020年6月30日,绵阳市商业银行收单业务累计资金交易量238.52亿元。

场景化金融服务

借助互联网在线提供一揽子的金融服务解决方案,绵阳市商业银行已具备建设好场景输出生态的能力。

将金融服务融入人们的日常生活中,借助互联网在线提供一揽子的金融服务解决方案，这正是绵阳市商业银行利用金融科技所做的场景化创新。远程开户、全线上办理贷款、大数据风控、电子签章、人脸识别、证据保全等，已具备建设好场景输出生态的能力。

在移动支付收单方面，通过场景化的金融服务输出，触达优质 C 端客户。根据绵阳市商业银行传统对公业务客户群体的特性，聚焦物业和学校场景，围绕物业、学校等 B 端客户做好客户经营，利用业主和物业间及学生和学校间的紧密关系，渗透到物业、学校行业内，将金融服务从 B 端进一步延伸至 C 端。

针对学校及师生的金融服务需求，绵阳市商业银行推出学校缴费方案，通过接入各家学校，完成了学校缴费行业的服务提档升级，增加了银行与学校合作的黏性。逐步推动学校整合财务、教务、后勤、师生互动等场景，推动学校搭建"智慧校园"，通过账户渗透到学校各个环节，用缴费、贷款、存学费等模式触达学生家长这类优质的零售客户。截至 2020 年 6 月 30 日，绵阳市商业银行 e 校园缴费系统累计交易 6.2 万笔，累计归集资金 4.01 亿元；稚荟生活累计交易 5.1 万笔，累计归集资金 2.8 亿元。

为有效利用多年积累下的开发商和物业公司客户资源，绵阳市商业银行努力将金融场景融入社区服务中，将银行的网点开到线上去，小区业主可以直接在线上开户、投资、贷款。同时与物业合作进行联合营销，共同服务小区住户这类零售客户资源。

除了支付结算服务场景化外，绵阳市商业银行还在线上贷款场景输出中有效获客。以银行资金、账户、系统直联为优势，深入与信息化达到一定水平的垂直领域和行业平台合作，通过互联网线上渠道发放可循环经营性贷款。通过联动、线上线下相结合的方式来营销辖区内的小微商户。截至 2020 年 6 月 30 日，互联网金融平台产品"养殖 e 贷"（A 款）累计贷款投放 3616 万元。

下 篇
道与器之果

改变与进步,筑牢坚固的事业发展根基。
实事求是、历史观,肯定发展成果,正视当前不足而后勇。

下 篇

道与器之果

第十一章 知耻而后勇

凤凰涅槃，浴火重生，迈向区域最佳银行。

本章导读：

◎创业者亦是改革者，2000年至2015年间，绵阳市商业银行历经"创业、阵痛、成长、崛起"的十五年非凡发展历程。

◎数据对比证实了绵阳市商业银行2000年至2015年十五年的凤凰涅槃、浴火重生的发展变化。光鲜的数字变化是一份荣耀，亦是对创业者的一种肯定。数字背后的故事值得我们探寻，因为数字总是在发生变化，而变化的过程却不尽相同，真正的价值在于走过的改革历程和与众不同的方法与实践。

◎十五年时间，绵阳市商业银行一手完善管理体制机制、积极拓展市场，一手加大对历史遗留问题的风险处置力度，走出了一条自我积累、自我消化、自我发展的革新之路。在监管引领下，通过自身改革发展，有效支持了地方经济发展，丰富了普惠金融的业务模式，探索了现代治理的有效路径，守住了金融风险底线，为银行业改革贡献了独特经验和智慧。

◎各跨区分行传承绵阳市商业银行"助增

价值、服务成长"的经营理念,坚守中小微金融特色之路,被认为是绵阳市商业银行服务地域的最有效延展。在未来的发展道路上,绵阳市商业银行将借鉴已成立的跨区分行之成功运营经验,进一步拓宽跨区地域,办成区域特色银行。

◎从2016年开始,进入一个新的发展阶段。切实加强党的建设,充分发挥行党委的领导核心和政治核心作用,把方向、管大局、保落实。"两会"完成换届,公司治理更加严格规范,正式成为具有央企背景、国资主导的银行。构建了符合城市商业银行运行和发展的体制机制,遵循市场规律,强化激励约束,大力引进优秀人才,加快IT建设步伐。加强内部组织架构的改造,突出加强信贷管理、风险管理、法律合规、资产保全、运营管理等方面的职能建设,以适应业务发展的需要。精心谋划业务经营,着力深耕本地,支持实体经济发展;着力优化金融服务,巩固和拓展基础客户群体;着力开展产融、融融协同业务,不断创新金融产品和服务方式,扩大业务领域。

◎二十年磨炼与积淀,二十年砥砺前行。绵阳市商业银行在努力为股东、客户、员工及社会创造更多价值的同时,实现了自身业务发展和支持经济发展、履行社会责任的协调发展。已形成"跨区发展、特色经营、集合服务、合规稳健"的多元化、综合性发展格局。当前,绵阳市商业银行处于只有转型升级才能持续发展的关键阶段,转型升级势在必行。

◎站在一千亿的起点上,需要深思。一定要守住一千亿,稳住一千亿;一定要站好一千亿,守好一千亿;下一个一千亿会有多远,需要多长的时间?超越更多一千亿的目标是期待,练就超越更多一千亿的真功夫更是必须。

第一节

十五年非凡历程

创业者亦是改革者，2000年至2015年间，绵阳市商业银行历经"创业、阵痛、成长、崛起"的十五年非凡发展历程。

2000年至2015年，绵阳市商业银行历经"创业、阵痛、成长、崛起"的十五年发展历程。创业者亦是改革者，在这十五年里，绵阳市商业银行始终坚持围绕"科学发展、改革突围"的总体要求，秉承"服务地方经济、服务中小企业、服务城市居民"的企业宗旨，以"助增价值，服务成长"为经营理念，坚守"中小企业伙伴银行、社区服务特色银行、城乡居民贴心银行、地方经济助力银行"的市场定位，坚持走特色化、差异化的发展道路，靠管理树形象，靠创新闯市场，靠服务增信誉，靠改革求发展。十五年间，绵阳市商业银行由一家资本单薄、实力弱小的地方城市商业银行逐步成长为公司治理比较完善、经济与社会效益明显的金融企业，成为支持地方经济建设、助推地方经济发展的重要金融力量，为中国城商行改革发展探明了路径。

十五年成功突围

数据对比证实了绵阳市商业银行2000年至2015年十五年的凤凰涅槃、浴火重生的发展变化。光鲜的数字变化是一份荣耀，亦是对创业者的一种肯定。数字背后的故事值得我们探寻，因为数字总是在发生变化，而变化的过程却不尽相同，真正的价值在于走过的改革历程和与众不同的方法与实践。

绵阳市商业银行自2000年9月成立至今，历经深化金融体制改革的阵痛，穿越三梯队阵营发展的迷茫，践行新时期的创新与发展，在各级党委政府及金融监管部门的呵护与支持下，无所畏惧，披荆斩棘，终冲破囹圄，拨云见日。

2000年，在中国深化金融体制改革的指引下，绵阳市商业银行应运而生，成为当时的新事物。但世人所不知的是，起步后却是步履维艰。成立时的条件非常差，规模很小，只有20亿元；资产质量较差，背着5亿多元的历史包袱；应收未收利息较大，收益很少，收入成本比较高，利润接近为零，甚至为负数；组织存款的难度很大，不时存在支付困难。2008年又遇到"5·12"大地震，绵阳是重灾区，绵阳市商业银行亦损失巨大。虽然如此，第一代绵阳市商业银行人忍辱负重、不忘初心、改革创新、砥砺前行，2007年发起设立四川北川富民村镇银行、平武富民贷款公司；2009年消化历史包袱6.5亿元；2011年设立第一家异地分行广元分行，2012年设立科技支行；2014年中国五矿集团旗下的五矿资本成为第一大股东和战略投资者；2015年设立了资阳分行。

截至2015年末，绵阳市商业银行资产总额由2000年9月末的21.4亿元增加到527亿元，存款由2000年9月末的16.7亿元增加到311亿元，贷款由2000年9月末的15.6亿元增加到221亿元，不良贷款率由35.9%下降到1.46%，所有者权益由1.49亿元增加到39亿元。2003年被中国人民银行评为"全国银行信贷登记咨询系统建设先进集体"，被中国银监会评为2008年"全国银行业抗震救灾先进集体""2011年度全国银行业金融机构小微企业金融服务先进单位""2012年度全国银行业金融机构小微企业金融服务优秀团队"，被中国人民银行征信中心评为"2012年度全国个人征信系统数据质量工作优秀机构"，2013年被共青团四川省委评为"2012年度四川省五四红旗团支部"，2014年被中共四川省委、四川省人民政府授予获"四川省文明单位"。

还有更多的数据对比证实了绵阳市商业银行2000年至2015年十五年的发展变化。光鲜的数字是一份荣耀，亦是对创业者的一种肯定。绵阳市商业银行能够发生翻天覆地的变化，得益于市委市政府的正确领导，得益于市级部门和监管部门的倾力帮助，得益于各位股东的大力支持，得益于全体员工的辛勤工作。

当然,数字背后的故事值得我们探寻,因为数字总是在发生变化,而变化的过程却不尽相同,真正的价值在于走过的改革历程和与众不同的方法与实践。

绵阳市商业银员工很清楚,唯改革方能促发展,无论是从分散法人的信用社到统一法人的商业银行,还是随后的增资扩股、公司化治理,抑或经营管理中的战略转型,改革如影随形,伴随始终。绵阳市商业银行走过的历程证实了一个真理:改革是发展的强大动力。

十五年发展"三部曲"

十五年时间,绵阳市商业银行一手完善管理体制机制、积极拓展市场,一手加大对历史遗留问题的风险处置力度,走出了一条自我积累、自我消化、自我发展的革新之路。在监管引领下,通过自身改革发展,有效支持了地方经济发展,丰富了普惠金融的业务模式,探索了现代治理的有效路径,守住了金融风险底线,为银行业改革贡献了独特经验和智慧。

新建的绵阳市商业银行在开业之初便背负了沉重的历史包袱,同时遭遇亚洲金融危机的冲击,起步异常艰难,面临诸多挑战。从孕育到出生、从起步到站稳、从发展到转型,绵阳市商业银行在不断探索中找准发展定位,在持续改革中实现转型升级。

十五年时间,绵阳市商业银行一手完善管理体制机制、积极拓展市场,一手加大对历史遗留问题的风险处置力度,走出了一条自我积累、自我消化、自我发展的革新之路。

自成立以来,绵阳市商业银行通过坚守市场定位,依靠自身地缘优势以及同中小微企业的亲缘优势,多方位深度探索,逐渐步入了发展快车道。在监管引领下,通过自身改革发展,有效支持了地方经济发展,丰富了普惠金融的业务模式,探索了现代治理的有效路径,守住了金融风险底线，为银行业改革贡献了独特经验和智慧。十五年，奏响了绵阳市商业银行发展三部曲。

第一部曲：组建改制，艰难起步。

20世纪90年代，绵阳金融秩序混乱，甚至成为金融"重灾区"。各类合作基金会、股金办风行于市，高息揽资、高利放贷，个别机构存款难以兑付，全市不良贷款率居高不下，金融机构被迫收缩机构、限制放贷，导致企业资金供应不足，经济大幅滑坡。

为化解地方金融历史危机，2000年9月，绵阳市商业银行在9家城乡信用社基础上，历经重重艰辛筹建而成。这是一次对旧体制的彻底颠覆，实现了合作制向股份公司的转变。绵阳市商业银行创业者顶住压力，新成立的绵阳市商业银行经营模式逐步完善。

自成立开始即明确"一级法人、两级经营"的管理模式。总行作为全行的经营管理中心，掌握人事权、资金拆借权、对外投资权以及财产支配权等，保持支行作为业绩经营单位的自主权，对支行实行扁平式管理，在贷款审批、存贷比例、大额取现、财务费用、人事安排等方面实行分级分类的差别授权管理，从而使全行的积聚效应有效发挥，又能调动支行业务经营的积极性，有利于稳定经营和促进发展。

总的来看，这一阶段绵阳市商业银行主要发生以下几方面变化：一是创造性地进行体制改革，完成了从信用合作经济向股份制商业银行的转变，开始了走向公司制、规范化、商业化经营的道路；二是在业务发展过程中，逐步明确了市场定位，要以地方银行、市民银行、中小企业银行为立足点，充分发挥区域和地缘优势，服务好"两小"经济，与监管部门确立的"服务地方经济、服务中小企业、服务当地市民"的城商行发展方向相一致；三是通过改制，原来存在的乱拆借、账外经营等违规、违法情况逐渐减少，风险蔓延趋势得到遏制，稳定了风险和金融市场秩序；四是继续完善和推进体制改革，在"一级法人，两级经营"的基础上，探索管理支行、管辖行、前中后台分离以及事业部制等改革，改革的深化为绵阳市商业银行的发展注入活力，促进了经营水平的提高。

第二部曲：化解风险，大胆改革。

由于参与组建的信用社长期以来形成的历史遗留问题和弊端一夜之间全部带入绵阳市商业银行，所以，从开业时绵阳市商业银行就背上了沉重的历史包袱，面临着严重的经营风险。绵阳市商业银行充分依靠自身的能力和地方经济的资源，通过资产置换、增资扩股、债务重组、收购兼并、自我消化等方式处置了大量不良资产，逐步化解各种风险，成效显著。

绵阳市商业银行成立后逐步摆脱原信用社粗放式经营和管理的模式，依法建立了现代公司的治理结构和框架，完善和健全了城商行的制度和流程，逐步规范了各项业务的开展和经营。通过聘请外部监事和独立董事，规范公司治理监督机制，提高城商行市场化竞争能力，提升综合化经营实力。通过导入先进理念，实现了经营管理理念的转变，提升了经营管理水平。通过引入经验和做法，完善了法人治理结构，打破了原有体制束缚，建立起市场化运行机制，并以国际理念为引导，实施组织架构再造，提升了运营效率，提高了产品创新步伐。

与此同时，突破瓶颈，拓宽资本补充渠道。在科学监管理念下，资本对确保城商行健康发展的重要作用日益突出，充足的资本金是城商行扩大规模经营的基础，也是防范风险、维护经营稳定的基本保证。绵阳市商业银行补充资本金的途径主要有：一是提高利润存留比例和额度，用短期的股利损失换取长期的资本收益，实现内生性的资本增长；二是吸引自然人、民营企业增资扩股、优化股权结构；三是发行资本债券，发行资本债券成为资本补充的重要工具。

在这一阶段绵阳市商业银行在以下几方面发生明显变化，并对未来的改革和发展产生显著影响：一是利用多种方式对存量风险进行化解，有效地遏制了新的信用风险发生，促进了稳健经营；二是在改制后所形成的公司治理架构雏形的基础上，按照《中华人民共和国公司法》《中华人民共和国商业银行法》以及有关商业银行公司治理等法律法规要求，探索建立科学的公司组织架构，推动和强化了公司治理。

第三部曲：准确定位，树立特色。

在改革发展过程中，绵阳市商业银行越来越深刻地认识到，"地方银行、市民银行、中小企业银行"的方针不仅是口号，更是赖以生存的根本，从而对"中小企业伙伴银行、社区服务特色银行、城乡居民贴心银行、地方经济助力银行"的市场定位与经营战略进行了真正有效的落实，凭借地缘优势和与中小微企业紧密联系的优势，初步形成绵阳市商业银行的经营特色。2008年金融危机爆发使得人们认识到小微企业在整个国民经济中的重要性，而立足于本地的绵阳市商业银行恰恰是小微企业天然的盟友，服务小微的战略在城商行得到进一步落实。

与此同时，绵阳市商业银行实现了服务对象扩大化、多元化。在这一时期业务不断丰富，通过开办中间业务服务，如咨询服务、保险代理、代客理财、代收生活费用等基本满足了各种客户的日常金融需求。

更为重要的是，绵阳市商业银行在这一时期也实现了跨区域发展和下沉式发展，广元分行、资阳分行等跨区分行相继开业。

绵阳市商业银行开始战略引领发展，不再盲目跟随发展，管理者深刻认识到要想从红海中突围，必须将立足小微、立足本地的战略做到实处。同时，形成了以资本管理为导向的风险管理架构，管理从粗浅的就风险而论风险上升到按照资本金配比开展业务，在资本金范围内开展业务和承担风险的意识已根植于绵阳市商业银行的经营理念中。

绵阳市商业银行在主营业务发展的同时，其他特色业务得到了加强和完善。看准当地市民公共事业需求，开通水费电费、燃气费、电话费、有线电视费、城镇居民医疗保险、地税等代缴费业务，服务内容涉及居民生活的方方面面，开辟了一片独特的蓝海市场。绵阳市商业银行的基础管理，包括IT、人力资本、内控合规等也发生了根本变化，为科学管理提供技术和手段。

在这一阶段，绵阳市商业银行还通过对"引资、引智、引技"模式的探讨，拉开了引入战略投资者的序幕，为绵阳市商业银行在下一阶段、新时期的发展奠定良好的基础。

第二节
跨区经营样本

各跨区分行传承绵阳市商业银行"助增价值、服务成长"的经营理念,坚守小微金融特色之路,被认为是绵阳市商业银行服务地域的最有效延展。在未来的发展道路上,绵阳市商业银行将借鉴已成立的跨区分行之成功运营经验,进一步拓宽跨区地域,办成区域性特色银行。

"渠道为王",这是诸多营销专家常常对企业的忠告。显然,渠道不仅给我们做经营、营销搭建了平台,亦给我们带来更多机会,谁拥有更多更完善的渠道体系,谁将取得制胜先机。

银行经营亦如此,"特色化"道路将不可回避渠道的建设。

二十年来,绵阳市商业银行渠道建设大力推进。

2007年,发起设立四川北川羌族自治县富民村镇银行,独资开办绵阳市平武富民贷款公司,成为全国首批新型农村金融机构开办者。2011年设立广元分行,2015年设立资阳分行,2016年设立南充分行、成都分行,2019年设立遂宁分行,2020年德阳分行获批筹建。全面开通企业网上银行、个人网上银行以及手机银行、微信银行。

各跨区分行传承绵阳市商业银行服务小微的特色之路,被认为是绵阳市商业银行服务地域的最有效延展。

成都分行,占据四川乃至西部地区的桥头堡,自成立以来,深耕区域小微金融,交出了一份亮眼的成绩单。从积极拓展小微业务,持续开发小微客群,到紧密产融、融融协同,拓展业务深度广度;从打造星级网点,提升服务质效,到支持实体经济发展,把控信贷投向重点……三年来,成都分行坚持推动高质量发展,充分发挥平台合作优势,全力打通金融活水流向小微企业的"最后一公里"。

2018年10月，成都分行发放了首笔小微贷款新产品"绵坤贷"，贷款金额100万元，期限一年。

"绵坤贷"作为成都分行深化小微企业金融服务的特色创新产品，为批量拓展小微业务打开了全新渠道。通过之前与成都市金坤小额贷款有限公司及四川金玉融资担保有限公司的积极磋商谈判，最终达成了战略合作协议，出台了"绵坤贷""绵坤融"等小微企业及个人经营性贷款创新产品。

随着首笔"绵坤贷"产品的发放，亦标志着成都分行与三方金融机构共同开发小微企业贷款的批量合作项目正式启动。

特色金融产品的"输血"，正是成都分行用金融"活水"润耕民营小微企业，激发实体经济动能的缩影。目前，成都分行所有的创新、改革的"发展之翼"，继续围绕服务实体经济这块"基石"上，特别是围绕解决民营、小微企业融资难题的金融创新，一直是成都分行的主题。

截至2020年6月末，成都分行小微贷款余额30.26亿元，较2019年12月末新增9.4亿元，其中普惠小微贷款新增3.37亿。其间，成都分行还积极与多家金融公司建立联系，形成专业合作模式并制定了产品方案，计划参照"绵坤贷"业务模式共同开发创新小微贷款产品。

与此同时，为积极响应中国人民银行、中国银保监会等五部委关于进一步支持民营和小微企业发展各项政策要求，成都分行在持续做好存量客户维护的基础上，还不断加大民营和小微企业客户服务力度。在日常维护过程中，根据客户的不同金融服务需求，为客户匹配了包括账户结算、财务咨询、收单服务等多种服务手段，全方位满足客户的金融服务需求。

成都分行将拓展小微业务作为全年工作重点，一方面，针对特定商圈、专业市场小微客户量身定制金融服务方案，为其提供专业的小微金融业务咨询、资金结算、银企对接服务等各类综合金融服务；另一方面，进一步加大小微贷款的投放力度，尤其是1000万元以内的普惠小微企业贷款投放力度。

成都分行在业务发展的同时，更持续关注小微产品资产质量，按季度进行集中检查，及时发现产品投放后的客户状况，及时防范风险，确保了该产品持续稳定投放，并持续开发新的渠道，根据成都市场特点设计方案，促进了小微企业稳妥发展，并且收获第二届四川金融新锐榜最佳小微企业服务银行的荣誉。

实体经济的发展是金融业发展的基础和前提，各项经营管理活动要围绕回归本源、专注主业、下沉重点来展开，确保向社会大众提供直接高效的金融服务，进入实体经济部门。成都分行更加积极创新，发挥商业银行在传统金融服务优势同时，加强与其他金融机构的合作、互补，更好地为小微企业、实体经济提供服务。

与此同时，成都分行提升服务质效，打造"有温度"的银行。

对于银行机构而言，优质的产品必然重要，"有温度"的服务亦不可或缺，成都分行致力于做精做优金融服务的同时，深耕普惠金融，将其做活、做实、做强。

对于老年客户或特殊客户而言，亲自前往银行网点办理业务往往是一件头疼事儿。对于这样特殊的个人业务，成都分行积极应对，为客户给出了暖心的处理方案。

2019年6月，93岁的客户高某，从绵阳市涪城区退休后，同子女定居成都，由于行动不便和严重的听力、视力障碍，无法亲自前往营业网点办理相关业务，又因高老太太在系统内信息不完整、未设置过交易密码，致使家人也无法代其办理业务。全家人一筹莫展，情急之下，拨打客服电话寻求帮助。

分行营业部在了解到该情况后，主动联系客户，摸清客户需求，组织工作人员前往高老太太住所，在其家人的配合下，迅速完成了此次移动展业业务。时值端午佳节，营业部的同事们更是贴心地为高老太太一家送上慰问礼品，祝愿老太太身体健康，阖家幸福。

以客户为中心，打造有温度的服务，是成都分行一直秉持的服务理念。成都分行全体同仁始终相信，以客为尊、以客为先，以诚相待，以心相交，让客户感受到用心与真诚，赢得每位客户的信任和认可，才能成为一家"有温度的银行"。

2019年3月，成都分行召开创建星级网点启动会，力争在优质文明服务、软硬件设施和品牌形象等方面迈上新的台阶，将标杆网点创建作为提升绩效管理、促进经营发展的内生动力。2019年12月，成都分行营业部被中国银行业协会命名为"全国银行业文明规范服务四星级网点"。

2019年4月，由成都电视台经济资讯服务频道、深圳瀚德全球金融科技实验室、中国新媒金融传播研究院联合主办的2018成都首届最受市民喜爱的温情银行颁奖盛典暨《成都银行业网点服务转型创新白皮书》发布会中，绵阳市商业银行成都分行被授予"微笑服务体验奖"与"最具温情力的个人金融产品奖"两个奖项，可谓实至名归。

在做好经营管理的同时，强化内部管理，将"合规"融入企业文化。

金融机构作为经济发展的血液和重要支撑，内部基础管理的重要性不言而喻。成都分行高度重视，并将其融入企业文化。一方面，强化员工业务培训，举办贷后管理暨行业信贷政策、声誉风险、点钞技能等一系列专题培训，鼓励各级员工8小时内找差距，8小时外自主学习，提高员工整体综合素质；另一方面，进一步完善内部机制，加强内控建设，以星级网点创建为契机，以打造有温度的服务为目标，狠抓服务管理，通过服务情绪、服务流程和服务效果的分层管理，提高软服务实力，确保服务质量走在全行前列。

此外，成都分行还加强企业文化建设，增强员工对企业的认同感和归属感，充分拓展"助增价值，服务成长"企业文化内涵和外延，构建分行科学考核、良性竞争、助力发展的企业文化。

为持续深入推进合规文化建设，全面检验员工合规文化水平，成都分行组织举办了以"提升风险管控能力，促进合规文化建设"为主题的合规文化知识竞赛。来自分行各部门的选手献上了一场紧张激烈、精彩纷呈的竞赛。

2019年9月，绵阳市商业银行第二届青年辩论赛公司业务条线专场活动决赛成功举行，青年辩手们逻辑清晰、分析透彻、攻守有据、观点鲜明，展现了较高的辩论水平，以及青年员工特有的精神风貌、知识水平以及应变能力。经过激烈角逐，成都分行代表队拔得头筹，成功卫冕。

对于合规文化建设，成都分行亦做出相关规划：一是继续培育合规文化，让合规守法的理念逐步固化为全体员工共同遵守的价值理念和行为准则；二是持续加强教育培训，让内控合规制度入耳、入脑、入心，提高员工合规从业的自觉性；三是贯彻践行合规行动，分行各级领导干部以身作则、率先垂范，党员团员奋勇争先，争做合规管理的引领者、合规文化的传播者、合规操作的执行者；四是与企业文化建设相结合努力打造以合规文化为引领的可持续健康发展的区域性最佳银行。

从开业到如今，成都分行始终坚守"助增价值，服务成长"经营理念和"源于社会、回馈社会"社会责任观，努力为股东、客户、员工及社会创造更多价值，实现企业和履行社会责任的协调发展。

为提高社会公众的金融素质和安全意识，成都分行多次开展"金融知识万里行""了解人民币·爱惜人民币""金融知识进万家""拒绝高利诱惑，远离非法集资"等一系列金融知识普及活动，切实增强金融消费者的金融知识水平和金融风险防控能力，帮助消费者提高风险防范和个人信息保护意识，引导消费者正确合理使用正规金融服务，构建和谐的金融消费环境。

回顾过往发展，成都分行全体同仁团结奋进，砥砺前行，从无到有，已初步取得一定的成绩。

显然，城商行跨区发展已成为常态化的制度安排。

他山之石可以攻玉。

在未来的发展道路上，绵阳市商业银行将借鉴已成立的跨区分行之成功运营经验，进一步拓宽跨区地域，办成区域特色银行。

第三节
挺进千亿阵营

从 2016 年开始，绵阳市商业银行进入到一个新的发展阶段。

积跬步，致千里。二十年时间里，脚踏实地，一步一个脚印，穿行荆棘，跨过险滩，翻越高山。终于从 2016 年开始，进入一个新的发展阶段。切实加强党的建设，充分发挥行党委的领导核心和政治核心作用，把方向、管大局、保落实。"两会"完成换届，公司治理更加严格规范，正式成为具有央企背景、国资主导的银行。构建了符合城市商业银行运行和发展的体制机制，遵循市场规律，强化激励约束，大力引进优秀人才，加快 IT 建设步伐。加强内部组织架构的改造，突出加强信贷管理、风险管理、法律合规、资产保全、运营管理等方面的职能建设，以适应业务发展的需要。精心谋划业务经营，着力深耕本地，支持实体经济发展；着力优化金融服务，巩固和拓展基础客户群体；着力开展产融、融融协同业务，不断创新金融产品和服务方式，扩大业务领域。

2019 年 11 月末，全行资产规模成功突破 1000 亿元大关，达到 1043 亿元，标志着绵阳市商业银行正式进入千亿银行序列。

2020 年 6 月末，全行资产规模达到 1111 亿元，较 2015 年末增加 584 亿元，增长 111%；各项存款余额 831 亿元，较 2015 年末增加 520 亿元，增长 167%；各项贷款（含贴现）余额 572 亿元，较 2015 年末增加 350 亿元，增长 158%；资本充足率 9.08%，拨备覆盖率 188.9%，不良贷款率 1.87%，资本净额 82.8 亿元。主要经营指标名列全省城商行同业、绵阳同业前茅。全行资产、存款、贷款等主要业务指标综合排名在全省城商行大幅提升；在绵阳辖区存款规模位列第二，贷款规模位列第一。被金融时报社等单位评为"十佳精准扶贫银行"，被新华社《半月谈》杂志社主办的第九届"品牌生活榜·金融榜"评为"改革开放40周年中小企业金融服务突出贡献奖",被省委省政府表扬为"省内对口帮扶藏区彝区贫困县先进集体",被四川省总工会授予"四川省五一劳动奖状",被绵阳市委市政府表扬为"绵阳市建设科技城和西部现代化强市先进集体""绵阳市优秀服务业企业"。

继往开来

二十年磨炼与积淀,二十年砥砺前行。绵阳市商业银行在努力为股东、客户、员工及社会创造更多价值的同时,实现了自身业务发展和支持经济发展、履行社会责任的协调发展,已形成"跨区发展、特色经营、集合服务、合规稳健"的多元化、综合性发展格局。当前,绵阳市商业银行处于只有转型升级才能持续发展的关键阶段,转型升级势在必行。

进入新时期,改革为绵阳市商业银行提供继续向前动力。

下沉服务,服务中小微、服务实体经济。

中小企业、小微客户是城商行赖以生存的根本,是城商行支持实体经济的着力点。进入新时期,诸多大中型银行也将目光逐步聚焦到了这一领域,绵阳市商业银行必须与大中银行开展新的差异化竞争,寻找新蓝海。

绵阳市商业银行改变过去"点对点"粗放分散的人海战术,调整为"圈链结合、点面结合"的批量化、规模化模式,实现客户下沉、机构下沉、服务下沉;依托金融科技打造互联网金融,通过新颖的、高科技的智能渠道满足社区居民以及中小企业日常金融的大部分需求;大力实施社区银行战略,将网点和服务向社区和商贸区延伸,探索建立多种形式的便民服务网络,强化社区金融服务;主动营销坚守小微服务理念,简化流程畅通小微服务通道,创新产品丰富小微服务功能,降低门槛提升小微服务质效。

把脉经济,扎实服务地方。

新时期的绵阳市商业银行坚守服务地方经济的职能。在当前新一轮的经济改革浪潮中，绵阳市商业银行在城镇化建设和产业结构调整中，正在结合地方经济的特色，创造出新的做法。

2019年4月，绵阳市委、市政府印发《关于加快服务业发展建设西部现代服务业强市的意见》，对推进全市服务业发展、强力助推西部现代服务业强市建设、推动中国科技城加快发展和率先建成全省经济副中心指明了方向，也为绵阳市商业银行如何支持服务业发展提供了遵循。

绵阳市商业银行围绕国家产业政策，按年度印发授信政策指引，明确围绕发展方向和目标，推进现代服务业信贷业务稳健发展，要求在民生保障、先进制造业、重点基础设施、生产性服务业等领域拓展业务机遇，形成符合经济方针政策和风险管理要求的增量授信。一是推动制造业高质量发展，着力支持战略性新兴产业、先进制造业和传统产业转型升级；二是顺应消费升级趋势，加大对民生领域和幸福产业的信贷支持；三是以差异化政策为核心，合理把握房地产业务；四是支持基础设施建设、安居工程等重点项目；五是创新科技金融服务模式；六是对受新冠疫情影响明显的批发零售、住宿餐饮、物流运输、文化旅游等领域的企业，以及有发展前景但暂时受困的企业，坚持不抽贷、断贷、压贷，采取完善续贷政策安排、酌情增加信用贷款和中长期贷款、相关逾期贷款不作逾期记录报送等方式，积极支持相关企业复工复产。

与此同时，坚持从国家宏观调控政策和产业结构调整的要求出发，在教育、就业、公共卫生、社会保障、公益性文化体育建设、城乡居民增收、生态环境保护等民生工程方面不断加大信贷投入力度。

绵阳市商业银行作为一家扎根于中国（绵阳）科技城的一家市级法人银行，在市委、市政府的坚强领导下，绵阳市商业银行党委始终坚守服务发展的初心与使命，坚持与绵阳发展同心同向，努力争做"中小企业伙伴银行、城乡居民贴心银行、社区服务特色银行、地方经济助力银行"，紧紧围绕绵阳经济社会发展规划，加强政策引导，创新金融服务，努力争做优化营商环境的排头兵，为建设中国科技城和西部现代化强市作出应有的贡献。

坚守底线，提升全面风险管理能力。

绵阳市商业银行始终将提升风险管理能力作为一项重点工作。建立市场风险管理架构，不断完善管理举措，提升市场风险应对能力和速度。高度关注并着力化解信用风险、流动性风险，紧密盯防信息科技风险和操作风险，不断提升科技风险治理能力、关键技术和防护水平。打造了风险政策、风险协同、风险监测、风险预警、风险排查、风险报告、风险监督评价、风险处置、风险责任追究等机制全面控制风险。从顶层设计，优化风险管理的组织架构和职能，建立风险管理的政策体系框架，引入并运用风险管理工具，强化风险管理的数据和信息系统建设。

应对形式与环境变化，着力推进新时期下的改革转型。

二十年生聚教训，二十年砥砺前行。绵阳市商业银行在努力为股东、客户、员工及社会创造更多价值的同时，实现了自身业务发展和支持经济发展、履行社会责任的协调发展，已形成"跨区发展、特色经营、集合服务、合规稳健"的多元化、综合性发展格局。

当前，绵阳市商业银行处于只有转型升级才能持续发展的关键阶段，转型升级势在必行。一是实体经济的进一步发展要求城商行转型升级，老百姓日常生活、居民的储蓄与投资、小微企业、"三农"的发展以及实体经济本身的转型升级对银行业金融服务的需求与日俱增，要求城商行充分利用自身优势，对自身金融服务进行相应的转型升级；二是金融领域的重大改革促使城商行转型升级，例如利率市场化改革、民营银行的潜在竞争、互联网金融的冲击等，都需要城商行进行转型升级来提高竞争力，实现可持续发展；三是金融业态的发展变化迫使城商行转型升级；四是金融风险的形态变化驱使城商行转型升级；五是金融监管的进一步强化倒逼城商行转型升级。

近年来，绵阳市商业银行从诸多方面着手，努力推进银行转型升级。一是从服务实体经济出发实施转型升级，并在服务实体经济过程中着力打造科技金融、绿色金融、教育金融与消费金融；二是从客户下沉启动转型升级，寻找并发现小微企业中的"金芝麻"，制定客户发展战略与商业模式;三是要通过业务拓展促进转型升级,深挖传统业务,发展客户认为物有所值的真正的中间业务;四是从业态创新带动转型升级,加强自身信息技术、互联网技术、移动通信技术建设,学习互联网金融技术与精神,并与网络开展深层次合作;五是从网点改造凸显转型升级,改造传统银行网点,发展专营特色支行,探索新概念银行;六是从外延到内涵发展这一主线切入转型升级,推动"规模银行"向精细银行、特色银行、智慧银行、增值银行转变;七是从安全稳健发展全面谋划转型升级,继续发挥银行线下风险管控优势,并通过大数据、云计算强化线上风险管控。

继往开来,改革为绵阳市商业银行提供继续向前动力。

改革,绵阳市商业银行一直在路上。

千亿起点

站在一千亿的起点上,需要深思。一定要守住一千亿,稳住一千亿;一定要站好一千亿,守好一千亿;下一个一千亿会有多远,需要多长的时间?超越更多一千亿的目标是期待,练就超越更多一千亿的真功夫更是必须。

2019年11月末,绵阳市商业银行资产总额突破一千亿元大关,达到1043亿元,这是绵阳市商业银行发展史上具有里程碑意义的大事件。

生命需要一种仪式感,而角色与阵营的变换让我们对这种仪式感尤为崇尚,这是一种挥之不去的约定与情怀,对于步入千亿级俱乐部的绵阳市商业银行而言,亦是又上一个重要台阶、翻越又一座高山的重量。身处在这个千亿级阵营之中,人到半山路更陡,船到中流浪更急,绵阳市商业银行在这一辆疾驰的车上必须更为稳健、更为努力前行。

岁月不居,时节如流,二十之年,忽焉已至。

2020年,绵阳市商业银行迎来成立二十周年华诞,弱冠之年,蓄力一纪,应以朝气蓬勃,站在新的起点上,坚守成果,开疆拓土。

站在一千亿的起点上,需要深思,一定要守住一千亿,稳住一千亿。

到了一千亿,不能有任何骄傲自满情绪,更不能有任何懈怠和侥幸心理。市场经济瞬息万变,银行业竞争也日益激烈,不能有歇息和松劲想法,任何疏忽都有可能导致逆水行舟、不进则退。

站在一千亿的起点上,需要深思,一定要站好一千亿,守好一千亿。在奋力奔跑的道路上,可能更多的是在乎方向、在乎速度和在乎目标,到了一千亿,实现了阶段性的目标,有必要也有条件反思,在这个过程中,方式方法是否恰当,自身的功底是否扎实。只有在前进的道路上,不断检视自己,不断整改和完善自己,才能走得更稳、跑得更好。

站在一千亿的起点上,需要深思,下一个一千亿会有多远,需要多长的时间。作为一家城市商业银行,就应当是百年老店,一旦成立后,就只有起点,没有终点。发展是硬道理,发展永远在路上。在一个阶段性的目标实现之后,接着就是一个更高的目标在等待着,需要继续努力,奋力前行。一个更高的目标,未必是更远的目标。只要保持奋进定力,坚定必胜信念,竭尽全力拼搏,突破下一个千亿就不会太远。

站在一千亿的起点上,需要深思,超越更多一千亿的目标是期待,练就超越更多一千亿的真功夫更是必须。作为一家城市商业银行,要坚持"中小企业伙伴银行、城乡居民贴心银行、社区服务特色银行、地方经济助力银行"的市场定位,坚持深耕本地,服务实体经济,为中国科技城和西部现代化强市建设作出更大贡献。作为一家城市商业银行,要尊重经济规律和金融规律,坚持银行经营的审慎原则,坚持经营风险而不冒险,时刻保持应有而必要的警惕,守住风险底线。作为一家城市商业银行,将永远牢记初心和使命,坚持以客户为中心,以稳健为根,以勤奋者为本,智慧众筹,建设区域最佳银行。

但凡过去,皆为序章。站在新的起点之上,在前行的旅途之中,在向目标追逐的过程中,希望是一盏永不熄灭的灯,信心是一把愈烧愈旺的火,相信绵阳市商业银行在各级党委政府及金融监管部门的关心支持下,在社会各界的拥护与信任中,在全体员工的努力拼搏奋进中,厚积薄发,绵远成长,行至万里。

第十二章 企业公民责任

服务实体，扶危济困，伟大企业的责任与担当。

本章导读：

◎化解金融风险、维护地方金融稳定，扶微助小、破解小微企业融资难题，全力支持地方经济建设，灾难面前勠力同心、捐款捐物、积极支持灾后重建，抗击新冠疫情，积极推动复工复产，热心公益事业……绵阳市商业银行自成立以来，积极履行企业公民责任。在经营活动中，以地球环境和人类福祉为出发点，以为客户提供优质产品和满意服务为基本原则，自觉承担社会责任，实现全面、协调、可持续的线性发展。

◎在市场化经营的同时，高度关注经济社会发展焦点问题，将实现企业自身可持续发展与社会可持续发展有机结合，积极落实国家发展战略，为地方在深化改革、调整经济结构中出现的各类金融需求提供服务。

◎2020年，全球性新冠疫情来袭，绵阳市商业银行全力抗击新冠疫情"贷"动生产马力。"促恢复、保增长"成为全行首要任务，在紧急关头，加大对受灾受影响的行业、经济实体，特别是众多中小企业、民营经济的信贷支持力度。

◎在金融助力乡村振兴计划中，突出信贷制度对业务发展的引领激励作用，探索打造高效的涉农信贷服务模式，通过产品和创新提升涉农市场竞争力，大力支持乡村振兴战略实施，促进普惠涉农信贷业务健康发展。

◎将保护金融消费者合法权益纳入公司治理、企业文化建设和经营发展战略中统筹规划，落实人员配备和经费预算，完善金融消费者权益保护工作机制，认真履行消费者权益保护社会责任，取得了良好工作实效。

◎经赤道原则协会审定，绵阳市商业银行自2020年7月20日起，正式采纳赤道原则，遵守赤道原则各项要求，在绵阳市商业银行建立健全环境与社会风险管理制度及相应操作流程，持续推动绿色金融发展。绵阳市商业银行亦是全国第五家、西部地区第二家、四川第一家宣布采纳赤道原则的银行。

◎根据四川省委省人民政府《关于表扬2018年脱贫攻坚先进集体和先进个人的决定》，绵阳市商业银行被表彰为"2018年省内对口帮扶藏区彝区贫困县"先进集体。

企业公民是指一个公司将社会基本价值与日常商业实践、运作和政策相整合的行为方式。一个企业公民认为公司的成功与社会的健康和福利密切相关，因此，它会全面考虑公司对所有利益相关人的影响，包括雇员、客户、社区、供应商和自然环境。

履行社会责任是当代企业管理的发展趋势，也是我国企业转变经营方式、提高管理水平的需要，是促进中国经济与社会协调发展的必然。对企业来说，传统的成本、质量、服务已经成为最基本最平常的标准，而道德标准正在成为保持企业竞争优势的关键因素。从管理的进程来看，企业管理正在从全面质量管理、环境管理走向社会责任管理。其主要特点是，企业管理不仅表现为投资者、管理人员的职能，而且融合为劳动者、消费者、供应商、利益相关者的共同参与。这种新的管理趋势，要求企业从更广泛的公众利益和社会发展的角度考虑问题，自觉接受社会和公众对自己的监督、检验和认可。通过履行社会责任，塑造和展现企业有益于公众、有益于环境、有益于社会发展的正面形象。

化解金融风险、维护地方金融稳定，扶微助小、破解小微企业融资难题，全力支持地方经济建设，灾难面前勠力同心、捐款捐物、积极支持灾后重建，抗击新冠疫情，积极推动复工复产，热心公益事业……绵阳市商业银行自成立以来，积极履行企业公民责任。在经营活动中，以地球环境和人类福祉为出发点，按照为客户提供优质产品和满意服务为基本原则，自觉承担社会责任，实现全面、协调、可持续的线性发展。

争做优秀企业公民，是一种态度，也是一种无上的勇气。

第一节
地方经济助推者

立足区域，支持地方经济建设

作为地方性银行，绵阳市商业银行将"立足区域，支持地方经济建设"作为一项经营战略，常抓不懈。在市场化经营的同时，高度关注经济社会发展焦点问题，将实现企业自身可持续发展与社会可持续发展有机结合，认真落实国家发展战略，为地方在深化改革、调整经济结构中出现的各类金融需求提供服务。在改革前行的道路上，绵阳市商业银行"中小企业伙伴银行、城乡居民贴心银行、社区服务特色银行、地方经济助力银行"的发展方向矢志不渝。

绵阳市商业银行被金融时报社等单位评为"十佳精准扶贫银行"，被新华社《半月谈》杂志社主办的第九届"品牌生活榜·金融榜"评为"改革开放40周年中小企业金融服务突出贡献奖"，被四川省委省政府表扬为

"2018年省内对口帮扶藏区彝区贫困县先进集体",被市委市政府表扬为绵阳市建设科技城和西部现代化强市先进集体、绵阳市优秀服务业企业。

地方经济助推器

在市场化经营的同时,高度关注经济社会发展焦点问题,将实现企业自身可持续发展与社会可持续发展有机结合,认真落实国家发展战略,为地方在深化改革、调整经济结构中出现的各类金融需求提供服务。

坚守初心使命,践行经济责任,助力经济发展。

银行是服务业中重要的组成部分,是典型的服务行业。习近平总书记指出,金融活,经济活;金融稳,经济稳。经济兴,金融兴;经济强,金融强。近年来,作为绵阳人民自己的银行,绵阳市商业银行始终坚守"助增价值、服务成长"的经营理念,坚持以服务实体经济发展为己任,坚持与地方经济社会发展同心同向,紧紧围绕地方经济社会发展规划,以客户为中心,不断创新金融产品,持续提升服务水平,为支持中国科技城和西部现代化强市建设做出了应有贡献。

突出重点,加强授信引导。绵阳市商业银行始终坚守地方银行的市场定位,积极响应中央、省、市关于改进金融服务、优化营商环境、支持经济发展的政策要求,紧紧围绕中国科技城和西部现代化强市建设目标,坚持以小微、民营、县域经济发展为重点,以着力解决中小微企业融资难、融资贵为突破口,研究制定《关于支持小微和民营企业发展的意见》《授信政策指引》《关于深化小微和民营企业金融服务的意见》《关于支持乡村振兴战略建设、发展普惠涉农信贷业务的意见》等指导意见,对小微和民营企业实行信贷规模倾斜,大力支持实体经济和普惠金融发展。自成立以来的20年,全行累计发放贷款超过2700亿元,其中2016—2020年6月累计发放贷款1600亿元,累计上缴税金30.36亿元,为经济发展、财政增收、社会增效做出了积极贡献。

加大支持，破解融资难点。制定支持小微和民营企业的实施意见，充分运用人民银行定向降准、支小再贷款等货币政策工具，加大金融支持力度。2019年全年累计申请支小再贷款19.5亿元，贷款综合加权利率低于同期同档次小微贷款利率。利用国家开发银行"小微转贷""扶贫转贷"资金支持小微企业发展，全年累计发放3.4亿元。通过"循环通"、无还本续贷，缓解小微企业融资难，全年累计发放无还本续贷20.28亿元。截至2019年末，全行民营企业贷款余额204.91亿元，占全行贷款余额的40.36％。

突出特色，支持创新改革。坚持以创新驱动为纽带，逐步扩大高新科技产业服务，繁荣高新科技等各类市场主体，助推高新科技全面改革创新试验取得突破。截至2019年末，绵阳市商业银行高新科技企业贷款余额24.18亿元，支持科技人员、海外高层次人才、青年大学生和草根能人贷款余额888.93万元，为企业发放知识产权质押贷款余额6792万元。

服务县域，提振经济活力。认真落实支持县域经济发展要求，加大涉农、县域信贷支持力度。截至2019年末，全行涉农贷款余额97.97亿元。围绕个人创业就业和个人消费领域，加大个人贷款业务投放力度，2019年末全行个人贷款余额59.78亿元。

2020年上半年，绵阳市商业银行在切实做好自身疫情防控、保障生产经营正常开展的同时，全面抓好各项金融服务，大力支持广大客户抗击疫情和复工复产，做到了疫情防控和业务发展"两手抓、两不误"，存款、贷款等主要经营指标实现较大幅度增长。截至2020年6月末，各项存款余额831.42亿元，比年初增加190.77亿元，增长29.78％；各项贷款余额572.41亿元，比年初增加64.76亿元，增长12.76％。

抗击灾难保增长

2020年，全球性新冠疫情来袭，绵阳市商业银行全力抗击新冠疫情"贷"动生产马力。"促恢复、保增长"成为全行首要任务，在紧急关头，加大对受灾受影响的行业、经济实体，特别是众多中小微企业、民营经济的信贷支持力度。

二十年来，面对自然灾难对经济社会的破坏、面对全球金融风暴对实体经济的冲击、面对新冠疫情对生产经营的打击，绵阳市商业银行积极行动，"促恢复、保增长"成为全行首要任务，在紧急关头，加大对受灾受影响较大的行业实体，特别是众多中小微企业、民营经济的信贷支持力度，丰富信贷业务品种，扩大中小微企业、民营经济贷款选择范围，支持其合理的资金需求，同时公开信贷政策，简化业务流程和担保手续，为中小微企业、民营经济"复工复产、二次创业"提供高效、便捷的金融服务。

2008年"5·12"大地震给绵阳经济发展及绵阳人民正常生活带来了极大破坏，积极参与地方经济灾后重建是绵阳市商业银行的理性选择，更是一份责任与担当。大地震发生后，绵阳市商业银行及时成立了以董事长为组长、行长为副组长的灾后重建领导小组，切实履行灾区地方银行社会职责，勇挑灾后重建金融服务重担，提升金融服务水平，以增加信贷投放为重点，密切融入灾区经济、社会建设，大力支持抗震救灾。

一方面，强化创新，改进服务，在制度、产品和渠道建设等方面贴近灾后重建。地震发生后，绵阳市商业银行在大力做好灾后正常营业的同时，按照中央、省、市的决策部署，把工作重心转移到支持灾后重建上来：一是及时出台《关于做好灾后信贷管理工作的指导意见》《农户灾后重建家园专项贷款管理办法》《城镇住房灾后重建贷款管理办法》等规定，明确灾后金融扶持措施和重点，确保广大群众和企业能在灾后及时、便捷地获得金融服务。二是创新金融产品，针对灾后企业财产受到不同程度损失，其抵押物无法满足的情况，及时出台《应收账款质押贷款管理办法》

《仓单（仓储）质押贷款管理办法》等办法，创新改进金融服务，切实解决企业融资难的问题。三是提升服务效率。对原贷款操作规程进行全面梳理和修订，将《绵阳市商业银行快捷贷业务操作规程》规定的单户贷款最高额度由100万元提高到200万元，信贷审查、决策和流程进一步精减，为灾区小企业客户融资提供更好的服务。四是积极建设灾后金融服务新渠道。地震发生前的北川、平武县城金融机构少，金融服务能力弱。地震发生后，绵阳市商业银行迅速决策，抽派精干力量，组建北川支行并在省、市人民银行和银监局的大力支持下于2008年下半年开业，2010年3月地处重灾区的平武支行开业。

另一方面，多措并举，努力满足灾后恢重建的金融服务需求。按照灾后重建"通路、保电、安民"的总体要求，切实做好灾后重建金融服务工作，主动深入灾区了解灾情，摸清受灾地区的损失情况、受灾企业和农户重建资金的供需情况，做到对灾后恢复生产的相关信贷需求"早明确、早计划、早安排、早满足"。一是及时调整本行信贷扶持政策。根据灾后重建一系列政策，及时对本行信贷政策进行调整：对灾后恢复生产和重建的企业在流动资金短缺等情况下给予优先信贷支持；对能够还本付息的企业可在原来贷款执行利率的基础上上下浮动10％；对其他因灾后重建板房建设、房屋加固及其危房的改建和恢复生产需新增授信、受灾户购买自主房等给予一定的贷款利率优惠。同时，改进和简化了贷款流程。对地震中因受灾短时间无法归还贷款的客户，做到不加息、不作不良贷款认定。二是大力筹措灾后扶持资金，加对大中小企业信贷支持力度。在通过自身努力筹措资金的同时积极争取政策支持，人民银行增加了信贷额度，累计办理再贴现近10亿元。三是大力支持灾区居民维修购买住房以及农房重建，仅2009年就累计发放城乡住房类灾后重建贷款金额6864万元。

截至2011年3月末，全行贷款余额98.52亿元，比2008年"5·12"地震发生前的42.39亿元增加56.13亿元，累计发放灾后重建贷款105.24亿元。其中，发放城乡住房贷款1.29亿元，发放城市基础设施贷款1.96亿元，发放公共服务贷款7.27亿元；发放城镇建设贷款2.98亿元；发放产业重建贷款80.13亿元。灾后新增信贷投放额在绵阳同行中排名前列，多次受到了党委、政府的表彰，在支持灾后重建中发挥了骨干银行作用。

2020年，全球性新冠疫情来袭，绵阳市商业银行全力抗击新冠疫情"贷"动生产马力。

疫情就是命令，防控就是责任。作为绵阳本土金融企业，绵阳市商业银行提升政治站位，坚决把思想和行动统一到中央、省、市的决策部署上来，把应对新冠肺炎疫情防控工作作为当前最重要的政治任务，以系列"硬核"举措践行责任与担当，在抓好内部疫情防控的同时，及时制定了强化金融服务的系列措施，向企业注入"金融活水"，"贷"动生产马力，为坚决打赢疫情防控阻击战持续贡献绵阳力量。

加强组织领导，为抗击疫情提供坚强保障。

绵阳市商业银行党委认真落实市委、市政府关于应对新冠肺炎疫情防控的决策部署和要求，第一时间成立了新冠肺炎疫情防控工作领导小组，由董事长、行长、监事长任组长，其他班子成员任副组长，总行各部门协同负责具体事务，层层压实责任，建立了全行有安排、有落实、有检查、有反馈、有问责的管理机制，确保各项防控疫情工作要求和任务不折不扣落到实处。

加强员工关爱，抓好企业自身疫情防控。

疫情发生后，中国五矿集团党组成员、副总经理，五矿资本股份公司董事长，绵阳市商业银行党委书记任珠峰就抓好全行疫情防控和金融服务提出要求。董事长何苗多次主持会议研究部署疫情防控和金融服务工作，并到分支机构督导和慰问一线员工。行长孙伟、监事长曹亮等行领导分别到基层行督导疫情防控并慰问一线员工。抓好后勤和经费保障，按需足量配备防护口罩、消毒液、体温测量仪等防护用品。推行新的办公模式，实行线上办公与线下办公相结合、单位办公与居家办公相结合、弹性办公与错时就餐相结合的新模式，保证职责正常履行、重点工作有序有效推进。

营造安全环境，做好营业网点金融服务工作。

为了做好疫情防控期间的营业网点金融服务，充分保障广大客户和员工身体健康，绵阳市商业银行合理安排营业网点及营业时间，做好轮班值守，保障基本金融服务和关键基础设施稳定运行。切实加强营业网点清洁消毒频次和基础防护工作，做好营业网点医用口罩、洗手液、消毒液、体温测试仪等防疫物资保障，为广大客户营造安心环境。充足备付现钞，做好付出现钞的消毒处理。

畅通资金汇路，开通支付结算绿色通道。

疫情发生后，绵阳市商业银行秉承"特事特办""急事急办"的原则，以"保畅通、保安全"为目标，迅速开通支付结算金融绿色通道，优先办理企业及个人发起的捐款和汇划防疫专用款项，并安排专人监控汇划通道，保障资金汇路畅通。同时，对财政支付的疫情防控应急资金，制定了先行垫付预案，确保7×24小时连续满足各类涉及疫情的资金快速汇划到位。

创新批贷方式，火速驰援武汉抗"疫"融资。

针对异地企业疫情防控资金需求特点，绵阳市商业银行创新批贷方式，简化审批流程，提供网上审核等特殊服务，高效、安全、便利地满足企业融资需求。中国一冶集团是中国五矿集团核心骨干子企业，承接了武汉雷神山、火神山，鄂州雷山、洪山体育馆"方舱医院"等医院的建设任务，急需银行融资。绵阳市商业银行获知情况后，第一时间启动信贷业务审批绿色通道，在客户部分纸质资料无法实时传递的情况下，通过绿色通道为其快速办理开户业务。创新运用5G直播技术连线武汉雷神山医院施工现场，完成资金用途的真实性审核。利用远程视频完成贷款合同真实性"面签"。通过特殊受托支付直接将贷款资金拨付到位。最终，仅用36个小时便完成该笔1亿元异地融资业务的快速审批，并对该笔贷款提供了优惠利率，为抗疫企业最大限度降低了融资成本。

创新信贷产品，支持防疫物资企业复工。

绵阳市商业银行将信贷资源优先用于支持疫情防控物资生产企业复工。针对疫情防控相关企事业单位，推出了用于卫生防疫、医药用品制造及采购、公共卫生基础设施建设、科研攻关、技术改造等方面的综合信贷产品——"防疫应急贷",从客户评级、信贷准入、授信额度、贷款利率、担保措施等方面适度放宽条件,及时帮助疫情防控物资生产企业解决资金困难。四川泰诺尔科技有限公司是绵阳本地一家口罩生产小型企业,疫情发生后企业积极复工,开足马力全力生产,但在口罩技改升级和扩产提能等方面面临着资金紧急缺口,缺少抵押担保物。绵阳市商业银行了解到企业融资信息后,充分发挥决策效率高的优势,主动为企业授予信用贷款额度200万元,随时应企业要求提款。2020年1—6月,全行累计发放"防疫应急贷"19笔、金额3.34亿元,重点支持卫生防疫、医药用品生产及采购、公共卫生基础设施建设、科研攻关、技术改造等。

开通绿色通道,满足医用物资流通企业之需。

绵阳市商业银行通过信贷业务优先办理、额度优先支持等措施,为防疫物资流通企业提供信贷业务办理绿色通道。四川人福医药有限公司是四川重点医药流通企业,急需流动资金为各家医疗医药机构供应药品物资。绵阳市商业银行获悉后,通过绿色通道快速为该企业发放流动资金贷款5000万元,充分保障了疫情防控资金需求。

做好融资续接,协调做好受困企业金融服务。

疫情之下,绵阳市商业银行对受疫情影响明显的批发零售、住宿餐饮、物流运输、文化旅游等领域的企业,以及有发展前景但暂时受困的企业,坚持不抽贷、断贷、压贷,根据实际情况采取完善续贷政策安排、酌情增加信用贷款和中长期贷款等方式,支持相关企业战胜疫情灾害影响。同时,对因疫情影响导致逾期欠息的,或暂时失去收入来源的客户,相关逾期贷款不作逾期记录报送,全力支持相关企业战胜疫情灾害影响,与各界企业共度时艰。

2020年1—6月,全行累计向受疫情影响较大的物流运输、批发零售、住宿餐饮等行业企业发放贷款597笔、金额60.2亿元;累计为受疫情影响153户中小微企业客户实施临时性延期还本贷款207笔、金额10.49亿元;累计为因疫情影响34户中小微企业客户实施临时性延期付息金额133.82万元,涉及贷款本金8672.39万元;通过减费让利累计为企业降低企业融资综合成本 522.20 万元。

除了运用自有资金大力支持企业复工复产之外，绵阳市商业银行还运用人民银行专项再贷款政策发放支小再贷款 6.2 亿元，支持企业复工复产。

调整信贷政策，为受困个人提供差异化服务。

绵阳市商业银行对借款人家庭（直系亲属）成员出现确诊病例、疑似病例及隔离观察的，借款人或其配偶为防疫一线工作人员的，借款人或其配偶为长期在湖北的务工人员，经营贷款借款人所处为批发零售、住宿餐饮、物流运输、文化旅游等受疫情影响严重的个人贷款客户，提出三项特殊金融服务措施：一是针对其疫情期间违约的贷款本金，可根据客户申请，免除违约本金对应的罚息；二是可根据实际情况，与客户协商一致后对还款计划、还款期限、还款方式进行调整；三是针对其疫情期间产生的信用违约记录，暂不按违约对待。

保障客户利益，定期存款到期自动延期。

鉴于新冠肺炎疫情防控的严峻形势，为减少人员流动和人员聚集，充分保障客户利益，绵阳市商业银行推出个人到期定期存款自动延期服务。对 2020 年 1 月 24 日（含）至 3 月 31 日（含）期间到期且未约定自动转存的个人整存整取定期存款，按照原利率计息至 2020 年 3 月 31 日。客户可选择在疫情相对平稳后至营业网点办理续存或支取。

开通线上渠道，让客户足不出户可办理业务。

疫情发生以来，为减少广大客户不必要的外出，绵阳市商业银行加强了手机银行、网上银行、客户热线保障力度，引导广大客户通过线上渠道办理账户查询、转账汇款、投资理财、在线缴费等银行业务。同时，开展预约办理、邮寄服务等新模式，努力让金融服务更加便民惠民，让客户足不出户可办理业务。

彰显社会责任，捐款 385 万元助力抗击疫情。

疫情无情人有情。面对肆虐的新冠肺炎疫情，绵阳市商业银行在全力做好全行员工及家庭疫情防控和金融服务工作的同时，还心系广大战斗在一线的环卫工人的身体健康,由总行和各分支行分别向当地主管部门或慈善机构累计捐款385万元及相关防疫物资,定向用于所在地环卫工人疫情防控需要。同时,全行员工个人累计捐款26.977万元。

病毒无情,大爱无疆。绵阳市商业银行在党中央、省、市的坚强领导和监管部门的指导下,坚决担负起作为地方金融国企的政治责任和社会责任,切实做好金融服务保障工作,积极履行社会责任,随时准备为抗击疫情贡献更多力量。

第二节

普惠金融开拓者

有效、全方位地为社会各阶层和群体提供优质的金融服务。

只有每个人拥有金融服务的机会,才能让每个人有机会参与经济的发展,才能实现社会的共同富裕,建立和谐社会。

为让更多人、更多经济实体获得金融服务机会,二十年来,绵阳市商业银行积极探索以多种方式推动银行践行社会责任,不断创新金融服务体系、创新服务制度、创新服务机构、创新金融产品。在信贷服务上,除了深化改革小微企业服务机制外,还积极探索对"三农"、助学、就业等的信贷支持,进一步落实和完善和谐银行的社会责任。

推动乡村振兴

突出信贷制度对业务发展的引领激励作用,探索打造高效的涉农信贷服务模式,通过产品和创新提升涉农市场竞争力,激发全行参与乡镇振兴战略建设、全面发展普惠涉农信贷业务。

绵阳市商业银行从业务战略高度对乡村振兴金融服务计划进行了制度建设。

制定了《绵阳市商业银行关于支持乡村振兴战略建设、发展普惠涉农信贷业务的意见》,进一步突出信贷制度对业务发展的引领激励作用,探索打造高效的涉农信贷服务模式,通过产品和创新提升全行涉农市场竞争力,激发全行参与乡村振兴战略建设、全面发展普惠涉农信贷业务、圆满完成监管指标的积极性。

制定了《绵阳市商业银行农村金融服务考核办法》,鼓励加大对农村金融服务的金融支持。制定了《绵阳市商业银行小企业贷款管理办法》《小企业信贷业务贷后管理办法》《农户小额信用贷款操作规程》等制度,涵盖了涉农贷款的受理、调查、审查、审批环节,明确了贷前调查、贷中审查、贷后检查等各环节人员的责任,形成了审贷分离、前中后台分离的授信机制,有效规避操作风险、道德风险等风险隐患。

以县域分支机构为中心,积极服务"三农"和小微客户。明确客户经理团队工作职责,了解自己的信贷客户,对发放的贷款按要求开展贷后检查工作。

推出了多项涉农贷款产品,制定了相应的操作规程,包括养殖通、品牌饲料供应链、农贷宝、城乡妇女创业贷款等产品,大力支持县域经济的发展。

受非洲猪瘟疫情、生猪生产周期影响,2019年全国生猪产能下降,生猪稳产保供局势严峻,绵阳市商业银行及时出台《关于促进生猪生产保障市场供应九条措施的通知》《关于做好稳定生猪生产保障市场供应有关工作的通知》，并提出相关的工作措施，大力支持生猪产业发展。

在《绵阳市商业银行授信政策指引》中，明确支持乡村振兴战略建设，持续加大"三农"和扶贫金融服务力度，涉农贷款须保持持续增长，县域贷款投放须达新增存款金额的一定比例。具体涵盖了按支持农业农村优先发展，推进农业农村现代化；积极支持四川省粮食生产功能区、重要农产品保护区、特色农产品优势区内的高标准农田建设、农田水利等农业基础设施建设项目；支持种植养殖业专业大户、家庭农场等新型农业主体；支持川茶、川菜、川药、川果、川油等特色效益农业；择优支持现代种业企业、粮食收储加工流通企业、农业科技企业、农机装备企业发展；支持农业园区建设和园区内产业融合项目，支持农业产业化龙头企业拓展产业链；支持农村水电气路信等基础设施建设项目，支持农村环境综合治理项目、特色小镇、美丽休闲乡村建设，支持农村电商、休闲农业、乡村旅游等新产业、新业态；支持扶贫工作重点县、深度贫困地区和建档立卡贫困户信贷需求。

推进县域支行优先发展战略，探索更加高效的县域管理模式。围绕乡村振兴战略行动，对县域行实行差异化的转授权，引导县域支行在农村基础设施建设、现代农业示范区建设、农村产权改革、美丽乡村建设等方面加大金融投放，确保涉农贷款完成监管目标，确保县域分支机构新增存款用于当地贷款比例达到预期目标。

截至2020年6月末，全行涉农贷款余额为114亿元，占全行贷款的20%。

建立涉农信贷管理机制，适当下放权限。绵阳市商业银行根据县域分支机构的不同经营情况和当地经济发展状况给予差别化授权，如2019年度给予江油支行的单户贷款审批权限为小、微型企业及个体工商户、个人经营性贷款，金额在500万元（含）以内的贷款审批权；给予三台支行单户贷款审批权限为小、微型企业及个体工商户、个人经营性贷款，金额在200万元（含）以内的贷款审查、审批权。通过给予差别化授权，有力凸显了县域支行在促进当地经济发展中的作用。

加大涉农绩效考评。每年以计分考评方式对各分支行涉农金融服务成果进行绩效考核，由计划财务部将考评结果报人力资源部纳入综合考评，考评方式为根据各分支行年度绿色信贷、涉农信贷目标完成情况确定分值，最高得2分，最低得0分，占综合指标的2%。

适当放宽涉农不良容忍度。涉农贷款不良贷款容忍度比照小微企业不良容忍度执行。涉农贷款、精准扶贫贷款不良率高出自身各项贷款不良率年度目标2个百分点（含）以内的，不作为银行内部考核评价的扣分因素。

与此同时，加大农村惠普金融建设。县域网点覆盖面不断扩大。截至2020年6月末，全行县域网点数20个，占全行网点的26%。

实现农村金融服务全覆盖。积极推动农村金融服务全覆盖，积极开办自助服务终端（ATM）、POS机、网上银行、手机银行等自助、便利业务。截至2020年6月末，全行已安装ATM机具169台，县域机构、乡镇及乡镇以下网点已安装ATM机具46台。网银业务注册用户累计达到19.02万户，手机银行注册用户累计完成17.08万户，收单业务特约商户累计154户，终端861台。

消费者权益保护

将保护金融消费者合法权益纳入公司治理、企业文化建设和经营发展战略中统筹规划，落实人员配备和经费预算，完善金融消费者权益保护工作机制，认真履行消费者权益保护社会责任，取得了良好工作实效。

金融消费者是金融市场的重要参与者，也是金融业持续健康发展的推动者。加强金融消费者权益保护工作，是防范和化解金融风险的重要内容，对提升金融消费者信心、维护金融安全与稳定、促进社会公平正义和社会和谐具有积极意义。

加强组织领导。绵阳市商业银行将保护金融消费者合法权益纳入公司治理、企业文化建设和经营发展战略中统筹规划，在董事会层面设立了消费者权益保护委员会，高管层成立了消费者权益保护工作领导小组，单设了消保职能部门，落实人员配备和经费预算，完善金融消费者权益保护工作机制，认真履行消费者权益保护社会责任，取得了良好工作实效。

持续加强规章制度体系建设。印发了《绵阳市商业银行金融消费者权益保护工作实施意见》，制定了《金融消费者权益保护办法》，修订了《绵阳市商业银行客户投诉管理办法》《绵阳市商业银行消费者权益保护工作重大突发事件应急预案》《绵阳市商业银行消费者金融知识宣传教育管理办法》等制度；目前纳入消费者权益保护工作目录的内控制度达214个，有效完善了消费者权益保护制度体系，增强了消费者权益保护工作的规范化、制度化水平。

抓好安排部署和组织实施。每年组织召开全行消保工作会议，印发年度金融消费者权益保护工作要点，对全行消保工作做好安排部署，明确目标，落实责任，要求紧紧围绕重点和关键工作抓好组织实施，落实好工作举措，确保消保工作取得明显实效。不断完善消费者权益保护工作制度机制，规范产品经营、销售行为，加强客户个人信息安全保护，广泛开展金融知识宣传普及教育活动，做好特殊群体的消费者权益保护工作，加强员工消费者权益保护相关培训，抓好消费者投诉管理，加强对消保工作制度落实情况的监督检查和目标考核等。

加强金融产品与服务管理。一是对新产品开发，严格对照金融消费者八项基本权利要求进行消保审查，并规范格式合同，确保不存在有误导消费者的合同条款。二是严格审查各分支行对外宣传营销方案与内容，保证全行宣传用语的统一性、专业性及合规性，避免不规范宣传误导消费者选择，引起矛盾纠纷和侵犯消费者合法权益。三是严格遵守法律、法规、规章和有关政策规定执行明码标价制度，在官方网站、客服热线、服务窗口等充分披露产品与服务价格信息，确保了消费者充分获取信息和自主选择的权利。四是在银行理财产品销售中，建立了销售专区或专柜，严格执行"双录"政策，充分披露产品信息和产品风险提示，严格对客户进行风险评估以推荐合适理财产品等,充分保障金融消费者的合法权益。

加强客户个人信息安全保护。一是建立了客户个人信息保护制度、信息安全管理办法、个人和企业征信查询管理办法等,对客户信息保密工作进行了严格规定。二是在柜面业务、个人贷款业务、代理业务销售等各项业务办理中,严格按照规章制度要求,认真落实好对涉及客户资料的收集、使用、归档、查询等管理工作,切实加强客户信息保护。三是在涉及第三方机构或个人申请查询有关客户信息时,严格落实司法查询和账户查询有关制度要求,严禁未经客户允许或不符合法定条件的查询行为。四是组织所有员工签订《保密承诺书》,并加大了监督检查和问责处罚力度,增强全员保密意识,督促履行好客户信息保密工作职责。

加强金融知识宣传与教育活动。一是每年初制定《金融知识普及宣传教育工作计划》,对全年的金融知识宣传教育工作进行统一部署。二是大力开展金融知识宣传普及工作。在充分抓好网点阵地宣传的同时,积极组织宣传队伍进学校、街道、广场、社区、市场、企业、乡村等开展多种形式的金融知识宣传,同时在官网、微信公众号、内部刊物上开设金融知识宣传专栏,还以抖音、文艺汇演等创新宣传方式,增强宣传实效。每年全行都要组织开展"'3·15'金融消费者权益日""普及金融知识 守住钱袋子""金融知识进万家""普及金融知识万里行"集中宣传和"网络安全宣传周""征信宣传""反洗钱宣传""反假币宣传"等专题宣传活动。三是抓好内部员工培训教育。每年组织开展消保培训,并在新员工的入行培训中增加消费者权益保护课程,同时组织开展了全行员工"消费者权益保护应知应会考试"。各分支行持续组织开展消费者权益保护知识培训,有效强化了员工的消保理念,提升了消保工作履职能力。

加强特殊群体消费者权益保护。一是针对特殊群体金融服务需求,建立了绵阳市商业银行《特殊消费群体常规服务流程》等制度体系。二是积极开展"五个一活动",即建立"一套温馨服务标准""一本无障碍交流手册""一个爱心服务窗口""一小时阳光服务""一支青年志愿服务队",有效保证特殊群体客户的服务需求。三是坚持"特事特办",积极为特殊群体提供柜台延伸和上门服务等服务外延工作，做到特事特办，急事急办。四是加大普惠金融服务力度，深耕细作小微金融服务，在小微企业聚集优势明确的区域，成立小微支行、社区支行，为小微、社区提供专属化的金融服务，不断满足小微客户的金融服务需求。

加强消费者投诉管理与处置。一是建立投诉应对处置机制，确保各层级在出现各类消费者投诉事项中能够有序妥善处理，防止事态蔓延扩张。二是畅通客户投诉渠道。各营业网点在醒目位置统一张贴监管及本行的投诉电话及投诉流程的公示牌，放置客户投诉意见簿，客户服务中心通过96839热线电话为客户提供7×24的咨询服务。客户还可通过来信、来访、来电进行咨询、建议、投诉、举报等方式开展服务监督。三是加强投诉处理。本着"以客户为中心"的服务理念认真受理、处理每一位客户的诉求，做到件件有回复。

加强监督检查和目标考核管理。一是通过现场指导检查、神秘人检查、后台监控、开展文明优质服务评比等多种方式，加强对各网点文明规范服务的监督检查，督促提升服务质量和水平。二是对全行金融消费者权益保护工作制度建设及执行情况开展专项审计。三是坚持日常考核与年度集中考核相结合、分支行考核与总行统一考评相结合，将消费者权益保护工作纳入全年工作目标考核，将最终考核结果与基层单位的年度目标考核得分和绩效分配相挂钩，充分发挥考核评价的激励约束作用，提升消费者权益保护工作质效。

第三节
绿色金融推动者

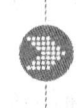

经赤道原则协会审定,绵阳市商业银行自2020年7月20日起,正式采纳赤道原则,遵守赤道原则各项要求,并遵照相关规定在绵阳市商业银行建立健全环境与社会风险管理制度及相应操作流程,持续推动绿色金融发展。绵阳市商业银行亦是全国第五家、西部地区第二家、四川第一家宣布采纳赤道原则的银行。

二十年来,在金融生态环境的改善上,绵阳商行积极配合监管部门和地方政府,以强化自身信用为切入点,同时与税务、工商等部门共同推进企业信用网络建设,加强企业诚信文化建设,引导企业信用自律,初步建立了诚信的良性循环,切实实践银政企的和谐发展。

其中,绿色金融是绵阳市商业银行"寓义于利"的实践者。除了在政策上以信贷支持落实国家宏观调控的导向外,绵阳市商业银行还通过信贷政策的鼓励和限制措施,引导资金投向有利于环保的产业、企业和项目,把环保作为信贷决策的首要的和重要的依据。在监管部门的有力指导下,绵阳市商业银行加大对技术改造、兼并重组、节能减排、发展循环经济的信贷支持,同时继续限制对"两高"行业和产能过剩行业劣质企业的贷款,促进经济结构调整和发展方式转变。

经过多年创新探索,目前绵阳市商业银行在绿色金融产品和服务层面实现企业与个人全覆盖,兼顾环境与社会、经济效益,逐渐走出了一条"由绿到金"的可持续发展之路。2009年,绵阳市商业银行荣获"中国企业社会责任先进企业"称号。

自2013年绿色信贷工作全面启动以来,绵阳市商业银行绿色信贷工作的政策指导性、制度规范性、执行持续性都有明显进步,做到了绿色信贷工作有力度、运行有质量、发展有展望。2019年度,全行年末绿色信贷余额9.55亿元。从具体投放领域来看，信贷投放金额涉及绿色农业开发项目、绿色林业开发项目、工业节能节水环保项目、自然保护、生态修复及灾害防控项目、资源循环利用项目、农村及城市水项目、可再生能源及清洁能源项目、绿色交通运输项目、节能环保服务等9个项目。

经赤道原则协会审定，绵阳市商业银行自2020年7月20日起，正式采纳赤道原则，遵守赤道原则各项要求，并遵照相关规定在绵阳市商业银行建立健全环境与社会风险管理制度及相应操作流程，持续推动绿色金融发展。由此，绵阳市商业银行成为继国内兴业银行（2008年宣布）、江苏银行（2017年宣布）、湖州银行（2019年宣布）、重庆农村商业银行（2020年宣布）后全国第五家、西部地区第二家、四川第一家宣布采纳赤道原则的银行。

赤道原则形成于2003年，是由花旗集团、荷兰银行等全球主要金融机构参照世界银行下属国际金融公司（IFC）的可持续发展政策与指南建立的一套自愿性金融行业基准，旨在判断、评估和管理项目融资中环境和社会风险，倡导金融机构对1000万美元以上的项目融资的环境和社会问题尽到审慎性核查义务。

在当前绿色发展方式已成为全球经济社会发展主流趋势的情况下，作为社会资金融通枢纽的地方性商业银行，发展绿色金融既是实现自身资产结构转型的有效途径，又是提升自身市场竞争力和社会形象、实现可持续发展的必然选择。

采纳赤道原则彰显了绵阳市商业银行致力于践行绿色金融、履行社会责任的使命感。绵阳市商业银行以此为契机，进一步深入贯彻绿色发展理念，积极创新绿色发展实践，努力打造绿色品牌，持续增强深耕绿色金融领域新活力，努力为经济社会的绿色发展作出新的成效。

第四节
扶危济困行使者

始终坚持源于社会、回馈社会的思想认识，坚持在加快自身改革发展的同时，把奉献和服务社会，支持脱贫攻坚作为企业应尽的责任，矢志不渝，身体力行。

2019年，根据四川省委省人民政府《关于表扬2018年脱贫攻坚先进集体和先进个人的决定》文件精神，绵阳市商业银行被表彰为"2018年省内对口帮扶藏区彝区贫困县"先进集体。

绵阳市商业银行始终坚持以助力经济社会发展为己任，始终坚持源于社会、回馈社会的思想认识，坚持在加快自身改革发展的同时，把奉献和服务社会，支持脱贫攻坚作为企业应尽的责任，矢志不渝，身体力行。

自2015年被确定为全省88个贫困县之一的壤塘县金融帮扶联系单位以来，绵阳市商业银行主动作为，积极沟通对接，找准找实帮扶工作的切入点，坚持以项目入手，以重点贫困群体为重点，以点带面，精准帮扶，通过无偿捐资、公益帮扶等形式，切实抓好金融扶贫技能培训、贫困学生助学帮扶、"草原母亲关爱"、爱心孤儿救助计划、重点项目建设等项目帮扶工作。

地处青藏高原东南边缘、阿坝州西北部的壤塘县，距离四川省会成都600公里，境内以高山峡谷、丘状高原地形地貌为主，县城海拔3285米，年均气温4.8℃，辖区面积6863平方公里，辖12个乡镇、61个村居，总人口4.2万人，其中农牧民和藏族人口占总数的85%、91%，地理位置偏远、经济总量弱小、地方病严重、自然环境恶劣是该县贫困的真实写照，仅大骨节病患者就占农牧民人口的35.4%。2001年被列为国家新阶段扶贫工作重点县。2014年底，按照国家贫困线标准，全县有44个贫困村、6462名贫困人口，贫困发生率达17.54%，贫困程度深，返贫压力大，大多数贫困群众从事传统农牧业生产，收入渠道单一，尤其一些患有严重大骨节病、高原性地方病和身残智障、丧失劳动能力的贫困人口，因需长期治疗，家庭难以脱贫。

绵阳市商业银行积极响应中央、省委精准扶贫号召，认真落实四川银行业支持贫困县行动计划（2015—2020），加强与壤塘县扶贫工作对接，在广泛调研该县经济社会发展、充分了解精准扶贫工作需求的基础上，在2015年底与壤塘县签订《金融扶贫开发合作协议》，标志着绵阳市商业银行结对帮扶壤塘县脱贫攻坚工作正式启动。

绵阳市商业银行通过对壤塘县的深入调查研究，把"他们最缺什么、最需要什么就帮扶什么"作为贯彻落实习近平总书记提出的"六个精准"要求的切入点，把有限的帮扶资源用到刀刃上。

壤塘县因其特殊的经济社会发展环境，拖儿带女的单亲女性家庭较多，生活、就业、就学十分困难。针对这一情况，绵阳市商业银行大力推进"草原母亲关爱"行动，2016—2020年间，每年资助10万元用于解决50户单亲家庭人员生活困难、子女就学就业、家庭创业启动资金。2016—2020年累计帮扶资金50万元，累计帮扶单亲家庭250户。

壤塘县因贫困人口多，非义务教育阶段的贫困家庭学生要完成普通中专、高职的学业教育，令很多贫困家庭学子望而却步。为帮扶贫困家庭学子接受更多的教育，绵阳市商业银行本着扶贫先扶智的原则，2016—2020年间，每年出资10万元，资助该县当年参加中考并且被普通中专、五年制高职录取的建档立卡贫困家庭考生顺利完成学业。2016—2020年共帮扶资金50万元，已累计帮助80余名贫困学子完成学业，支持近50名贫困学子到绵阳市的小学、初中或高中就学，并每年按照一定标准补助学杂费、生活费，对10余户建档立卡贫困学生给予特殊关爱。

帮助贫困户掌握更多的生产技能，是由"输血式"扶贫转变为"造血型"扶贫的重要手段。2016年，绵阳市商业银行出资20万元，由壤塘县组织开展扶贫技能培训，累计受训人员400余人次，对贫困群体开展畜牧业、种养业等专业培训，让其掌握更多脱贫致富的知识和本领，助力实现脱贫攻坚目标任务。

由于壤塘县财政收入水平低，乡村医生的薪酬费用未纳入财政预算，条件艰苦的乡村医生的薪酬费用难以得到有效保障。鉴于这一情况，自2016年以来，绵阳市商业银行每年资助21.6万元用于该县60名乡村医生薪酬费用，2016—2020年累计帮扶资金108万元，提高了乡村医生的薪酬待遇，使全县乡村医生薪酬有了基本保障，切实增强了乡村医生的工作积极性。

为加大对孤儿的爱心帮扶，2017年绵阳市商业银行在壤塘县设立了孤儿爱心救助计划，每年资助10万元用于为该县在册登记孤儿购买新型农村合作医疗保险及其他生活支出，让孤儿们能够得到更多的医疗保障和社会关爱。2017—2020年已累计资助40万元，保障了20余名孤儿及"事实孤儿"的基本生活和医疗保障，让他们切身感受到"家"的温暖。

地处317国道旁、距离壤塘县城东44公里的壤塘县石里乡上大石沟村，平均海拔3000米，自然环境恶劣，交通条件落后，地方病多发。由于该村有地处317国道的优势，属内地及沿海城市人口进藏、朝佛、旅游的首选路线。绵阳市商业银行根据该村的实际情况采取针对性帮扶措施：2017年出资70万元帮助该村修建旅游集散中心，助力实现产业扶贫，该项目已于2019年建成，预计年收益近10万元，可带动就业20余人；2018年出资91.2万元，帮助70余户村民改装电线、购买藏床和睡床、改水改厕、改楼梯、改厨房、改造危房等，改善了村民的居家环境条件；2016—2018年，行领导捐资15万元（每年5万元）用于60余户条件最差的贫困户开展"一对一帮扶"。经过定点帮扶，上大石沟村于2018年经验收退出贫困村序列。

针对壤塘县特困户住房条件极差的问题，2019年绵阳市商业银行出资120万元用于壤塘特殊困难群体住房保障经费，由壤塘住建局牵头组织实施，共帮助解决了52户特殊困难群体住房保障问题。

从2017年起，绵阳市商业银行每年出资8万元，由壤塘县教育局组织选派优秀贫困中小学生，在暑假中赴绵阳市中小学开展互动夏令营活动。2017—2020 年共帮扶资金 32 万元，累计帮助 100 余名壤塘师生赴绵阳交流学习，开阔眼界、增长见识、提升能力。2016 年还向壤塘县石里乡中心校等捐赠了 130 套、价值近 2 万元的书包、图书等物品。

2020 年，捐资 10 万元用于吾依乡修卡村紫土豆品牌打造，主要包括紫土豆产出后的代加工费、包装、Logo 设计和商标注册、包装制作等。捐资 130.4 万元用于壤塘县脱贫攻坚农牧产业生猪养殖场建设。目前正在持续推进中。

······

五年来，绵阳市商业银行已累计向壤塘县投入帮扶资金 740 万元（2016—2020 年帮扶资金分别为 67.16 万元、134.6 万元、159.6 万元、179.6 万元、200 万元）。这些资金的定向帮扶，较好地改善了当地贫困群众的生活环境，缓解了他们的贫困现状，体现了对从事扶贫和人道救助事业的莫大鼓励和鞭策。

二十年来，绵阳市商业银行本着"助增价值、服务成长"的经营理念，坚定支持国家发展战略，积极服务民生、服务实体经济，发挥金融的力量把企业公民义务"进行到底"。

后　记

作为深化金融体制改革的产物，作为地方法人城市商业银行，绵阳市商业银行与全国诸多城商行一道，历经革旧与鼎新的阵痛，穿越经济转型与运行调节的艰辛，践行新时代提质增效与高质量发展的步伐。

城商行人都很清楚，中国城商行阵营的发展异曲同工，唯改革方能崛起，方得始终。无论是从分散法人的信用社到统一法人的股份制商业银行，还是随后的增资扩股、引进战略投资者、公司治理，抑或经营管理中的战略转型、特色发展，改革如影随形，伴随始终。绵阳市商业银行走过的二十年历程证实了一个不容辩驳的真理：改革是发展的强大动力。

何谓改革？变革、革新也，推陈而出新，而改革之目的乃是推动其发展，改革是社会发展之强大动力。然，改革与发展是因果而非必然，改革推行者一腔热血，抱有发展之希望，亦将承受失败之风险，可谓行走独木桥，要么收获成功，要么陷入深渊，个中惊心动魄，作为身处其中之人自有深刻体会。

二十年生聚教训，二十年砥砺前行，绵阳

后 记

市商业银行走过不平凡的发展道路,取得了令人瞩目的成绩,从一家资产单薄、包袱沉重、实力弱小的地方城商行挺进千亿级中小商业银行阵营。还有更多的业绩对比证实了绵阳市商业银行二十年的发展变化,这是我们的一份荣耀,亦是对我们改革的一种肯定。数字背后的故事值得我们探寻,因为数字总是在发生变化,而变化的过程却不尽相同,真正的价值在于我们经历的改革历程、我们与众不同的方法与实践。

二十年改革发展成就,得益于绵阳市委市政府的坚强领导,得益于金融监管部门的倾力帮助,得益于诸多领导的关怀与呵护,得益于全体股东的大力支持,得益于全体员工的努力拼搏,得益于广大客户的忠实信赖……二十年改革发展成就,是集众人智慧之结晶。

故此,我们历经半年时间,将绵阳市商业银行二十年改革发展历程重要事迹、轨迹和思维编撰成册,命名为《智慧众筹——绵阳市商业银行的管理哲学》并公开出版,以表达给予我们帮助与关怀、奉献智慧与汗水的人们的感激之情,以飨读者。

本书编写组
2020 年 8 月于绵阳